【学研ニューコース】

中学国語

Gakken

はじめに

『学研ニューコース』シリーズが初めて刊行されたのは，1972（昭和47）年のことです。当時はまだ，参考書の種類も少ない時代でしたから，多くの方の目に触《ふ》れ，手にとってもらったことでしょう。みなさんのおうちの人が，『学研ニューコース』を使って勉強をしていたかもしれません。

それから，平成，令和と時代は移り，世の中は大きく変わりました。モノや情報はあふれ，ニーズは多様化し，科学技術は加速度的に進歩しています。また，世界や日本の枠組《わくぐ》みを揺《ゆ》るがすような大きな出来事がいくつもありました。当然ながら，中学生を取り巻く環境《かんきょう》も大きく変化しています。学校の勉強についていえば，教科書は『学研ニューコース』が創刊した約10年後の1980年代からやさしくなり始めましたが，その30年後の2010年代には学ぶ内容が増えました。そして2020年の学習指導要領改訂《かいてい》では，内容や量はほぼ変わらずに，思考力を問うような問題を多く扱《あつか》うようになりました。知識を覚えるだけの時代は終わり，覚えた知識をどう活かすかということが重要視されているのです。

そのような中，『学研ニューコース』シリーズも，その時々の中学生の声に耳を傾《かたむ》けながら，少しずつ進化していきました。新しい手法を大胆《だいたん》に取り入れたり，ときにはかつて評判のよかった手法を復活させたりするなど，試行錯誤《さくご》を繰《く》り返して現在に至ります。ただ「どこよりもわかりやすい，中学生にとっていちばんためになる参考書をつくる」という，編集部の思いと方針は，創刊時より変わっていません。

今回の改訂では中学生のみなさんが勉強に前向きに取り組めるよう，等身大の中学生たちのマンガを巻頭に，「中学生のための勉強・学校生活アドバイス」というコラムを章末に配しました。勉強のやる気の出し方，定期テストの対策の仕方，高校入試の情報など，中学生のみなさんに知っておいてほしいことをまとめてあります。本編では新しい学習指導要領に合わせて，思考力を養えるような内容も多く掲載《けいさい》し，時代に合った構成となっています。

進化し続け，愛され続けてきた『学研ニューコース』が，中学生のみなさんにとって，やる気を与《あた》えてくれる，また，一生懸命《けんめい》なときにそばにいて応援《おうえん》してくれる，そんな良き勉強のパートナーになってくれることを，編集部一同，心から願っています。

学研プラス

四字熟語なんて
めんどうくさいだけだと思っていた。
あの日、あなたに教えてもらうまでは……

図書室
カリ
カリ
カリ
カリ
香織先輩《かおりせんぱい》ってどうして国語が得意なんですか？
南翔也《みなみしょうや》（中１）
詩原《しはら》香織（中３）
いきなりどうしたの？
んー……なんとなく聞いてみました
図書委員だからじゃない？
そんな適当な返事……
ガタタッ
ごめーん！
おまたせー
日直で遅《おく》れた！
南結衣《ゆい》（中３）

じゃあ、全員そろったことだし今日も頑張《がんば》りましょうか
はーい
俺《おれ》は南翔也《みなみしょうや》バスケ部員だ
勉強はあまり好きじゃない
そんな俺がなんで上級生と一緒《いっしょ》に勉強しているのかというと——
1学期に部活に打ち込《こ》みすぎて成績がさんざんだったせいだ
数学
52
国語
40
大好きなバスケ部を親に休部させられそうになった俺は
バスケ部を続けるため姉と一緒に2学期から週1回勉強会をすることを約束した
図書室
勉強会なんて

正直やりたくないと思ってたんだけど――
南翔也です お姉ちゃんの… 結衣《ゆい》の弟で
結衣から話を聞いてるよ
私は詩原《しはら》香織《かおり》 よろしくね 翔也くん
は、はい よろしくお願いします
――ちょっとだけ 頑張ってみようと 今は思ってる

あれ、翔也《しょうや》
四字熟語の
ところが書けて
ないじゃん
あんまり好きじゃ
ないんだよ
こういう言い方
問1 次の四字
(1) 青息吐息
(2) 意気消沈
(3) 一日千秋
ア すっかり元気がなくなること。
イ どうにもやりくりがつかず、非常に困った状態。
ウ とても待ち遠しい様子。
うれしいならうれしい
悲しいなら悲しいって
そのまま言えば
いいのに
特別な言葉を
使うときは
それだけの
理由があるのかもよ
ガラッ
おーい
もうカギを
閉めるぞ
荷物まとめとけ
はい
ガタッ
それじゃ翔也くん
また来週ね
はーい…

勉強会を始めてから約1か月
国語
8/10
苦手だった国語も少しずつわかるようになってきた
勉強の悩《なや》みがなくなったおかげか
バスケの調子も絶好調で……
ガコンッ
ピーッ
よっしいただき!
南《みなみ》!
ちょっとこっち来い!

はい！なんですかコーチ？
この頃《ごろ》調子がいいな
次の試合南《みなみ》はベンチ入りだ
本当ですか!?やった!!
最近、勉強も頑張《がんば》ってるみたいだな
この調子で続けろよ！
はい！
どうしたの？
何かいいことでもあった？
図書室

実は次の試合でベンチに入れてもらえることになったんだ
へーやるじゃん
だから喜色満面《きしょくまんめん》だったのね
キショク……？
喜色満面。
「喜びが顔じゅうにあふれている」っていう意味の四字熟語よ
そ、そんなにうれしそうな顔だったかなぁ
この前翔也《しょうや》くんは
「うれしいならうれしいって言えばいいのに」って言ってたけれど……

今の翔也《しょうや》くんには それじゃ足りないかなって
ちょっと回りくどい 表現だけど ただ「うれしい」って 言うよりも 特別な感じがしない？
たしかに！ こんなうれしそうな 顔にはぴったりだね
でしょ？
だから私 国語が好きなの
本を読んだり言葉を 教えてもらったりして 新しい表現を知ることで
言い表せなかった 感情を伝えられるようになる……

それって素敵じゃない？
ドキ
そ…っ
そうですね
今のこの感情を表すとしたら
どんな言葉がいいんだろうか
今の俺《おれ》にはまだ見つけられないかもしれないけど……

もう少し勉強会を続ければ
きっと見つかるはずだ――

本書の特長

教科書の要点がひと目でわかる

授業の理解から定期テスト・入試対策まで

勉強のやり方や，学校生活もサポート

特集

章末コラム

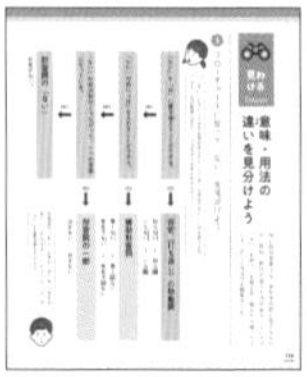

日常生活に関連するテーマや発展的なテーマを扱っています。読むことで知識が深まり，国語の活用力がつきます。

勉強法コラム

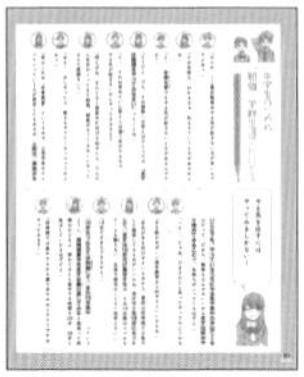

やる気の出し方，テスト対策のしかた，国語の勉強のしかたなど，知っておくとよい情報を扱っています。

＋

入試レベル問題

高校入試レベルの問題に取り組んで，さらに実力アップすることができます。

＋

文法・古典要点暗記ミニブック

この本の最初に，切り取って持ち運べるミニブックがついています。テスト前の最終チェックに最適です。

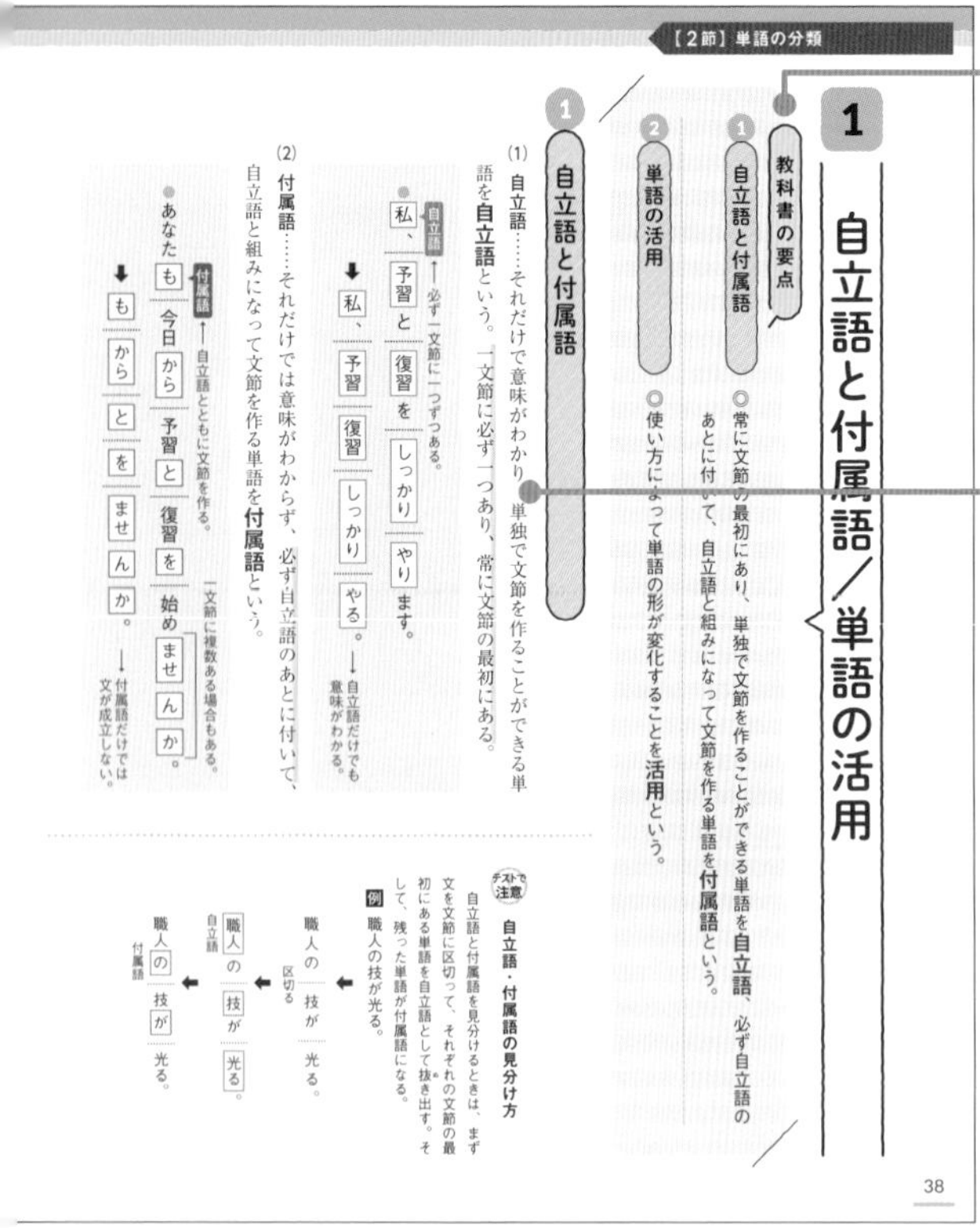

【2節】単語の分類

1 自立語と付属語／単語の活用

教科書の要点

1 自立語と付属語

◎常に文節の最初にあり，単独で文節を作ることができる単語を自立語，必ず自立語のあとに付いて，自立語と組みになって文節を作る単語を付属語という。

2 単語の活用

◎使い方によって単語の形が変化することを活用という。

1 自立語と付属語

(1) 自立語……それだけで意味がわかり，単独で文節を作ることができる単語を自立語という。一文節に必ず一つあり，常に文節の最初にある。

● 自立語 ← 必ず一文節に一つずつある。

私、｜予習と｜復習を｜しっかり｜やり｜ます。

↓

私、｜予習｜復習｜しっかり｜やる。 ← 自立語だけでも意味がわかる。

(2) 付属語……それだけでは意味がわからず，必ず自立語のあとに付いて，自立語と組みになって文節を作る単語を付属語という。

● 付属語 ← 自立語とともに文節を作る。 一文節に複数ある場合もある。

あなたも｜今日から｜予習と｜復習を｜始めませんか。

↓

も｜から｜と｜を｜ませ｜ん｜か。 ← 付属語だけでは文が成立しない。

テストで注意 自立語・付属語の見分け方

自立語と付属語を見分けるときは，まず文を文節に区切って，それぞれの文節の最初にある単語を自立語として抜き出す。そして，残った単語が付属語になる。

例 職人の技が光る。

↓ 区切る

職人の｜技が｜光る。

↓

職人 の 技 が 光る。（自立語／付属語）

38

教科書の要点

この項目で学習する，要点をまとめています。

解説（上段）

くわしくていねいな解説で，内容をしっかり理解できます。

問題

ヒント 読解編の「練習」のヒントです。読み取りの手がかりを示しています。

思考 考えをまとめ，自分の言葉で記述する問題です。

コラム

Column 解説とあわせて読むことで，国語の知識を広げたり深めたりできる内容を扱っています。

本書の特長と使い方

各章の流れと使い方

解説

本文

本書のメインページです。基礎内容から発展内容まで，わかりやすくくわしく解説しています。

問題

練習

各節の終わりにある問題です。本文で学んだことの確認ができます。

定期テスト予想問題

学校の定期テストでよく出題される問題を集めました。テスト形式で力試しができます。

本文ページのの構成

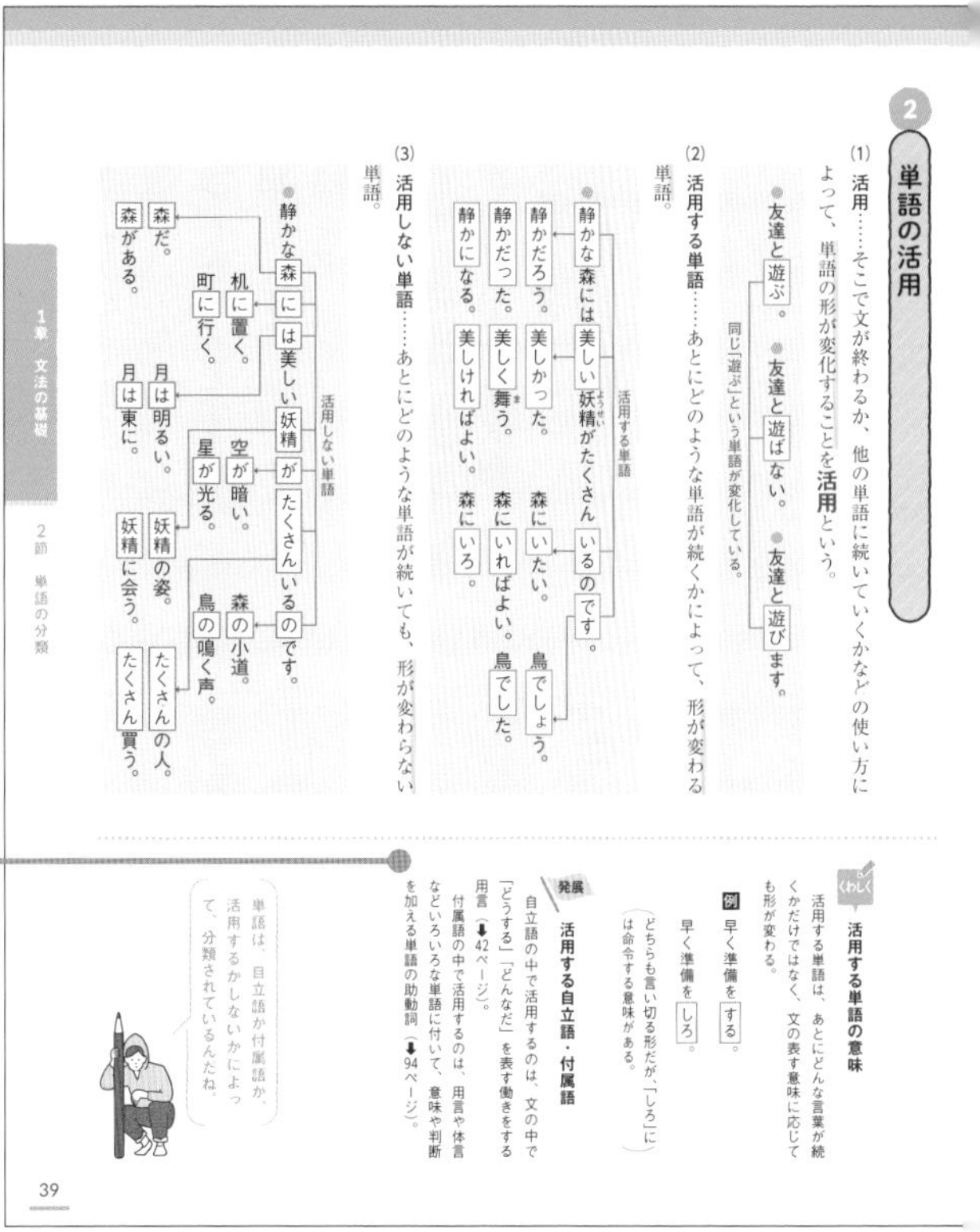

2 単語の活用

(1) 活用……そこで文が終わるか，他の単語に続いていくかなどの使い方によって，単語の形が変化することを**活用**という。

● 友達と遊ぶ。 ● 友達と遊ばない。 ● 友達と遊びます。

同じ「遊ぶ」という単語が変化している。

(2) 活用する単語……あとにどのような単語が続くかによって，形が変わる単語。

活用する単語

● 静かな森には美しい妖精《ようせい》がたくさんいるのです。

静かだろう。 美しかった。 森にいたい。 鳥でしょう。

静かだった。 美しく舞《ま》う。 森にいればよい。 鳥でした。

静かになる。 美しければよい。 森にいろ。

(3) 活用しない単語……あとにどのような単語が続いても，形が変わらない単語。

活用しない単語

● 静かな森には美しい妖精がたくさんいるのです。

森だ。 森がある。

机に置く。 町に行く。

月は明るい。 月は東に。

空が暗い。 星が光る。

妖精の姿。 妖精に会う。

森の小道。 鳥の鳴く声。

たくさんの人。 たくさん買う。

1章 文法の基礎　2節 単語の分類

くわしく **活用する単語の意味**

活用する単語は，あとにどんな言葉が続くかだけではなく，文の表す意味に応じても形が変わる。

例 早く準備をする。

早く準備をしろ。

（どちらも言い切る形だが，「しろ」には命令する意味がある。）

発展 **活用する自立語・付属語**

自立語の中で活用するのは，文の中で「どうする」「どんなだ」を表す働きをする用言（➡42ページ）。

付属語の中で活用するのは，用言や体言などいろいろな単語に付いて，意味や判断を加える単語の助動詞（➡94ページ）。

単語は，自立語か付属語か，活用するかしないかによって，分類されているんだね。

39

解説（下段）

本文をより理解するためのくわしい解説やテストで注意したいポイント，関連事項などを扱っています。

くわしく　本文の内容のくわしい解説。

テストで注意　テストで注意したいポイントの解説。

発展　発展的な学習内容の解説。

参考　あわせて知っておきたい内容の解説。

学研ニューコース

中学国語 もくじ

中学生のための勉強・学校生活アドバイス

中学校は小学校と大きく異なる

「中学校から勉強が苦手になった」という人はたくさんいます。勉強につまずいてしまうのは、中学校では学習面、生活面ともに小学校と異なることが多いためです。

まず、学習する量が多くなります。小学校の1回の授業時間は40～45分で、前回の授業を復習しながら進みましたが、中学校の1回の授業は50～60分で、前回の授業は理解している前提で進みます。また、内容も高度になります。

さらに、生活面では、部活動が始まります。部によっては朝や休日にも練習があるかもしれません。勉強と部活動を両立させられるかどうかで、成績に大きく差がつくのです。

中学校の国語の特徴《とくちょう》

中学校の「国語」では、主に文法、漢字、言葉、文学的文章や説明的文章の読解、詩歌、古典（古文・漢文）を学びます。いずれも小学校でも学んだ単元ですが、中学校ではより深く学習します。

「ふだん使っている日本語だから勉強しなくてもわかる」と思って国語の学習を後回しにする人もいるようですが、国語の学力はすべての教科の基礎《きそ》になります。問題文を読み取ったり、正確に答えたりすることができないと、ほかの教科のテストでも点数を落としてしまいます。

また、SNS（ソーシャル・ネットワーキング・サービス）が浸透《しんとう》した現代では、文章や情報の内容を正確に読み取る力、誤解されにくい正しい言葉で自分の考えや気持ちを伝える力が必要とされます。

小学校よりも深く学ぶ分、しっかりと取り組めば一生使える力が身につくのが中学校の国語です。

ふだんの勉強は「予習→授業→復習」が基本

中学校の勉強は、**「予習→授業→復習」の正しい勉強のサイクルで行うことが大切**です。

✓予習は軽く。要点をつかめばOK!

予習は1回の授業に対して5~10分程度にしましょう。

予習の時点で、内容を完璧《かんぺき》に理解する必要はありません。「どんなことを学ぶのか」という大まかな内容をつかみ、授業にのぞむことができれば十分です。

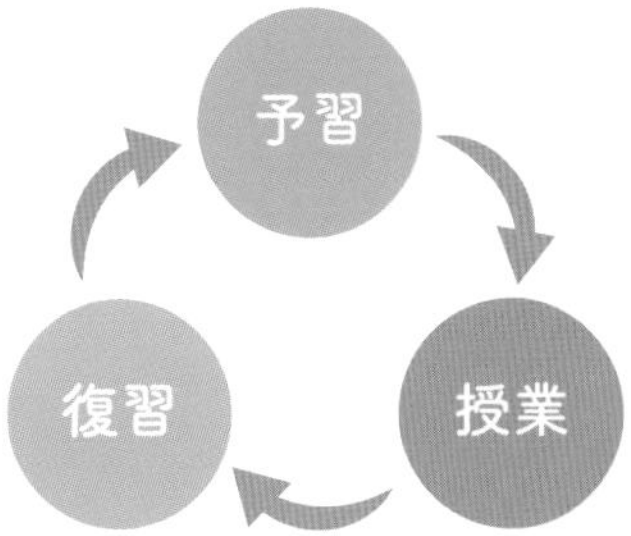

✓授業に集中! わからないことはすぐに先生に聞く!

授業中は先生の説明を聞きながらノートを取り、気になることやわからないことがあったら、授業後にすぐ、先生に質問をしに行きましょう。

授業中、ボーっと過ごしてしまうと、テスト前に自分で理解しなければならないことが多くなり、効率がよくありません。**「授業中に理解しよう」としっかり聞けば、時間を上手に使い、効率よく学力を伸《の》ばすことができます。**

✓復習は遅《おそ》くとも週末に。ためすぎ注意!

授業で習ったことを忘れないために、**復習はできればその日のうちに。それが難しければ、週末に復習をするようにしましょう。**時間を空けすぎると習ったことをほとんど忘れてしまい、勉強がはかどりません。復習する内容をためすぎないように注意してください。

復習をするときは、教科書やノートを読むだけではなく、問題も解くようにしましょう。問題を解くことで理解が深まり、記憶《きおく》が定着します。

定期テスト対策は早めに

定期テストは1年に約5回※。一般《いっぱん》的に、一学期と二学期に中間テストと期末テスト、三学期に学年末テストがあります。しかし、「小学校よりもテストの回数が少ない！」と喜んではいられません。1回のテストの範囲《はんい》が広く、しかも同じ日に何教科も実施《じっし》されるため、テストの日に合わせてしっかり勉強する必要があります。（※三学期制か二学期制かで回数は異なります。）

定期テストの勉強は、できれば2週間ほど前から取り組むのがオススメです。部活動はテスト1週間前から休みになる学校が多いようですが、その前からテストモードに入るのがよいでしょう。「テスト範囲を一度勉強して終わり」ではなく、二度、三度と繰《く》り返しやることが、よい点数をとるためには大事です。

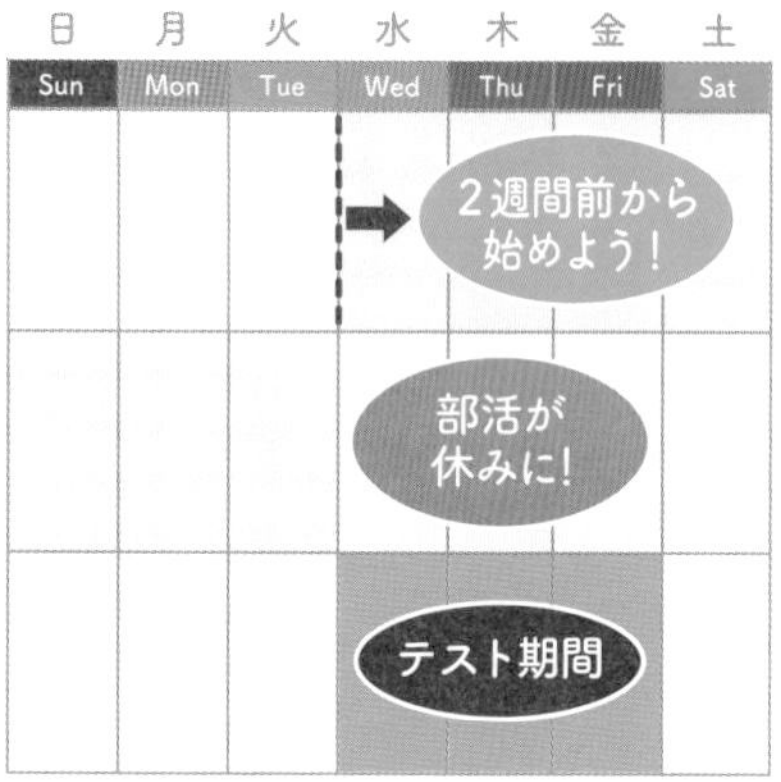

中1・2の成績が入試に影響《えいきょう》？

内申点という言葉を聞いたことがある人もいるでしょう。内申点は、各教科の5段階の評定（成績）をもとに計算した評価で、高校入試で使用される調査書に記載《きさい》されます。1年ごとに、実技教科を含《ふく》む9教科で計算され、たとえば、「9教科すべての成績が4の場合、内申点は4×9＝36」などといった具合です。

公立高校の入試では、「内申点＋試験の点数」で合否が決まります。当日の試験の点数がよくても、内申点が悪くて不合格になってしまうということもあるのです。住む地域や受ける高校によって、「内申点をどのように計算するか」「何年生からの内申点が合否に関わるか」「内申点が入試の得点にどれくらい加算されるか」は異なりますので、早めに調べておくとよいでしょう。

「高校受験は中3になってから考えればいい」と思うかもしれませんが、実は**中1・2のときのテストの成績や授業態度が、入試に影響する場合もあるのです。**

【文法編】

1 章

文法の基礎

1 言葉の単位

教科書の要点

1 文法とは

◎文法とは、**言葉の組み立て**や**使い方**に関する**きまり**である。

2 言葉の単位

◎言葉の単位には、**文章（談話）・段落・文・文節・単語**がある。

1 文法とは

(1) 私たちは、言葉によって互《たが》いの気持ち、情報などを伝え合っている。その言葉を、どのような順序で組み立て、どのように使うかについてのきまりが**文法**である。

(2) 文法は、言葉をより正確に伝え合うために確認していく必要がある。

❶ **順序を確認する**……言葉の係り受けを考え、正しい順序になっているかどうかを確認する。

〈ゆっくりテレビを見ることを伝えたい場合〉

× テレビは、ゆっくり勉強してから見よう。
「ゆっくり」が「勉強してから」に係る

○ テレビは、勉強してからゆっくり見よう。
「ゆっくり」が「見よう」に係る

❷ **使い方を確認する**……伝えたい内容に適した言葉かどうかを確認する。

× 昨日の夜、友人と電話で話す。
「昨日の夜」のことなら「話した」が正しい

普段《ふだん》の会話などでは気にしないで使っていても、言葉のきまりである「文法」から見ると、誤りになることもあるんだよ。

2 言葉の単位

(1) **文章**（談話）……言葉を連ねて、全体で一つのまとまった内容を、文字で書き表しているものを**文章**という。また、会話やスピーチなどの音声で表しているものを**談話**という。文章（談話）は、言葉の最も大きい単位で、多くは、一つの題のもとにまとめられている。

(2) **段落**……文章の中でまとまった意味や内容を表すひと区切りを**段落**という。段落のはじめは一字下げて書きだし、段落の変わり目では改行する。

(3) **文**……一つのまとまった内容をひと続きで言い終える言葉を**文**という。原則として、文の終わりには句点（。）を付ける。

文章
段落
（一字下げ）
初雪が降った。（文）（句点）しかし、すぐに雨に変わってしまい、雪景色を楽しむには至らなかった。
去年の冬は、記録的な大雪が降り……。
……。
……。

(4) **文節**……意味を壊《こわ》さず、発音しても不自然にならないように、文をできるだけ短く区切ったひと区切りを**文節**という。文節は、文の組み立ての基本的な単位になる。話す調子で、文中に「**ネ**」「**サ**」「**ヨ**」などを入れてみて、自然に切れるところが文節の切れ目になる。

(5) **単語**……意味のある言葉としては、これ以上分けることができない、最も小さい単位を**単語**という。

（文節）（単語）
去年｜の（ネ）冬｜は（ヨ）記録的な（ネ）大雪｜が（サ）降っ｜た。

テストで注意　迷いやすい文節の区切り目

文を文節に区切るときに、「ネ」「サ」「ヨ」を入れてみても、区切り目が判断しにくい場合がある。次の三つに注意する。

① 「〜て（で）」に「いる」「みる」「しまう」「ほしい」などが続く場合は、文節に区切る。

例 犬が｜走って｜いる。（区切る）

② 「〜こと」「〜もの」「〜とき」「〜わけ」などの形の場合は、文節に区切る。

例 歌う｜ことは｜楽しい。（区切る）

③ 複合語（二つ以上の単語が結び付いて一つになった語）は一単語なので、区切らない。

例 荷物を｜持ち直す。（区切らない）
学級新聞を｜読む。（区切らない）
（「持ち直す」「学級新聞」で一つの単語。）

2 文節と文節の関係

教科書の要点

1 文節の働きと種類

◎文節には、**係る文節**と**受ける文節**があり、**互《たが》いに関係し合って**文を組み立てている。

2 文節どうしの関係

◎文節どうしの関係には、**主・述の関係・修飾《しゅうしょく》・被《ひ》修飾の関係・接続の関係・独立の関係・並立の関係・補助の関係**がある。

3 連文節

◎二つ以上の文節がまとまったものを、**連文節**という。

1 文節の働きと種類

(1) 文節は、ほかの文節と**互《たが》いに関係し合って**、文を組み立てている。

(2) 文節には、**係る文節**と**受ける文節**がある。文節どうしが意味のうえでつながりをもっているとき、前の文節があとの文節に「係る」といい、あとの文節が前の文節を「受ける」という。

❶ **係る文節**……ほかの文節に係っていく文節で、普通《ふつう》は一つの文節に係る。

❷ **受ける文節**……係ってくる文節を受ける文節で、いくつかの文節を同時に受ける場合もある。また、ある文節を受ける文節が、同時にほかの文節に対しては係る文節になっている場合もある。

● 大きな(係) 花が(受・係) きれいに(係) 咲《さ》いた(受)。

係る　係る　係る

「大きな」を受ける　同時に「咲いた」に係る　「花が」「きれいに」を受ける

文は、文節と文節の関係を意識しながら、言いたいことをどのように組み立てるとよいのかを考えて作っていこう。

(3) 文節どうしの「係る」と「受ける」の関係を、**文節の係り受け**という。二つの文節をつなげてみて、自然な言い方になれば、その二つの文節は係り受けの関係にあると判断できる。

● 私は 厚い 本を 買った。

○ 私は → 買った　× 私は ⇢ 厚い
○ 厚い → 本を　× 私は ⇢ 本を
○ 本を → 買った　× 厚い ⇢ 買った

○…意味が自然につながる
＝係り受けの関係

2 文節どうしの関係

文節どうしの関係には、次のようなものがある。

(1) **主・述の関係（主語・述語の関係）**……「何（誰《だれ》）が―どうする・どんなだ・何だ・ある・いる・ない」の関係。「何が」に当たる文節を**主語**、「どうする・どんなだ・何だ・ある・いる・ない」に当たる文節を**述語**という。

〈主・述の関係のパターン〉

主語	述語		主語		述語
何（誰）が	― どうする。	➡	私が	友人に	話す。
何（誰）が	― どんなだ。	➡	私が	いちばん	速い。
何（誰）が	― 何だ。	➡	私が		日直だ。
何（誰）が	― ある・いる。	➡	本が	ここに	ある。
何（誰）が	― ない。	➡	本が	ここには	ない。

（主・述の関係）

テストで注意　特殊《とくしゅ》な語順

係る文節は、受ける文節より前にあるのが一般的《いっぱんてき》だが、あとにきたり、省かれたりすることがある。

① **倒置《とうち》の形（語順が逆になる形）**…係る文節が、受ける文節よりあとにくる。

例 難しいな（受ける）、数学は（係る）。
（普通《ふつう》の語順ならば、「数学は、難しいな。」という文になる。）

② **省略の形**…係る文節が省略されている。例えば、「おや、降り出した。」という文の場合、「雨が」などの文節が省略されている。

例 おや、（雨が）（省略）（係る）降り出した（受ける）。

くわしく　主語になる形

主語は、「〜が」だけでなく、「〜は」「〜も」「〜まで」などの形になっていることもある。

例 友人は 図書委員だ。
友人も 参加する。
友人まで 笑った。

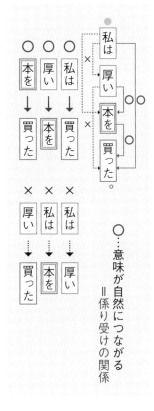

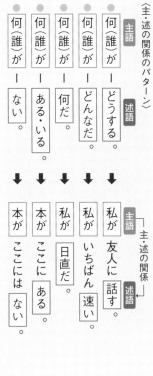

(2) **修飾《しゅうしょく》・被《ひ》修飾の関係**……「いつ」「何を」「どのように」など、ほかの文節の内容をくわしく説明する文節（**修飾語**という）と、説明される文節（**被修飾語**という）との関係。修飾語には、連用修飾語と連体修飾語がある。

● 昨日、靴《くつ》を ぴかぴかに 磨《みが》いた。

修飾語〈いつ〉：昨日、　修飾語〈何を〉：靴を　修飾語〈どのように〉：ぴかぴかに　→　被修飾語：磨いた

修飾・被修飾の関係

❶ **連用修飾語**……用言を含《ふく》む文節を修飾する。

● 馬が 力強く 走る。

〈どのように〉連用修飾語：力強く　→　〈どうする〉被修飾語：走る（用言）

● とても 元気だ。

〈どのくらい〉連用修飾語：とても　→　〈どんなだ〉被修飾語：元気だ（用言）

❷ **連体修飾語**……体言を含む文節を修飾する。

● 真っ白い 馬が 走る。

〈どのような〉連体修飾語：真っ白い　→　〈何が〉被修飾語：馬が（体言）

● 父の 本だ。

〈誰《だれ》の〉連体修飾語：父の　→　〈何だ〉被修飾語：本だ（体言）

(3) **接続の関係**……文と文、または文節と文節をつなぐ働きをする文節（**接続語**という）と、そのあとに続く文節との関係。

● 走った。でも、遅刻《ちこく》した。

接続語：でも、　「接続の関係」
前後が反する内容であるものをつなぐ。

● 雨だから、中止する。

接続語：雨だから、　「接続の関係」
あとの内容の理由を表してつなぐ。

発展　被《ひ》修飾《しゅうしょく》語

被修飾語の「被」とは、「〜される」「〜を受ける」という意味を表す。被修飾語は、修飾語によって、くわしく説明される文節ということになる。

くわしく　用言・体言

連用修飾語が修飾する用言とは、「どうする」「どんなだ」を表す単語、連体修飾語が修飾する体言とは、「何」を表す単語である。単語を性質によって分類した品詞としては、用言は動詞・形容詞・形容動詞に当たり、体言は名詞に当たる。

テストで注意　接続語の形に注意

接続語には、「でも」「そして」「だから」のように、単独でつなぐ働きをする言葉と、「〜から」「〜ので」「〜ば」などが付いて、あとに続く部分の内容に対して、理由や条件を表してつなぐ文節がある。

発展　接続の関係のとらえ方

「走った。でも、遅刻《ちこく》した。」のような文の接続の関係については、接続語（「でも」）を中心に、その前後の文と文（「走った。」と「遅刻した。」）の関係であるというとらえ方もある。

(4) **独立の関係**……ほかの文節とは直接関係がなく、独立性の強い文節（**独立語**という）と、ほかの部分との関係。

● ああ、疲《つか》れたなあ。（独立の関係）
独立語　感動を表す。

● 平和、それが私の願いだ。（独立の関係）
独立語　題目を提示する。

(5) **並立の関係**……複数の文節が、文の中で対等な役割で並んでいる関係。

● 赤くて　大きな　実が　なる。（並立の関係）
「赤くて」と「大きな」は、対等な関係で、どんな「実」なのかを表す。

(6) **補助の関係**……主な意味を表す文節と、そのすぐあとに付いて、補助的な意味を補う文節との関係。

● 宿題は、やって　ある。（補助の関係）
「やって」に「ある」が補助的な意味を補う。

3 連文節

二つ以上の文節がまとまって、主語・述語・修飾語などと同じ働きをするものを**連文節**という。並立の関係と補助の関係は、常に連文節になる。

● 近所の　遊園地で　姉と　妹が　遊んで　いる。
近所の　遊園地で：連文節（修飾・被修飾の関係）
姉と　妹が：連文節（並立の関係）
遊んで　いる：連文節（補助の関係）

テストで注意　**補助的な意味を補う文節**

補助的な意味を補う文節には、「ある・あげる・いく・いる・おく・くる・しまう・みる・もらう・ない・ほしい」などがあり、「〜て（で）」の形に続いていることが多い。また、補助的な意味を補う文節は、平仮名《ひらがな》で書くことが多い。

例 材料は、買って　ある。（補助の関係）
絵本を　読んで　あげる。

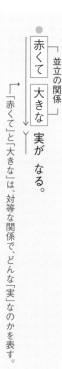

3 文の成分

教科書の要点

1 文の成分とは

◎文の中で、文節を基本単位としてさまざまな働きをもつ部分を、**文の成分**という。

2 文の成分の種類

◎文の成分には、**主語（主部）・述語（述部）・修飾語《しゅうしょく》（修飾部）・接続語（接続部）・独立語（独立部）**がある。

1 文の成分とは

文は、「何が」「どんなだ」「何だ」などのような、さまざまな働きをもつ部分によって構成されている。その各部分のことを**文の成分**という。文の成分は、文節が基本単位になっている。文の成分が一文節の場合は「**〜語**」、二つ以上の文節がまとまった連文節の場合は「**〜部**」という。

● ああ、（独立語） 頑張《がんば》ったから、（接続語） 早めに（修飾語《しゅうしょく》） 宿題が（主語） 終わったよ。（述語）

● 国語の 学習、（独立部） その 面白さは、（主部） しっかり 学べば、（接続部） ←連文節になっている。
中学生の 私にも（修飾部） わかって くるだろう。（述部）

文の構成を考えるときには、まず、文を文節に区切ってから、それぞれの文節と文節の関係を考えよう。

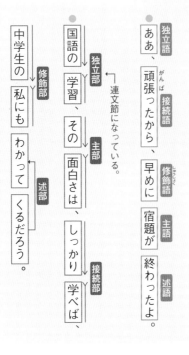

2 文の成分の種類

文の成分には、**主語（主部）・述語（述部）・修飾語（修飾部）・接続語（接続部）・独立語（独立部）**の五種類がある。

(1) **主語（主部）**……文の中で、「何（誰《だれ》）が―どうする・どんなだ・何だ・ある・いる・ない」の、「何（誰）が」に当たる文節を**主語**、連文節の場合には**主部**という。

主語 犬が のっそり 歩く。（どうする）
「何が―どうする」の「何が」。

主語 空が ほんのりと 明るい。（どんなだ）
「何が―どんなだ」の「何が」。

主語 兄が 部長だ。（何だ）
「誰が―何だ」の「誰が」。

主語 雨雲が 上空に ある。
「何が―ある」の「何が」。

主語 友人が 先生と いる。
「誰が―いる」の「誰が」。

主語 返信が 全く ない。
「何が―ない」の「何が」。

主部 大きな 犬が のっそり 歩く。

主部 東の 空が ほんのりと 明るい。

主語（主部）には、次のような形がある。

❶ **「体言＋が」の形の主語（主部）**……「何（誰）」を表す単語（体言）に「が」が付いた形の主語（主部）。

❷ **「用言＋の＋が」の形の主語（主部）**……「どうする」「どんなだ」を表す単語（用言）に「の」と「が」が付いた形の主語（主部）。

❶ 主語 先生が いらっしゃる。
「誰」を表す。＝体言

❷ 主語 走るのが 苦手だ。
「どうする」を表す。＝用言

テストで注意 **主語と間違《まちが》えやすい文節**

主語は、「〜が」だけでなく、「〜は」「〜も」「〜まで」などの形になっていることもあるが、この「〜は」「〜も」「〜まで」などの形の文節は、主語ではない場合もある。

主語になる文節は、必ず、「何（誰）が―どうする・どんなだ・何だ・ある・いる・ない」の「何（誰）が」の部分に当てはまる。「が」に言い換《か》えたとき、不自然になる場合は、主語ではない。

例 今日は 開校記念日だ。
→ ○今日が 開校記念日だ。
（「何が―何だ」の形に当てはまる。）＝主語

今日は 帰ります。
→ ×今日が 帰ります。
（「何が―どうする」の形に当てはまらない。）＝主語ではない（修飾語）

発展 **主語のない文**

はっきり言わなくてもわかる場合などに、主語を省略することがある。

(2) **述語（述部）**……文の中で、「何（誰《だれ》）が―どうする・どんなだ・何だ・ある・いる・ない」の、「どうする・どんなだ・何だ・ある・いる・ない」に当たる文節を**述語**、連文節の場合には**述部**という。

- 犬が〔主語〕 道を のっそりと 歩く〔述語〕。
  「何が―どうする」の「どうする」
- 兄が〔主語〕 部長だ〔述語〕。
  「誰が―何だ」の「何だ」
- 友人が〔主語〕 部長と いる〔述語〕。
  「誰が―いる」の「いる」
- 犬が〔主語〕 道を のっそりと 歩いて いる〔述部〕。
- 空が〔主語〕 ほんのりと 明るい〔述語〕。
  「何が―どんなだ」の「どんなだ」
- 雨雲が〔主語〕 上空に ある〔述語〕。
  「何が―ある」の「ある」
- 返信が〔主語〕 全く ない〔述語〕。
  「何が―ない」の「ない」
- 兄が〔主語〕 水泳部の 部長だ〔述部〕。

述語（述部）には、次のような形がある。

❶ **用言が述語（述部）**……「どうする・どんなだ・ある・いる・ない」を表す単語（用言）を用いた述語（述部）。用言だけで述語になる場合と、ほかの言葉が付く場合とがある。

❷ **「体言＋だ（です）」の形の述語（述部）**……「何」を表す単語（体言）に「だ（です）」が付いた形の述語（述部）。

- 夕方から、雨が 降る〔述語〕。
  「どうする」を表す用言
  夕方から、雨が 降る らしい〔述語〕。
  「どうする」を表す用言＋「らしい」。
- 明け方と 夕方に 見えるのが 金星 だ〔述語〕。
  「何」を表す体言＋「だ」。

テストで注意

文の成分は、述語から考える

日本語の文には、主語が見つけにくいものがある。文の成分を考えるときには、まず、述語を見つけ、「何（誰《だれ》）が―どうする・どんなだ・何だ・ある・いる・ない」の型に当てはめてみて、その述語に対する主語を探すと、全体の仕組みがとらえやすくなる。

例 姉が今まで作ってくれたお菓《か》子《し》の中で、チーズケーキがいちばんおいしかった。

➡ 姉が今まで作ってくれたお菓子の中で、チーズケーキがいちばん おいしかった。
（文末の「おいしかった（＝どんなだ）」が述語。）

➡ （「何が―どんなだ」の形に当てはまるので、「おいしかった」のは「何」かを探す。）

➡ 姉が今まで作ってくれたお菓子の中で、チーズケーキが いちばん おいしかった。
（「チーズケーキが」が主語。）

(3) **修飾《しゅうしょく》語（修飾部）** ……文の中で、ほかの文節の内容をくわしく説明したり内容を補足したりする、「何を」「どのように」「どのくらい」「いつ」「どこに」「誰と」などを表す文節を**修飾語**、連文節の場合には**修飾部**という。

- 犬が（主語） 肉を（修飾語）「何を」 うまそうに（修飾語）「どのように」 食べる。（述語）
- 空が（主語） ほんのりと（修飾語）「どのくらい」 明るい。（述語）
- 兄が（主語） 三時に（修飾語）「いつ」 帰宅する。（述語）
- 雨雲が（主語） 上空に（修飾語）「どこに」 ある。（述語）
- 友人が（主語） 先生と（修飾語）「誰と」 いる。（述語）
- 返信が（主語） 全く（修飾語）「ない」の意味を補足する。 ない。（述語）
- 犬が（主語） 骨付きの 肉を（修飾部） とても うまそうに（修飾部） 食べる。（述語）

(4) **接続語（接続部）** ……文と文、文節と文節などをつないで、前後がどんな関係なのかを示す文節を**接続語**、連文節の場合には**接続部**という。

- 雨が（主語） 上がった。（述語） そこで、（接続語）前後の文をつなぎ、関係を示す。 シャツを（修飾語） 干した。（述語）
- 寄り道したので、（接続語）理由を表し、前後の関係を示す。 遅刻《ちこく》した。（述語）
- ペン または（接続語）前後の文節をつなぎ、関係を示す。 鉛筆《えんぴつ》で 書きなさい。
- 図書館に 寄り道したので、（接続部）理由を表し、前後の関係を示す。 遅刻した。（述語）

テストで注意 **被修飾《ひしゅうしょく》語は文の成分ではない**

修飾語によってくわしく説明される文節を、修飾・被修飾の関係から、「被修飾語」というが、これは、文の成分の名称《めいしょう》ではない。

参考 連用修飾語・連体修飾語 ⬇28ページ

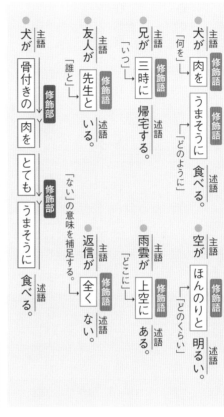

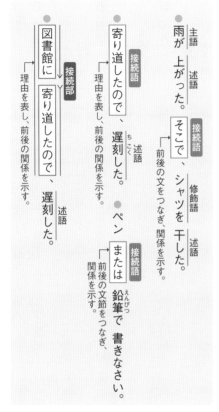

接続語（接続部）が示す関係には、次のようなものがある。

❶ **理由**……前の事柄《ことがら》が理由となり、その結果があとに続く関係。

● 接続語 工夫したから、**良い作品に仕上がったのだ。**

❷ **逆接**……前の事柄から予想されることとは逆の結果があとに続く関係。

● **敗退した。** 接続語 けれども、**得るものが多い試合だった。**

❸ **条件**……前の事柄があとに続く内容の条件になっている関係。

● 接続語 考えれば、**すぐに気づくだろう。**

(5) **独立語（独立部）**……文の中で、ほかの文節と係り受けの関係をもたず、独立している文節を**独立語**、連文節の場合には**独立部**という。

● 独立語 ああ、**美しい景色だ。**（述部）
└感動を表す。

● 独立部 全体の調和、**それこそが大切だ。**（主語・述語）
←提示して強調する。

独立語（独立部）が示す関係には、次のようなものがある。

❶ **感動**……「おや」「まあ」などのような、心の動きから出た言葉。

● 独立語 おや、**もう、すっかり夕暮れだ。**

❷ **応答**……「はい」「いいえ」などのような、受け答えの言葉。

● 独立語 はい、**明日の授業では、私が発表します。**

❸ **提示**……強調するために、文の頭に示した言葉。

● 独立語 敬語、**それが日本語の学習で最も難しい。**

発展 **接続語と接続詞**

「接続語」は文の成分としての名称《めいしょう》で、一単語のものと複数の単語からなるものがある。一方、「接続詞」（⬇73ページ）は品詞（⬇40ページ）としての名称で、一単語で接続語としての働きをする単語を「接続詞」という。文の成分の名称である「接続語」と混同しないように注意する必要がある。

例 呼ばれた。接続語 それで、返事をした。
└接続詞（一単語）。

接続語 呼ばれたので、返事をした。
└「呼ば」「れ」「た」「ので」で四単語。

独立語は、文の頭にあることが多くて、すぐあとに「、（読点）」を付けるのが普通《ふつう》だよ。

4 文の組み立て／文の推敲《すいこう》

教科書の要点

1 文の組み立て

◎文は、**主語と述語**を中心とした文の成分の組み合わせによって成り立っている。

2 わかりづらい文の見直し

◎わかりづらい文は、**主・述の関係、修飾《しゅうしょく》・被《ひ》修飾の関係**が適切に対応しているかを考えて＊推敲《すいこう》する。

＊推敲＝文や文章を、よりよくするために考え、作り直すこと。

1 文の組み立て

多くの文は、文の成分の組み合わせによって、成り立っている。その中心になるのは、**主語**と**述語**の組み合わせ（主・述の関係）である。

(1) 主語・述語が一つずつの文

●［父が］（主語）　トマトを（修飾語《しゅうしょく》）　［収穫《しゅうかく》した］（述語）。

（主語「父が」と述語「収穫した」：主・述の関係）

(2) 主語・述語が複数ある文

❶ 複数の主語と述語の組み合わせが対等な関係の文

●［父が］（主語）　トマトを（修飾語）　［収穫し］（述語）、［母が］（主語）　苗《なえ》を（修飾語）　［植えた］（述語）。

（「父が」と「収穫し」：主・述の関係／「母が」と「植えた」：主・述の関係）

発展　単文・重文・複文

文は、主・述の関係を中心とした構造上の違《ちが》いによって、次の三つに分けられる。

① **単文**…主・述の関係が一つだけの文。
② **重文**…主・述の関係が複数あり、それらが対等な関係の文。
③ **複文**…主・述の関係が複数あり、それらが対等な関係ではない文。

❷ 複数の主語と述語の組み合わせが対等ではない文

- 父が 収穫《しゅうかく》した トマトで、母が スープを 作った。

（父が：主語／収穫した：述語 「主・述の関係」　父が 収穫した：修飾部《しゅうしょく》／母が：主語／スープを：修飾語／作った：述語 「主・述の関係」）

修飾部 ←「父が収穫したトマトで」が、「作った」に係っていて対等ではない。

2 わかりづらい文の見直し

文の中で複数の文節と文節が組み合わさると、それぞれの係り受けがとらえにくくなり、わかりづらい文になってしまうことがある。それぞれの文節が適切に対応しているかを見直して、推敲《すいこう》することが必要である。

(1) 主・述の関係を見直す

- 私は、先日、先生がおっしゃったことは、私たち中学生にとって、とても重要だ。×

（私は：主語／重要だ：述語 「主語に対応していない。」）

⬇ とても重要だと思う。○

（思う：述語 「主語に対応した述語に直す。」）

(2) 修飾・被《ひ》修飾の関係を見直す

- 僕《ぼく》は 笑いながら 踊《おど》る妹を見た。

←「笑いながら」が、「踊る」に係るのか「見た」に係るのか、わかりづらい。

① 〈笑っているのは「僕」〉 ⬇ 僕は 踊る妹を 笑いながら 見た。

② 〈笑っているのは「妹」〉 ⬇ 笑いながら 踊る妹を、僕は見た。

テストで注意　わかりやすい修飾《しゅうしょく》語の位置

修飾語は、それが係る被《ひ》修飾語の、できるだけ近くに入れると、文意がわかりやすくなる。

例 明るい 布製の 緑色の 表紙。（「明るい」がどの文節に係るのかわかりづらい。）

⬅ 布製の 明るい 緑色の 表紙。（「明るい」を、係っている「緑色の」の直前に入れる。）

「、（読点）」をうまく使うと、文節の係り受けをはっきりさせることができるよ。

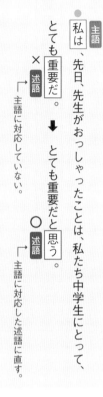

練習

解答 別冊2ページ

1 【文節・単語】

例にならって、次の各文の、文節の区切りは／で、単語の区切りは｜で示しなさい。

例 私｜は／学校｜に／行き｜ます。

(1) 明日はきっと雨になると思った。

(2) この時計はもう動くことはない。

(3) 弟と妹が近くの公園で遊んでいる。

(4) とてもすてきな作品に仕上がると思う。

(5) 君は次の日にも同じことを繰《く》り返すよ。

(6) なかなか手帳が見つからないので困る。

2 【文節と文節の関係】

次の各文の、——線部と═══線部の文節の関係は、あとのア～カのどれですか。記号で答えなさい。

(1) もしもし、田中《たなか》さん。（　　）

(2) 明日、先生に直接話してみる。（　　）

(3) 高くて新しいビルが見える。（　　）

(4) 子犬が元気よく走り回る。（　　）

(5) 兄がケーキをおいしそうに食べた。（　　）

(6) 雨が降ってきた。だから帰った。（　　）

ア 主語・述語の関係　**イ** 修飾《しゅうしょく》・被《ひ》修飾の関係

ウ 接続の関係　**エ** 独立の関係

オ 並立の関係　**カ** 補助の関係

3 【並立の関係】

次の各文から、並立の関係にある二文節を書き抜《ぬ》きなさい。

(1) すみませんが、冷たいコーヒーかジュースをください。

(2) その偉人《いじん》は強くて美しい心をもっていました。

(1)（　　・　　）　(2)（　　・　　）

4 【補助の関係】

次の各組の——線部と═══線部が、補助の関係になっているほうを選び、記号で答えなさい。

(1) **ア** 本が二冊ある。　**イ** 本が置いてある。

(2) **ア** 約束の時間に遅《おく》れてしまう。　**イ** ノートを引き出しにしまう。

(3) **ア** 妹にボールペンをあげる。　**イ** 弟に本を借りてあげる。

(1)（　　）　(2)（　　）　(3)（　　）

5 【文の成分】

次の各組の——線部について、文の成分の名前を、一文節のときは「～語」、連文節のときは「～部」と書きなさい。

(1) ①クラス委員が ②ゆっくりと ③立ち上がった。

①（　　）②（　　）③（　　）

(2) ①体調が悪いので、②私の妹は、③欠席します。

①（　　）②（　　）③（　　）

1 自立語と付属語／単語の活用

教科書の要点

1 自立語と付属語

◎常に文節の最初にあり、単独で文節を作ることができる単語を**自立語**、必ず自立語のあとに付いて、自立語と組みになって文節を作る単語を**付属語**という。

2 単語の活用

◎使い方によって単語の形が変化することを**活用**という。

1 自立語と付属語

(1) **自立語**……それだけで意味がわかり、単独で文節を作ることができる単語を**自立語**という。一文節に必ず一つあり、常に文節の最初にある。

● [私]、｜[予習]と｜[復習]を｜[しっかり]｜[やり]ます。
（自立語 ←必ず一文節に一つずつある。）

↓

[私]、｜[予習]｜[復習]｜[しっかり]｜[やる]。 →自立語だけでも意味がわかる。

(2) **付属語**……それだけでは意味がわからず、必ず自立語のあとに付いて、自立語と組みになって文節を作る単語を**付属語**という。

● あなた[も]｜今日[から]｜予習[と]｜復習[を]｜始め[ませ][ん][か]。
（付属語 ←自立語とともに文節を作る。）（一文節に複数ある場合もある。）

↓

[も]｜[から]｜[と]｜[を]｜[ませ]｜[ん]｜[か]。 →付属語だけでは文が成立しない。

テストで注意　自立語・付属語の見分け方

自立語と付属語を見分けるときは、まず文を文節に区切って、それぞれの文節の最初にある単語を自立語として抜《ぬ》き出す。そして、残った単語が付属語になる。

例 職人の技が光る。

⬅ 職人の｜技が｜光る。（区切る）

⬅ [職人]の｜[技]が｜[光る]。（自立語）

⬅ 職人[の]｜技[が]｜光る。（付属語）

2 単語の活用

(1) **活用**……そこで文が終わるか、ほかの単語に続いていくかなどの使い方によって、単語の形が変化することを**活用**という。

● 友達と遊ぶ。 ● 友達と遊ばない。 ● 友達と遊びます。

同じ「遊ぶ」という単語が変化している。

(2) **活用する単語**……あとにどのような単語が続くかによって、形が変わる単語。

● 静かな森には美しい妖精《ようせい》がたくさんいるのです。

活用する単語

- 静かだろう。 静かだった。 静かになる。
- 美しかった。 美しく舞《ま》う。 美しければよい。
- 森にいたい。 森にいればよい。 森にいろ。
- 鳥でしょう。 鳥でした。

(3) **活用しない単語**……あとにどのような単語が続いても、形が変わらない単語。

● 静かな森には美しい妖精がたくさんいるのです。

活用しない単語

- 森だ。 森がある。
- 机に置く。 町に行く。
- 月は明るい。 月は東に。
- 空が暗い。 星が光る。
- 妖精の姿。 妖精に会う。
- 森の小道。 鳥の鳴く声。
- たくさんの人。 たくさん買う。

くわしく

活用する単語の意味

活用する単語は、あとにどんな言葉が続くかだけではなく、文の表す意味に応じても形が変わる。

例 早く準備をする。 早く準備をしろ。

（どちらも言い切る形だが、「しろ」には命令する意味がある。）

発展

活用する自立語・付属語

自立語の中で活用するのは、文の中で「どうする」「どんなだ」を表す働きをする用言（⬇42ページ）。

付属語の中で活用するのは、用言や体言などいろいろな単語に付いて、意味や判断を加える単語の助動詞（⬇94ページ）。

単語は、自立語か付属語か、活用するかしないかによって、分類されているんだね。

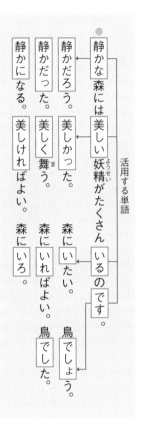

2 品詞の分類

教科書の要点

1 品詞とは

◎**単語**を**性質や働き**の違《ちが》いによって分類した十種類を**品詞**という。

2 自立語の品詞

◎自立語の品詞には、**動詞・形容詞・形容動詞・名詞・副詞・連体詞・接続詞・感動詞**の八品詞がある。

3 付属語の品詞

◎付属語の品詞には、**助詞・助動詞**の二品詞がある。

1 品詞とは

品詞とは、単語を自立語か付属語か、活用するかしないかによって四つに分け、それをさらに、言い切りの形と、どんな文の成分になるかによって十種類に分類したものである。

● 品詞分類表

- 単語
  - 自立語
    - 活用する ― 述語になる（用言）
      - ウ段で終わる ― 動詞
      - 「い」で終わる ― 形容詞
      - 「だ・です」で終わる ― 形容動詞
    - 活用しない
      - 主語になる（体言） ― 名詞
      - 修飾《しゅうしょく》語になる
        - 主に連用修飾語になる ― 副詞
        - 連体修飾語になる ― 連体詞
      - 接続語になる ― 接続詞
      - 独立語になる ― 感動詞
  - 付属語
    - 活用する ― 助動詞
    - 活用しない ― 助詞

品詞分類表は、品詞ごとに下から上にたどっていくと、それぞれの性質と働きがわかるね。

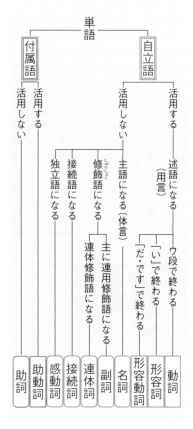

2 自立語の品詞

(1) **活用する自立語**（⬇48ページ）……単独で述語になることができる。次の三品詞を**用言**という。

❶ **動詞**……動作・作用・存在を表し、言い切りの形がウ段で終わる。

❷ **形容詞**……性質・状態を表し、言い切りの形が「い」で終わる。

❸ **形容動詞**……性質・状態を表し、言い切りの形が「だ・です」で終わる。

● プリンを食べる（動詞）。 ● プリンはおいしい（形容詞）。 ● プリンはなめらかだ（形容動詞）。

(2) **活用しない自立語**（⬇64ページ）

❶ **名詞**……主語になる。**体言**という。

❷ **副詞**……主に連用修飾語になる。

❸ **連体詞**……連体修飾語になる。

❹ **接続詞**……接続語になる。

❺ **感動詞**……独立語になる。

● はい（感動詞）、あの（連体詞）人（名詞）はすぐに（副詞）来ます。 ● 詩、または（接続詞）小説を読もう。

3 付属語の品詞

(1) **活用しない付属語**……**助詞**（⬇82ページ）。いろいろな単語に付いて、文節や単語どうしの関係を示したり、意味を添《そ》えたりする。

(2) **活用する付属語**……**助動詞**（⬇94ページ）。いろいろな単語に付いて、意味や判断を加える。

● 自分の好きなように（助動詞）描《えが》いて（助詞）みなさい。

テストで注意　言い切りの形

活用する自立語の三品詞を区別している「言い切りの形」とは、その単語が文末にあるときに、命令する言い方ではない形で言い切る形のこと。

例 ● 鳥のように飛びたい。 ⬅ 鳥のように飛ぶ（言い切りの形）。
（「飛ぶ」は言い切りの形がウ段の「ぶ」で終わるので動詞。）

● トマトが赤く熟す。 ⬅ トマトが赤い（言い切りの形）。
（「赤い」は言い切りの形が「い」で終わるので形容詞。）

● 部屋がきれいに片付いた。 ⬅ 部屋がきれいだ（言い切りの形）。
（「きれいだ」は言い切りの形が「だ」で終わるので形容動詞。）

3 用言と体言

教科書の要点

1 用言

◎活用する自立語で、単独で**述語**になることができる**動詞**・**形容詞**・**形容動詞**を**用言**という。

2 体言

◎活用しない自立語で、**主語**になることができる**名詞**を**体言**という。

1 用言

活用する自立語で、文の中で、単独で「どうする」「どんなだ」を表す**述語**になる**動詞**・**形容詞**・**形容動詞**の三品詞を**用言**という。

- 犬が [歩く]（用言）。
  「どうする」を表す動詞。
- 空が [明るい]（用言）。
  「どんなだ」を表す形容詞。
- 海が [静かだ]（用言）。
  「どんなだ」を表す形容動詞。

2 体言

活用しない自立語で、文の中で、「が」などの付属語を伴《ともな》って「何(誰《だれ》)が」を表す**主語**になる**名詞**を**体言**という。

- [犬]（体言）が のっそりと 歩く。
  「何が―どうする」の「何」を表す名詞。

「連用」「連体」など、文法の用語に出てくる「用」「体」は、それぞれ用言と体言のことを指しているんだよ。

練習

解答▶別冊2ページ

1 【自立語・付属語】次の各文の——線部の語を、A自立語、B付属語に分類して、記号で答えなさい。

(1) あなたこそ、キャプテンにふさわしい。
(2) 来週、引っ越《こ》すので、準備に忙《いそが》しい。
(3) おいしい魚がたくさん食べられる。
(4) おや、新しい店ができたぞ。
(5) よく努力したので、成績が上がった。
(6) まだまだ、やりたいことがたくさんある。

2 【自立語】例にならって、次の各文を／で文節に区切り、自立語に——線を引きなさい。

例 来月／みんなで／山に／登ろう。

(1) 明るい部屋で本を読みます。
(2) 将来のことをもっと深く考えたい。

3 【活用する単語・活用しない単語】次の各文の——線部の語を、A活用する単語、B活用しない単語に分類して、記号で答えなさい。

(1) こんにちは、今日もお元気そうですね。
(2) 飛行機が空港に到着《とうちゃく》する時刻を知りたい。
(3) この洋服は、君にぴったりだと思う。
(4) 知らないことを学習していきたい。
(5) ただ時間ばかりが、どんどん過ぎていく。

4 【品詞の分類】次の各文の説明に当てはまる品詞は、あとのア〜コのどれですか。記号で答えなさい。

(1) 活用する付属語。
(2) 言い切りが「だ・です」で終わる用言。
(3) 連体修飾《しゅうしょく》語だけになる活用しない自立語。
(4) 独立語だけになる活用しない自立語。
(5) 体言といわれる活用しない自立語。
(6) 主に連用修飾語になる活用しない自立語。
(7) 言い切りがウ段で終わる用言。
(8) 接続語になる活用しない自立語。
(9) 活用しない付属語。
(10) 言い切りが「い」で終わる用言。

ア 動詞　イ 形容詞　ウ 形容動詞　エ 名詞
オ 副詞　カ 連体詞　キ 接続詞　ク 感動詞
ケ 助詞　コ 助動詞

5 【用言・体言】次の各文の——線部の語を、A用言、B体言に分類して、記号で答えなさい。

(1) 私の飼っている犬は、とてもかわいい。
(2) 白い鳥が空高く飛んでいる。
(3) その問題は、妹には難しかろう。
(4) あなたの考えは、よくわかった。
(5) 兄が部屋をきれいに片付けた。

定期テスト予想問題

時間 30分
解答 別冊2~3ページ

得点　　/100

1

【文節・単語】次の各文は、いくつの文節と単語でできていますか。その数を、それぞれ算用数字で答えなさい。【2点×6】

(1) 私の父の趣味《しゅみ》はゴルフです。
文節（　　）　単語（　　）

(2) 姉の声が表のほうから聞こえてきます。
文節（　　）　単語（　　）

(3) 祝賀会はとても和やかな雰囲気《ふんいき》で終わった。
文節（　　）　単語（　　）

2

【文節と文節の関係】次の各文中の、——線部と══線部の文節の関係は、あとのア~オのどれですか。それぞれ記号で答えなさい。【2点×5】

(1) 専門家がくわしい解説をした。（　　）

(2) 走ったが、間に合わなかった。（　　）

(3) 私はコーヒーか紅茶が飲みたい。（　　）

(4) 庭の花が美しく咲《さ》いています。（　　）

(5) 週末は私も家にいた。（　　）

ア 主語・述語の関係　**イ** 修飾《しゅうしょく》・被《ひ》修飾の関係
ウ 接続の関係　**エ** 並立の関係
オ 補助の関係

3

【連文節】次の各文から、連文節を書き抜《ぬ》きなさい。【3点×4】

(1) 兄は、英語と理科が得意らしい。（　　）

(2) 家で毎日タイピングを練習しています。（　　）

(3) 多くの人々を乗せた客船が、港にゆっくりと入る。（　　）

(4) 父に勧《すす》められたので、私は剣道《けんどう》部に入った。（　　）

4

【文の成分】次の各文の、——線部の文の成分は、あとのア~オのどれですか。それぞれ記号で答えなさい。（同じ記号を二回使ってもよい。）【2点×6】

(1) 雨ならば、試合は中止になるだろう。（　　）

(2) 生物学、それが私が学びたい学問だ。（　　）

(3) 遅《おそ》くなったので、外出はやめよう。（　　）

(4) 悩《なや》んだが、ようやく目標が決まった。（　　）

(5) 委員会には、クラスから私だけ参加した。（　　）

(6) 友人は、もう帰ったようだ。（　　）

ア 主語　**イ** 述語　**ウ** 修飾語
エ 接続語　**オ** 独立語

5 【文の組み立て】次の各文の文の組み立ては、あとのア～ウのどれですか。それぞれ記号で答えなさい。【3点×3】

(1) 灰色の雲が切れ、明るい光が差す。（　　）

(2) 昨日の話し合いは、短時間で終わった。（　　）

(3) 私が提案した意見に、全員が賛成した。（　　）

ア 主語・述語が一つずつの文

イ 複数の主語と述語の組み合わせが対等な文

ウ 複数の主語と述語の組み合わせが対等ではない文

思考

6 【文の推敲《すいこう》】次の各文の――線部を、文節の対応が適切な文になるように、それぞれ書き直しなさい。【3点×3】

(1) 私の今年の目標は、秋の県大会で優勝します。（　　）

(2) インターネットの情報は、正しいものだけでなく、誤った内容もたくさん含《ふく》まれています。（　　）

(3) 私たちが活動する時間は、毎週金曜日の放課後の、十五時から活動します。（　　）

7 【自立語】次の各文には、自立語がいくつ含まれていますか。その数を算用数字で答えなさい。【2点×2】

(1) 早朝の練習には、部員が全員参加すると思います。（　　）

(2) 昨年行われた合唱の発表会、それは、とても大切で美しい思い出になりました。（　　）

8 【品詞の分類】次の【品詞分類表】の、(1)～(10)に当てはまる品詞名は、あとのア～コのどれですか。それぞれ記号で答えなさい。【2点×10】

【品詞分類表】

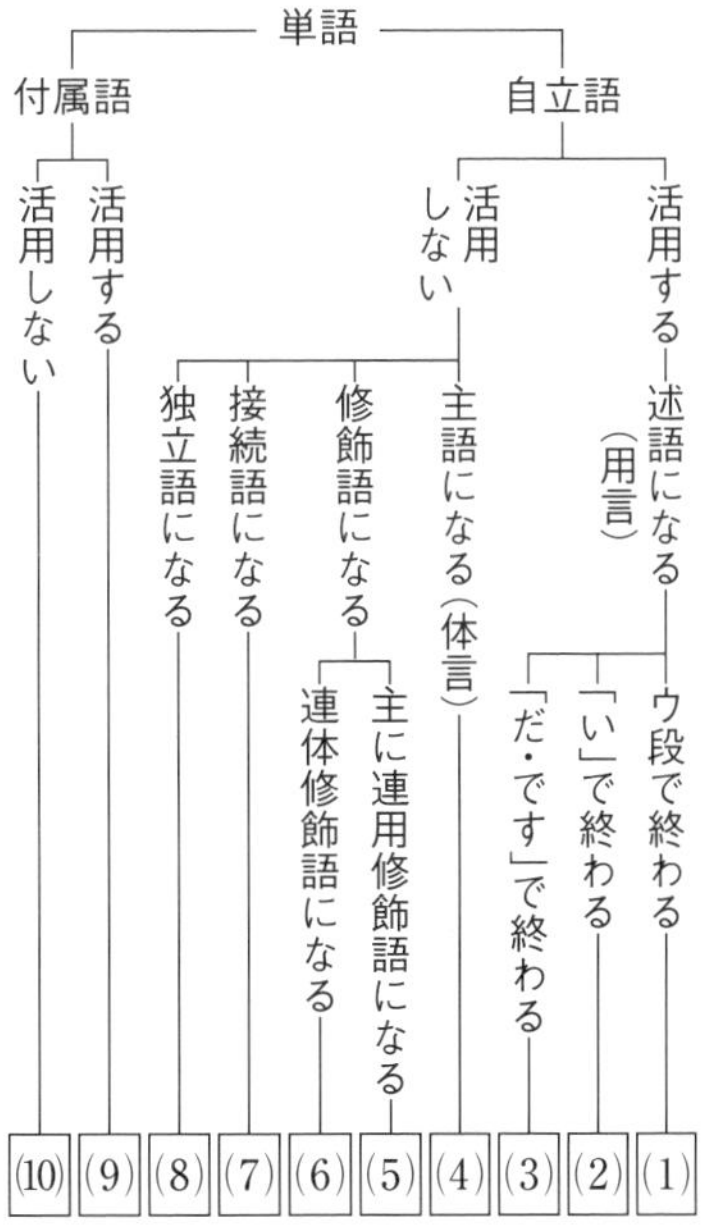

(1)（　　）(2)（　　）(3)（　　）(4)（　　）

(5)（　　）(6)（　　）(7)（　　）(8)（　　）

(9)（　　）(10)（　　）

ア 形容詞　**イ** 助動詞　**ウ** 動詞　**エ** 感動詞

オ 連体詞　**カ** 名詞　**キ** 副詞　**ク** 助詞

ケ 接続詞　**コ** 形容動詞

9 【用言・体言】次の文章中の――線部の語が用言ならA、体言ならBと答えなさい。【3点×4】

ちょうどそのとき、(1)ローマでは太陽の(2)輝《かがや》きが次第に薄《うす》れ、(3)きれいな星がまたたき始めた。(4)忙《いそが》しかった一日が過ぎていこうとしていた。

(1)（　　）(2)（　　）(3)（　　）(4)（　　）

中学生のための勉強・学校生活アドバイス

「定期テストは、授業の内容から出題されるから、毎日、しっかりノートをとりましょう。」

「板書をノートに書き写してはいるんですけど、ノートのとり方のコツってありますか？」

「見直したときに大事な部分がすぐわかるようにすることが大切。コツを２つ教えるね。」

●色づかいのルールを決める

そのときの気分で色を選ぶのはダメ。色づかいのルールを先に決めておこう。**シンプル派には①〜③の3色**、**カラフル派には①〜⑤の5色**がオススメ。

① 基本色 ➡黒
② 重要語句 ➡赤フィルターで消える赤・オレンジ・ピンク
③ 強調したい部分 ➡蛍光《けいこう》ペン（線を引く）
④ ②の次に重要な語句 ➡青
⑤ 囲みや背景など ➡③以外の色の蛍光ペン

授業中にしっかりノートをとろう！

●空間を空けて書く

びっしりと詰《つ》めて書かずに、区切り線を引いてページを上下に分けたり、まとまりごとに行と行の間を空けて書いたりすることで見直しやすいノートになる。

・ノートの下から4〜5㎝に区切り線を引く。**教科書の内容は線の上側に、補足情報は下側に書く**とまとめやすくなる。
・段落や階層（⑴⑵、①②など）が変わるときは、**1文字目を1字分下げて書く**と見やすくなる。
・**見出しの前は、1行空ける**とまとまりがわかりやすくなる。
・**見出しは、一回り大きく書く**と、あとで見直しやすくなる。

「教科書の本文は、全部書き写すと時間がかかるから、**コピーして貼《は》り付ける**といいよ！」

「これなら、すぐにできそう。今日からやってみます！」

【文法編】

2章

自立語

1 用言の活用

教科書の要点

1 語幹と活用語尾《ごび》
◎用言が活用するときに、変化しない部分を**語幹**、変化する部分を**活用語尾**という。

2 活用形
◎用言が活用するときにできた形のことを**活用形**という。

1 語幹と活用語尾《ごび》

活用する自立語である用言（⬇42ページ）が活用するときに、変化しない部分を**語幹**、変化する部分を**活用語尾**という。

● 爽《さわ》やか｜な 風が、
→ 爽やか｜だろ う。
→ 爽やか｜だっ た。
→ 爽やか｜で 心地《ここち》よい。
（語幹｜活用語尾）

やさし｜く
→ やさし｜かろ う。
→ やさし｜かっ た。
→ やさし｜い 音色。
（語幹｜活用語尾）

吹《ふ》｜い てきた。
→ 吹｜か ない。
→ 吹｜き ます。
→ 吹｜く 日。
（語幹｜活用語尾）

参考 単語の活用
⬇39ページ

くわしく **語幹と活用語尾《ごび》の区別がない語**

活用する単語の中には、その単語全体で活用して、変化しない部分である語幹と、変化する部分である活用語尾の区別がない単語もある。

例 母がダンスを［する］。
⬅ 母がダンスを［し］ます。
⬅ 母がダンスを［すれ］ば、すぐわかる。

2 活用形

(1) **活用形**……活用する単語が、どんな単語があとに続くかによってできた形のことを**活用形**という。活用形は、**未然形・連用形・終止形・連体形・仮定形・命令形**の六種類に分類される。

● 帰れ（仮定形）ばいいのに、帰ら（未然形）ないなら、私は帰り（連用形）ますが、あなたが帰る（連体形）ときには、彼《かれ》に「帰る（終止形）。」と言ってから帰れ（命令形）。

(2) **主な続き方**……用言は、六種類の活用形それぞれに主な続き方がある。

❶ **動詞**

	未然形	連用形	終止形	連体形	仮定形	命令形
主な続き方	－ない －う －よう －れる －られる －せる －させる	用言に続く －ます －た －て	言い切る －と －から －けれど	体言に続く －とき －ので －のに	－ば	命令して言い切る

❷ **形容詞・形容動詞**……形容詞・形容動詞には、命令形が存在しない。

	未然形	連用形	終止形	連体形	仮定形	命令形
主な続き方	－う	用言に続く －た －ない －なる	言い切る －と －から －けれど	体言に続く －とき －ので	－ば	○

テストで注意 **語幹＋活用語尾＝活用形**

「活用形」とは、活用するときに変化しない部分である語幹と、変化する部分である活用語尾を合わせたものを指す。

例 今日は、楽し（語幹）かっ（活用語尾）た。 → 活用形（連用形）

それぞれの活用形が、どんな言葉に続くのかを覚えておくといいね。

2 動詞

教科書の要点

1 動詞の性質と働き

◎動詞は、活用する自立語で、言い切りの形（終止形）が五十音図の**ウ段**で終わり、**動作・変化・存在**などを表し、単独で**述語**になる。

2 動詞の活用の種類

◎動詞の活用には、**五段活用・上一段活用・下一段活用・カ行変格活用・サ行変格活用**の五種類がある。

3 自動詞と他動詞

◎主語の動作や変化を表す動詞が**自動詞**、別のものに働きかける動作や変化を表す動詞が**他動詞**である。

4 可能動詞

◎「〜できる」という可能の意味をもつ動詞を**可能動詞**という。

1 動詞の性質と働き

(1) 活用する自立語である動詞は、用言（⬇42ページ）の一つであり、言い切りの形（終止形）が、必ず五十音図の**ウ段**で終わる。

● 後ろを振《ふ》り返って、笑いながら返事をした。

- 振り返って（動詞）→ 言い切る → 振り返る（ウ段）
- 笑い（動詞）→ 言い切る → 笑う（ウ段）
- し（動詞）→ 言い切る → する（ウ段）

くわしく　五十音図のウ段

五十音図は、縦の列を「行」、横の列を「段」という。ウ段は、「う」から始まる横一列の段である、「う・く・す・つ・ぬ・ふ・む・ゆ・る」のこと。

行／段	ア段	イ段	ウ段	エ段	オ段
ア行	あ(a)	い(i)	う(u)	え(e)	お(o)
カ行	か(ka)	き(ki)	く(ku)	け(ke)	こ(ko)
…	…	…	…	…	…

(2) 動詞は、**動作**（どうする）・**変化**（どうなる）・**存在**（ある） などを表す。

● 針金を曲げる。
（曲げる：動詞　動作）

● 考えがまとまる。
（まとまる：動詞　変化）

● 名案がある。
（ある：動詞　存在）

(3) 動詞は、単独で**述語**になる。また、述語以外にも、文の中で、さまざまな働きをする。

● 今日のレースでは絶対に完走する。
（今日のレースでは：修飾部《しゅうしょく》　絶対に：修飾語　完走する：述語）

● 完走するのが、私の夢だ。
（完走するのが：主語　私の夢だ：述部）

● 私は、完走するまでやめない。
（私は：主語　完走するまで：修飾語　やめない：述語）

● 完走するので、見ていてね。
（完走するので：接続語　見ていてね：述部）

● 完走する、それだけを目指している。
（完走する：独立語　それだけを：修飾語　目指している：述部）

(4) **補助動詞**（形式動詞）……本来の意味が薄《うす》れて、すぐ前の文節を補助する働きをする動詞を**補助動詞**（形式動詞）という。補助動詞は、補助する文節と必ず補助の関係（➡29ページ）になり、連文節になる。

● 兄は、出かけている。
（いる：補助動詞　補助の関係　「出かける」に「いる」が補助的な意味を補う。）

● 兄は、部屋にいる。
（いる：動詞　「存在する」という本来の意味。）

「存在」を表す動詞には、「ある」のほかに「いる」「おる」などがあるよ。

発展 **単独で述語になる形**

動詞が単独で述語になるときの活用形は、終止形と命令形である。

例 明日の朝は、早く起きる。（終止形）
明日の朝は、早く起きろ。（命令形）

テストで注意 **補助動詞の表記**

本来の動詞の意味が薄《うす》れている補助動詞は、一般的《いっぱん》に平仮名《ひらがな》で表記される。

例 テーブルの上に置く。（動詞）
テーブルの上に積んでおく。（補助動詞）

2 動詞の活用の種類

(1) ❶ 五段活用

活用……五十音図のア・イ・ウ・エ・オの**五段**にわたって活用する。

基本形	語幹	未然形（ナイ・ウに続く）	連用形（マス・タ・テに続く）	終止形（言い切る）	連体形（トキ・ノデに続く）	仮定形（バに続く）	命令形（命令して言い切る）
話す	はな	さ sa そ so	し si	す su	す su	せ se	せ se

❷ 音便（動詞の音便）……五段活用の連用形に「た」「て」が付くとき、発音しやすいように音が変化することがある。これを**音便**といい、**イ音便・促《そく》音便・撥《はつ》音便**の三種類がある。

- イ音便…書く＋た ➡ 書[き]た（連用形） ➡ 書[い]た（連用形） →「い」に変化
- 促音便…行く＋た ➡ 行[き]た（連用形） ➡ 行[っ]た（連用形） →「っ」に変化
- 撥音便…読む＋た ➡ 読[み]た（連用形） ➡ 読[ん]だ（連用形） →「ん」に変化

(2) ❶ 上一段活用

活用……すべての活用語尾《ごび》に、五十音図の**イ段**の音が入る。

基本形	語幹	未然形（ナイ・ヨウに続く）	連用形（マス・タ・テに続く）	終止形（言い切る）	連体形（トキ・ノデに続く）	仮定形（バに続く）	命令形（命令して言い切る）
起きる	お	き ki	き ki	きる kiru	きる kiru	きれ kire	きろ kiro きよ kiyo

くわしく 主な五段活用の動詞

例 遊ぶ　行く　急ぐ　打つ　売る
泳ぐ　買う　返す　消す　咲《さ》く
死ぬ　育つ　立つ　飛ぶ　飲む

テストで注意 活用の種類と活用する行

動詞の活用の種類をくわしく言い表す場合には、その活用する五十音図の行を加えていう。

例 歩[か]ない
[き]ます
[く]。
[く]とき
[け]ば
[け]。
[こ]う
カ行で活用する ➡ [カ行]五段活用

くわしく 主な上一段活用の動詞

例 浴びる　生きる　射る　落ちる
降りる　借りる　着る　試みる
信じる　閉じる　似る　用いる

❷ 上一段活用には、語幹と活用語尾の区別がない語がある。

基本形	語幹	未然形	連用形	終止形	連体形	仮定形	命令形
見る	○	み	み	みる	みる	みれ	みろ みよ

(3) 下一段活用

❶ **活用**……すべての活用語尾に、五十音図の**エ段**の音が入る。

基本形	語幹	未然形 ナイ・ヨウに続く	連用形 マス・タ・テに続く	終止形 言い切る	連体形 トキ・ノデに続く	仮定形 バに続く	命令形 命令して言い切る
食べる	た	べ be	べ be	べる beru	べる beru	べれ bere	べろ べよ bero beyo

❷ 下一段活用には、語幹と活用語尾の区別がない語がある。

基本形	語幹	未然形	連用形	終止形	連体形	仮定形	命令形
寝《ね》る	○	ね	ね	ねる	ねる	ねれ	ねろ ねよ

(4) **五段活用・上一段活用・下一段活用の見分け方**……動詞に「ない」を付けてみて、直前が**ア段**の音なら**五段**活用、**イ段**の音なら**上一段**活用、**エ段**の音なら**下一段**活用である。

- 買う ⬇ 買う ＋ ない ＝ 買わない（ア段） → 五段活用
- 借りる ⬇ 借りる ＋ ない ＝ 借りない（イ段） → 上一段活用
- 集める ⬇ 集める ＋ ない ＝ 集めない（エ段） → 下一段活用

発展 **「上一段」「下一段」の意味**

上一段活用の「上一段」とは、五十音図のウ段を基準として、それより一つ上の段であるイ段のことを指している。同様に、「下一段」は一つ下の段であるエ段のことを指す。

くわしく **主な下一段活用の動詞**

例 集める　得る　暮れる　捨てる
建てる　尋《たず》ねる　告げる　出る
述べる　晴れる　経る　混ぜる

動詞の活用の種類を考えるときには、五十音図についての知識が大切だね。五十音図をしっかり確認しておこう。

(5) カ行変格活用（カ変）

❶ 活用……五十音図の**カ行**の音を中心に、変則的な活用をする。

基本形	語幹	未然形 ナイ・ヨウに続く	連用形 マス・タ・テに続く	終止形 言い切る	連体形 トキ・ノデに続く	仮定形 バに続く	命令形 命令して言い切る
来る	○	こ	き	くる	くる	くれ	こい

❷ カ行変格活用の動詞……カ行変格活用の動詞は、「**来る**」一語である。

(6) サ行変格活用（サ変）

❶ 活用……五十音図の**サ行**の音を中心に、変則的な活用をする。

基本形	語幹	未然形 ナイ・ヨウに続く	連用形 マス・タ・テに続く	終止形 言い切る	連体形 トキ・ノデに続く	仮定形 バに続く	命令形 命令して言い切る
する	○	し せ さ	し	する	する	すれ	しろ せよ

❷ サ行変格活用の動詞……サ行変格活用の動詞は、「**する**」と「～する」という形の複合動詞にみられる。

基本形	語幹	未然形 ナイ・ヨウに続く	連用形 マス・タ・テに続く	終止形 言い切る	連体形 トキ・ノデに続く	仮定形 バに続く	命令形 命令して言い切る
愛する	あい	し せ さ	し	する	する	すれ	せよ

❸ 主なサ行変格活用の複合動詞

- 一字の漢語＋する … 愛する　決する　信ずる　達する　熱する
- 二字の漢語＋する … 改善する　成功する　判断する　変化する
- 和語＋する ………… うわさする　どきどきする　びっくりする
- 外来語＋する ……… カットする　ジャンプする　ドライブする

カ行変格活用の「来る」と、サ行変格活用の「する」は、語幹と活用語尾《ごび》の区別がない動詞だね。

くわしく　複合動詞

ほかの語と動詞が結び付いてできた動詞を複合動詞という。サ行変格活用の「する」は、いろいろな語と結び付いて、多くの複合動詞を作る。

発展　「～ずる」という形のサ変

「信ずる」のように、「～ずる」と濁《にご》って発音するものも、サ行変格活用の動詞である。

3 自動詞と他動詞

(1) **自動詞とは**……主語の動作や変化を表し、動作の対象である「何を」を表す修飾《しゅうしょく》語を必要としない動詞を**自動詞**という。

● 白鳥が（主語） 飛び立つ（自動詞）。
　→主語「白鳥が」の動作を表す。

● 氷が（主語） 溶ける（自動詞）。
　→主語「氷が」の変化を表す。

（「何を」という動作の対象を必要としない。）

(2) **他動詞とは**……主語そのものの動作や変化を表さず、動作の対象である「何を」を表す修飾語を必要とする動詞を**他動詞**という。

● ラジオが（主語） ニュースを（修飾語「何を」） 流す（他動詞）。
　→主語「ラジオが」自体の動作を表さない。「何を」という動作の対象を必要とする。

(3) **対応する自動詞と他動詞**……自動詞と他動詞には、対応関係にあるものが多く存在する。

● 考え方が 変わる（自動詞）。――考え方を 変える（他動詞）。
● 授業が 続く（自動詞）。――授業を 続ける（他動詞）。
● 紅茶が こぼれる（自動詞）。――紅茶を こぼす（他動詞）。
● 風でドアが 閉じる（自動詞）。――目を 閉じる（他動詞）。 ←自動詞と他動詞が同じ形のものもある。

くわしく　自動詞と他動詞

自動詞と他動詞の働きについて、何かに働きかける意味をもつかどうかで区別する考え方もある。何かに働きかける意味をもたないのが自動詞、働きかける意味をもつのが他動詞。

例 仲間が 集まる（自動詞）。 →働きかける対象がない。
仲間を 集める（他動詞）。 →「仲間を」に働きかける。

テストで注意　他動詞が必要とする「何を」

他動詞が必要とする「何を」という修飾《しゅうしょく》語は、その動詞の動作の対象を表す。同じ「何を」という修飾語でも、場所を表す「何を」ではない。

例 紙飛行機を 飛ばす（他動詞）。 →動作の対象を表す「何を」。
紙飛行機が空中を 飛ぶ（自動詞）。 →場所を表す「何を」。

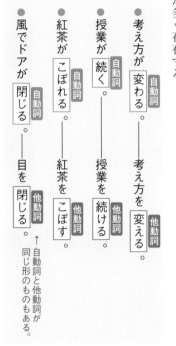

4 可能動詞

「〜できる」という可能の意味をもつ動詞を**可能動詞**という。

(1) 活用……可能動詞は、五段活用の動詞をもとにした**下一段活用**の動詞である。また、可能動詞には、命令形がない。

●もとになる動詞（五段活用）

基本形	語幹	未然形（ナイ・ウに続く）	連用形（マス・タ・テに続く）	終止形（言い切る）	連体形（トキ・ノデに続く）	仮定形（バに続く）	命令形（命令して言い切る）
話す	はな	さ そ	し	す	す	せ	せ

⬇

●可能動詞（下一段活用）

基本形	語幹	未然形（ナイに続く）	連用形（マス・タ・テに続く）	終止形（言い切る）	連体形（トキ・ノデに続く）	仮定形（バに続く）	命令形（命令して言い切る）
話せる	はな	せ	せ	せる	せる	せれ	○

(2) 五段活用の動詞と対応する可能動詞

● 馬に乗る。（五段活用） ⬇ 馬に乗れる。（可能動詞）

● 説明を聞く。（五段活用） ⬇ 説明を聞ける。（可能動詞）

● 速く走る。（五段活用） ⬇ 速く走れる。（可能動詞）

● 意見を言う。（五段活用） ⬇ 意見を言える。（可能動詞）

テストで注意　ら抜《ぬ》き言葉

可能動詞になるのは、五段活用の動詞である。五段活用以外の動詞は、基本的には可能動詞にはならないので、注意。

話し言葉などでは使われることもあるが、これらは「ら抜き言葉」といわれ、一《いっ》般《ぱん》的に書き言葉としては使用しない。五段活用以外の動詞に可能の意味を添《そ》える場合には、可能の意味をもつ助動詞「られる」を付けて表すのが正しい。

例 木の実を食べる。（下一段活用）

⬇

○木の実が食べられる。（食べ＋可能の助動詞 られる）

△木の実が食べれる。

「食べられる」という本来の言い方に対して、「ら」が抜けているので、「ら抜き言葉」という。

書き言葉では、文法に従って、正しい言葉を使うようにしようね。

3 形容詞

教科書の要点

1 形容詞の性質と働き

◎形容詞は、活用する自立語で、言い切りの形（終止形）が「い」で終わり、**状態・性質**などを表し、単独で**述語**になる。

2 形容詞の活用

◎形容詞の活用の種類は**一種類**だけで、その活用形には命令形がない。

1 形容詞の性質と働き

(1) 活用する自立語である形容詞は、用言（➡42ページ）の一つであり、言い切りの形が、必ず **「い」** で終わる。

● 美しく（形容詞）咲《さ》く花。
美しく →（言い切る）美しい 「い」

● もっとやわらかければ（形容詞）ば、
やわらかければ →（言い切る）やわらかい 「い」

● おいしかっ（形容詞）たのに。
おいしかっ →（言い切る）おいしい 「い」

(2) 形容詞は、**状態・性質**（どんなだ）を表す。

● 今日の波は高い（形容詞）。
「今日の波」の状態。

● スープは、まだ温かい（形容詞）。
「スープ」の状態。

● この問題は難しい（形容詞）。
「この問題」の性質。

● この宝石はとても硬《かた》い（形容詞）。
「この宝石」の性質。

テストで注意　**形容詞の「ない」**

「ない」には、主に動詞に付く助動詞の「ない」と、形容詞の「ない」がある。助動詞の「ない」は付属語で、一文節に区切れないが、形容詞の「ない」は自立語で、文節として区切れる（➡103ページ）。

例 今日は／まだ／帰らない（助動詞）。
（「帰らない」で一文節。「ない」は文節に区切れない。）

帰る／時間では／ない（形容詞）。
（「ない」だけで一文節に区切れる。）

(3) 形容詞は、単独で**述語**になる。また、述語以外にも、文の中で、さまざまな働きをする。

● この小説は（主部）、とても（修飾《しゅうしょく》語）面白い（述語）。

● 面白いのが（主語）、読みたい（述語）。

● この小説は（主部）、最後まで（修飾語）面白く（修飾語）読めた（述語）。

● 面白ければ（接続語）、読んでみたい（述部）。

2 形容詞の活用

(1) 活用……形容詞の活用の種類は**一種類**だけで、活用形には命令形がない。

基本形	語幹	未然形 ウに続く	連用形 タ・ナイ・ナルに続く	終止形 言い切る	連体形 トキ・ノデに続く	仮定形 バに続く	命令形 命令して言い切る
高い	たか	かろ	かっ く う	い	い	けれ	○

(2) **音便（形容詞の音便）**……連用形に「ございます」が続くとき、**ウ音便**になる。

● 今夜は、寒くございます。（「寒い」の連用形） ➡ 今夜は、寒うございます。（ウ音便）

くわしく　補助形容詞

本来の意味が薄《うす》れて、すぐ前の文節を補助する働きをする形容詞を補助形容詞（形式形容詞）という。補助形容詞は、補助する文節と必ず補助の関係（➡29ページ）になり、連文節になる。補助形容詞になる主な形容詞は「ない」「よい」「ほしい」などである。

例 食べたいものは、ない（形容詞）。

食べ物は、欲しくない（補助形容詞）。〈補助の関係〉

（本来の「ない」の意味が薄れている。）

発展　ウ音便による語幹の変化

形容詞の連用形がウ音便化するとき、語幹の一部が変化する場合がある。

例 うれしくございます。（「うれしい」の連用形）

⬅ うれしゅうございます。

（語幹「うれし」が「うれしゅ」に変化。）

4 形容動詞

教科書の要点

1 形容動詞の性質と働き

◎形容動詞は、活用する自立語で、言い切りの形（終止形）が**「だ・です」**で終わり、**状態・性質**などを表し、単独で**述語**になる。

2 形容動詞の活用

◎形容動詞の活用の種類は**二種類**で、その活用形には命令形がない。

用言の三つめの品詞だよ。

1 形容動詞の性質と働き

(1) 活用する自立語である形容動詞は、用言（⬇42ページ）の一つであり、言い切りの形が、必ず**「だ・です」**で終わる。

● 穏《おだ》やかに過ごし、何事もなく平和ならば、幸せでしょう。

- 穏やかに（形容動詞）→言い切る→ 穏やか**だ**「だ」
- 平和ならば（形容動詞）→言い切る→ 平和**だ**「だ」
- 幸せでしょう（形容動詞）→言い切る→ 幸せ**です**「です」

(2) 形容動詞は、**状態・性質**（どんなだ）を表す。

● 今日の客席は、にぎやかだ。（にぎやかだ＝形容動詞）「今日の客席」の状態。

● 風もなく、海が静かです。（静かです＝形容動詞）「海」の状態。

● この時計は、正確だ。（正確だ＝形容動詞）「この時計」の性質。

● この資料は、とても重要です。（重要です＝形容動詞）「この資料」の性質。

テストで注意　「〜だ」の品詞の見分け方

「〜だ」の形の語には、主に、形容動詞の場合と「名詞＋だ（助動詞）」の場合がある。直前に「とても」などが入れられれば、形容動詞である。

例 父は、健康だ。
→○ 父は、とても健康だ。 ＝形容動詞

大切なのは、健康だ。
→✕ 大切なのは、とても健康だ。 ＝形容動詞ではない（名詞＋だ）

(3) 形容動詞は、単独で**述語**になる。また、述語以外にも、文の中で、さまざまな働きをする。

- この部屋は、（主部）とても（修飾語《しゅうしょく》）**きれいだ**（述語）。
- **きれいな**（主語）のが好きだ。（述語）
- 毎日、（修飾語）**きれいに**（修飾語）掃除《そうじ》しておく。（述部）
- **きれいならば**、（接続語）過ごしやすいだろう。（述語）

2 形容動詞の活用

形容動詞の活用の種類は「～だ」「～です」の**二種類**で、活用形には命令形がない。

基本形	語幹	未然形 ウに続く	連用形 タ・ナイ・ナルに続く	終止形 言い切る	連体形 トキ・ノデに続く	仮定形 バに続く	命令形 命令して言い切る
静かだ	しずか	だろ	だっ で に	だ	な	なら	○
静かです	しずか	でしょ	でし	です	(です)	○	○

「～です」の連体形は「ので」などが続く場合の活用形。

「～です」型には仮定形がない。

テストで注意 「～な」の品詞の見分け方

「～な」の形の語には、形容動詞の場合と、活用しない自立語（連体詞）の場合がある。「～だ」「～に」の形に活用することができれば、形容動詞である。

例 とても偉大《いだい》な功績。
→○偉大[だ]／偉大[に]　＝形容動詞

とても大きな功績。
→×大き[だ]／大き[に]　＝形容動詞ではない（連体詞）

くわしく 形容動詞の語幹の用法

形容動詞には、語幹だけを用いる用法がある。

例 この坂は、とても[なだらか]（形容動詞）。
（「なだらかだ」の語幹だけで述語になっている。）

今日の海は、[静か]（形容動詞）らしい。
（「静かだ」の語幹に付属語が付いて述語になっている。）

練習

解答 別冊3ページ

1【動詞・形容詞・形容動詞】次の各文の――線部の単語を、A動詞、B形容詞、C形容動詞に分類して、記号で答えなさい。

(1) このシャツは、僕《ぼく》には小さい。〔　〕
(2) 母は、いつもとても朗らかだ。〔　〕
(3) 今度の休日には、旅行に行きたい。〔　〕
(4) あまり甘《あま》くない和菓子《わがし》が食べたい。〔　〕
(5) 大きな声で思い切り歌うのは気持ちいい。〔　〕
(6) 冷静に考えれば、理解できるだろう。〔　〕
(7) このかばんは、安くてとても丈夫《じょうぶ》です。〔　〕
(8) おみやげにもらったドーナツを食べよう。〔　〕
(9) 朝早く起きたので、少し眠《ねむ》いのです。〔　〕

2【補助動詞・補助形容詞】次の各組の――線部が、補助的な意味を添《そ》える用言であるほうを選び、記号で答えなさい。

(1) ア あらかじめ、作戦を考えておく。
　　イ こっそりと、プレゼントを机におく。
(2) ア 行ってもいいかどうか、父に聞いてみる。
　　イ 友人と一緒《いっしょ》に映画をみる。
(3) ア 新発売の消しゴムがほしい。
　　イ 誤りがあったら、教えてほしい。

(1)〔　〕 (2)〔　〕 (3)〔　〕

3【動詞の活用の種類】次の各文の――線部の動詞の活用の種類は、あとのア～オのどれですか。記号で答えなさい。（同じ記号を二回使ってもよい。）

(1) 駅前に大きなスーパーができるらしい。〔　〕
(2) みんなで球技をするのは楽しい。〔　〕
(3) 呼ばれた気がして、ふと振《ふ》り返る。〔　〕
(4) 資格を得るために勉強している。〔　〕
(5) 約束の時刻を一時間も過ぎる。〔　〕
(6) 友人が来るまで、本を読んでいよう。〔　〕
(7) 来訪者を応接室まで案内する。〔　〕

ア 五段活用　イ 上一段活用
ウ 下一段活用　エ カ行変格活用
オ サ行変格活用

4【活用形】次の各文の――線部の単語の活用形は、あとのア～カのどれですか。記号で答えなさい。

(1) 華《はな》やかに着飾《きかざ》って、俳優が登場した。〔　〕
(2) 最後まで頑張《がんば》れと応援《おうえん》する。〔　〕
(3) 暑ければ、窓を開けてください。〔　〕
(4) 部員がなかなか集まらない。〔　〕
(5) 今日はもう帰るので、明日相談しよう。〔　〕
(6) ここは静かだから、集中できる。〔　〕

ア 未然形　イ 連用形　ウ 終止形
エ 連体形　オ 仮定形　カ 命令形

活用形と要点がわかる！

用言の活用表

用言（動詞・形容詞・形容動詞）の活用の種類と活用形を表にまとめました。

◆動詞の活用

活用の種類	基本形	語幹	未然形（ナイ・ウ・ヨウに続く）	連用形（マス・タ・テに続く）	終止形（言い切る）	連体形（トキ・ノデに続く）	仮定形（バに続く）	命令形（命令して言い切る）	要点
五段活用	**話す**	はな	さ そ	し	す	す	せ	せ	否定（打ち消し）の助動詞「ない」を付けると、「ない」の直前が「話さない」のようにア段の音になる。
	泳ぐ	およ	が ご	ぎ い	ぐ	ぐ	げ	げ	
	買う	か	わ お	い っ	う	う	え	え	
	飛ぶ	と	ば ぼ	び ん	ぶ	ぶ	べ	べ	
上一段活用	**起きる**	お	き	き	きる	きる	きれ	きろ きよ	否定（打ち消し）の助動詞「ない」を付けると、「ない」の直前が「起きない」のようにイ段の音になる。
	煮《に》る	○	に	に	にる	にる	にれ	にろ によ	
下一段活用	**食べる**	た	べ	べ	べる	べる	べれ	べろ べよ	否定（打ち消し）の助動詞「ない」を付けると、「ない」の直前が「食べない」のようにエ段の音になる。
	出る	○	で	で	でる	でる	でれ	でろ でよ	

活用の種類	基本形	語幹	未然形	連用形	終止形	連体形	仮定形	命令形	要点
カ変	**来る**	○	こ	き	くる	くる	くれ	こい	「来る」一語のみ。
サ変	**する**	○	し せ さ	し	する	する	すれ	しろ せよ	「する」と「〜する」という形の複合動詞にみられる。 未然形「せ」は「ぬ」「ず」に、未然形「さ」は「れる」「せる」に続く。
	勉強する	べんきょう	し せ さ	し	する	する	すれ	しろ せよ	

◆形容詞の活用

活用の種類	基本形	語幹	未然形 ウに続く	連用形 タ・ナイ・ナルに続く	終止形 言い切る	連体形 トキ・ノデに続く	仮定形 バに続く	命令形 命令して言い切る	要点
（一種類）	**高い**	たか	かろ	かっ く う	い	い	けれ	○	活用の種類は一種類で、命令形はない。
	優しい	やさし	かろ	かっ く う	い	い	けれ	○	

◆形容動詞の活用

活用の種類	基本形	語幹	未然形 ウに続く	連用形 タ・ナイ・ナルに続く	終止形 言い切る	連体形 トキ・ノデに続く	仮定形 バに続く	命令形 命令して言い切る	要点
（二種類）	**きれいだ**	きれい	だろ	だっ で に	だ	な	なら	○	活用の種類は二種類で、命令形はない。 「〜です」型には仮定形がない。
	きれいです	きれい	でしょ	でし	です	（です）	○	○	

1 名詞

教科書の要点

1 名詞の性質と働き

◎名詞は、**体言**ともよばれ、活用しない自立語で、**人や物事の名前**を表し、助詞「が」「は」「も」などを伴《ともな》って**主語**になる。

2 名詞の種類

◎名詞には、**普通《ふつう》名詞・固有名詞・数詞・代名詞・形式名詞**の五種類がある。

3 いろいろな普通名詞

◎普通名詞には、二つ以上の単語が結び付いた**複合名詞**、用言から名詞になった**転成名詞**、接頭語や接尾《せつび》語が付いてできた**派生語の名詞**がある。

4 代名詞と「こそあど言葉」

◎人や事物・場所などを指し示す**代名詞**は「こそあど言葉」の一つだが、「こそあど言葉」には、**副詞・連体詞・形容動詞**も含《ふく》まれる。

1 名詞の性質と働き

(1) 活用しない自立語である**名詞**は、**体言**（⬇42ページ）ともよばれ、人や物事の名前を表す。

● [私]は、[バッハ]という[ドイツ]の[音楽家]の[作品]を、[一回]だけ演奏した[こと]があります。

- 私（名詞）…人を指し示す。
- バッハ（名詞）…人・国など、固有の名前を表す。
- ドイツ（名詞）
- 音楽家（名詞）…一般《いっぱん》的な物事の名前を表す。
- 作品（名詞）
- 一回（名詞）…物の数を表す。
- こと（名詞）…形式的な物事を表す。

「用言」とよばれる品詞は、動詞・形容詞・形容動詞と、三つもあったけれど、「体言」は、名詞だけなんだね。

(2) 名詞は、主に、助詞「が」「は」「も」などを伴《ともな》って主語になる。また、主語以外にも、文の中で、さまざまな働きをする。

- 富士山が（主語）　とても近くに（修飾《しゅうしょく》部）　見える。（述語）
- おめでとう、（独立語）　あなたが（主語）　当選者です。（述語）
- 父は、（主語）　散歩に（修飾語）　行った。（述語）
- 十一月なのに、（接続語）　暖かい。（述語）
- 自由、（独立語）　それは、（主語）　時に、（修飾語）　責任を（修飾語）　伴うものだ。（述部）

2 名詞の種類

(1) **普通《ふつう》名詞**……一般的な物事の名前を表す名詞。名詞の多くが普通名詞に当たる。

- 鳥（普通名詞）が飛ぶ。
- 自転車（普通名詞）に乗る。
- スポーツ（普通名詞）を楽しむ。

(2) **固有名詞**……人名・地名・国名など、固有の物事の名前を表す名詞。

- 北海道《ほっかいどう》（固有名詞）を旅する。
- イタリア（固有名詞）へ渡《わた》る。
- 野口英世《のぐちひでよ》（固有名詞）の功績。

発展 **単独で主語になる場合**

名詞は、新聞記事などの見出しや、会話（文）などでは、「が」「は」「も」などの助詞を伴《ともな》わずに、単独で主語になることもある。

例 首相が辞意表明（。）
⬅ 首相辞意表明（。）

発展 **単独で連用修飾《しゅうしょく》語になる名詞**

時を表す名詞や、数を表す名詞（数詞）は、助詞を伴わずに、単独で連用修飾語になることができる。

例 昨日、雨が降った。
（昨日…時を表す名詞。）
バナナを二本食べた。
（二本…数を表す名詞。（数詞））

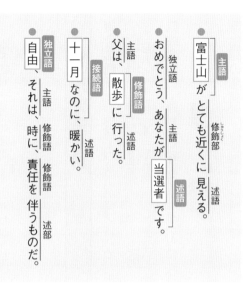

(3) **数詞**……物の数や、量・時間・順序などを表す名詞。

● 四人（数詞）で遊ぶ。 ● 一グラム（数詞）の重り。 ● 六か月（数詞）を費やす。

(4) **代名詞**……人や物事を指し示して表す名詞。

● 彼女《かのじょ》（代名詞）に伝える。 ● こちら（代名詞）に来てください。 ● どなた（代名詞）ですか。

(5) **形式名詞**……本来の意味が薄《うす》れ、補助的・形式的に使われる名詞。形式名詞の前には、常に連体修飾《しゅうしょく》語が付く。形式名詞になる主な名詞は、「こと」「とき」「もの」「ところ」「わけ」「とおり」などである。

● 本を読むこと（形式名詞）が好きだ。 ● わからないとき（形式名詞）は質問しなさい。

3 いろいろな普通《ふつう》名詞

(1) **複合名詞**……二つ以上の単語が結び付いて、新しくできた普通名詞。

● 忘れる（動詞）＋物（名詞）➡忘れ物（複合名詞） ● 早い（形容詞）＋起きる（動詞）➡早起き（複合名詞）

(2) **転成名詞**……動詞・形容詞の連用形から転成した普通名詞。

● 考える（動詞）…考え（連用形）ます➡考え（転成名詞） ● 近い（形容詞）…近く（連用形）なる➡近く（転成名詞）

(3) **派生語の名詞**……接頭語や接尾《せつび》語が付いてできた普通名詞。

● お（接頭語）＋米（名詞）➡お米（派生語の名詞） ● 叔母《おば》（名詞）＋さん（接尾語）➡叔母さん（派生語の名詞）

発展 **不確定な数を表す数詞**

数詞には、「何度」「何リットル」「いくつ」「いくら」などの、不確定な数や量を表す名詞も含《ふく》まれる。

くわしく **形式名詞と普通《ふつう》名詞**

形式名詞は、本来の意味が薄《うす》れて、補助的・形式的に使われるものだが、元は普通名詞。形式名詞として用いる場合は、平仮《ひらが》名《な》で書くのが一般《いっぱん》的である。

例 言ったとおり（形式名詞）になった。

（「言った」に「同じ状態である」という意味を補助的に添《そ》えている。）

路地裏の通り（普通名詞）を走り抜《ぬ》ける。

（「道路・往来」という本来の意味で用いられている。）

発展 **そのほかの名詞**

形容詞・形容動詞の語幹に接尾《せつび》語が付いてできた名詞もある。

例 青い（形容詞）➡青さ（名詞／さ：接尾語）・青み（名詞／み：接尾語）

爽《さわ》やかだ（形容動詞）➡爽やかさ（名詞／さ：接尾語）

4 代名詞と「こそあど言葉」

(1) **代名詞の種類**……**代名詞**には、人を指し示す**人称《にんしょう》代名詞**と、事物・場所・方向を指し示す**指示代名詞**がある。

❶ **人称代名詞**……人称代名詞は、自分を指す自称、相手を指す対称、自分でも相手でもない人を指す他称、誰《だれ》だかわからない人を指す不定称に分けられる。

	例
自称	私　僕《ぼく》　俺《おれ》
対称	あなた　君　お前
他称	こいつ　そいつ　あいつ　彼《かれ》　彼女《かのじょ》
不定称	どいつ　どなた　誰

❷ **指示代名詞**……指示代名詞は、自分の近くを指す近称、自分から少し離《はな》れたところを指す中称、自分の遠くを指す遠称、定まらない事物を指す不定称に分けられる。

	近称	中称	遠称	不定称
事物を指す	これ	それ	あれ	どれ
場所を指す	ここ	そこ	あそこ	どこ
方向を指す	こちら　こっち	そちら　そっち	あちら　あっち	どちら　どっち

(2) **「こそあど言葉」**……**代名詞**は**「こそあど言葉」**の一つ。「こそあど言葉」には、代名詞のほかに、副詞・連体詞・形容動詞も含《ふく》まれている。

品詞名	近称	中称	遠称	不定称
副詞	こう	そう	ああ	どう
連体詞	この	その	あの	どの
形容動詞	こんなだ	そんなだ	あんなだ	どんなだ

テストで注意　代名詞の見分け方

名詞の一種である代名詞は、「こそあど言葉」のほかの品詞と異なり、助詞「が」「は」「も」などを伴《ともな》って主語になる。「～が」の形で文の主語になることができれば、代名詞と判断できる。

例

○ これが私の意見だ。
↓主語になる
＝代名詞

× このが私の意見だ。
↓主語にならない
＝代名詞ではない。（連体詞）

それぞれの言葉の頭に「こ」「そ」「あ」「ど」が付くから、「こそあど言葉」っていうんだね。

2 副詞

教科書の要点

① 副詞の性質と働き

◎副詞は、活用しない自立語で、単独で、主に**連用修飾《しゅうしょく》語**になる。

② 副詞の種類

◎副詞には、**状態の副詞・程度の副詞・呼応の副詞**の三種類がある。

1 副詞の性質と働き

活用しない自立語である**副詞**は、単独で、主に用言（⬇42ページ）を修《しゅう》飾《しょく》する**連用修飾語**になる働きをもつ。

●教科書の文章を読む。

⬅ 教科書の文章を［じっくり］（副詞）読む。

└動詞「読む」を修飾し、「どのように」読むのかを表している。

●この項目《こうもく》が重要だ。

⬅ この項目が［特に］（副詞）重要だ。

└形容動詞「重要だ」を修飾し、「どのくらい」重要なのかを表している。

●読んでもわからない。

⬅ 読んでも［全然］（副詞）わからない。

└動詞「わかる」を含《ふく》む文節を修飾し、話し手の気持ちを表している。

発展 「の」を伴《ともな》う副詞

副詞は、単独で、主に連用修飾《しゅうしょく》語になる単語だが、助詞「の」を伴うと、連体修飾語になる。

例 ［いつも］（副詞）ラーメンを食べる。

└動詞「食べる」を修飾。

［いつも］（副詞）［の］（助詞）ラーメンを食べる。

└名詞「ラーメン」を含《ふく》む文節を修飾。

2 副詞の種類

(1) 状態の副詞……「**どのように**」という、動作がどのような**状態・様子**であるかを表す副詞。主に動詞を修飾する。

● 手紙を［そっと］手渡《てわた》す。
（状態の副詞）副詞「そっと」が、動詞「手渡す」の状態を表している。

● 牛が［ゆっくり］歩く。
（状態の副詞）副詞「ゆっくり」が、動詞「歩く」の状態を表している。

(2) 程度の副詞……「**どのくらい**」という、動作や状態がどのくらいの**程度**なのかを表す副詞。用言のほかに、名詞やほかの副詞も修飾する。

● この映画は［かなり］面白い。
（程度の副詞）副詞「かなり」が、形容詞「面白い」の程度を表している。

● ［もっと］左に寄せる。
（程度の副詞）副詞「もっと」が、名詞「左」の程度を表している。

● ［とても］ゆっくり歩く。
（程度の副詞）副詞「とても」が、状態の副詞「ゆっくり」の程度を表している。

(3) 呼応の副詞……下に**決まった言い方**がくる副詞で、主に話し手の気持ちや考えを表す。陳述《ちんじゅつ》の副詞、叙述《じょじゅつ》の副詞ということもある。

● ［きっと］成功する［だろう］。
（呼応の副詞）副詞「きっと」が修飾する文節に、「だろう」という推量の表現がくる。

● ［どうぞ］召《め》し上がって［ください］。
（呼応の副詞）副詞「どうぞ」が修飾する連文節に、「ください」という希望の表現がくる。

テストで注意

擬《ぎ》声《せい》語と擬態語

物事の音や動物の鳴き声などを言い表す擬声語（擬音語）と、物事の様子をそれらしく言い表す擬態語は、どちらも、状態の副詞である。擬声語と擬態語は、「と」が末尾《まつび》に付く場合もある。

例 ドアを［ドンドン(と)］たたく。
（擬声語）動詞「たたく」の状態を表す。

花びらが［ひらひら(と)］舞《ま》う。
（擬態語）動詞「舞う」の状態を表す。

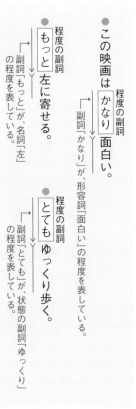

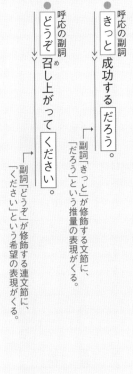

【主な呼応の副詞と下に続く決まった言い方】

副詞	例	意味
どうして	**どうして**思いついたのだろう**か**。	疑問
	どうして見過ごせよう**か**。	反語
なぜ	**なぜ**眼鏡をかけていないのです**か**。	疑問
	なぜ本当のことが言えるだろう**か**。	反語
たぶん	**たぶん**間に合う**だろう**。	推量
おそらく	**おそらく**わかってもらえる**でしょう**。	推量
もし	**もし**晴れた**なら**、遠出しよう。	仮定
たとえ	**たとえ**負け**ても**、後悔《こうかい》はしません。	仮定
決して	**決して**最後まで諦《あきら》め**ない**。	否定（打ち消し）
まったく	**まったく**たどりつか**ない**。	否定（打ち消し）
少しも	**少しも**心配することは**ない**。	否定（打ち消し）
まさか	**まさか**そんな無茶はする**まい**。	否定の推量
よもや	**よもや**失敗はし**ないだろう**。	否定の推量
まるで	**まるで**真夏の**ようだ**。	たとえ
ぜひ	**ぜひ**参加して**ください**。	希望
どうか	**どうか**考え直して**ほしい**。	希望

くわしく

「反語」とは

呼応の副詞「どうして」「なぜ」によって表される「反語」とは、「〜であろうか、いや、そうではない」という意味で、疑問の形をとって反対の意味を強調する表現方法である。

例 呼応の副詞 **どうして** 見過ごせよう **か**。
（いや、見過ごせない。）
└反対の意味を強調している。

くわしく

そのほかの呼応の副詞

呼応の副詞には、ほかに、次のようなものもある。

例
呼応の副詞 **いくら** 待っ **ても**、来ない。 ➡〈仮定〉
呼応の副詞 **ろくに** 調査もし **ない**。 ➡〈否定〉
呼応の副詞 **めったに** **ない** チャンスだ。 ➡〈否定〉
呼応の副詞 **ちょうど** 真冬の **ようだ**。 ➡〈たとえ〉
呼応の副詞 **あたかも** 雪の **ように** 降る。 ➡〈たとえ〉

3 連体詞

教科書の要点

1 連体詞の性質と働き
◎連体詞は、活用しない自立語で、単独で**連体修飾《しゅうしょく》語**だけになる。

2 連体詞の種類
◎連体詞には、**「〜の」型・「〜る」型・「〜た・だ」型・「〜な」型**などがある。

「連体修飾《しゅうしょく》語にしかならない連体詞」って、とてもわかりやすいネーミングだよね。

1 連体詞の性質と働き

活用しない自立語である**連体詞**は、単独で体言（⬇42ページ）だけを修《しゅう》飾《しょく》する**連体修飾語**になる働きをもつ。

● ついに、私は宝石を手に入れたのだ。

⬅ ついに、私は［この］宝石を手に入れたのだ。
（この＝連体詞　名詞「宝石」を含《ふく》む文節を修飾している。）

● 困難をくぐり抜《ぬ》けてきた。

⬅ ［あらゆる］困難をくぐり抜けてきた。
（あらゆる＝連体詞　名詞「困難」を含む文節を修飾している。）

● 駅前の通りには、店が並んでいる。

⬅ 駅前の通りには、［いろんな］店が並んでいる。
（いろんな＝連体詞　名詞「店」を含む文節を修飾している。）

テストで注意 **連体詞と形容詞**

連体詞の中には、形容詞と似た形のものがある。「〜な」の形なら連体詞、「〜い」の形なら形容詞である。

例 大きな船に乗る。＝連体詞
大きい船に乗る。＝形容詞

2 連体詞の種類

(1) 「〜の」型……この・その・あの・どの

- この［連体詞］部屋は、少し寒い。
- その［連体詞］件については、これから相談しよう。

(2) 「〜る」型……ある・去る・来《きた》る・いわゆる・いかなる・あらゆる

- 来る［連体詞］四月にピアノの発表会が開催《かいさい》される。
- これがいわゆる［連体詞］一石二鳥というやつだ。

(3) 「〜た・だ」型……たいした・とんだ

- いつも動じない彼《かれ》は、たいした［連体詞］人物だ。
- 思いがけないとんだ［連体詞］災難にあった。

(4) 「〜な」型……大きな・小さな・おかしな・いろんな

- おかしな［連体詞］話を聞いて、大笑いした。
- 小さな［連体詞］努力を積み重ねることが大切だ。

(5) そのほかの連体詞……わが・あらぬ

- わが［連体詞］チームは、準優勝だった。
- ぼんやりとあらぬ［連体詞］方角を見る。

テストで注意　連体詞の見分け方

連体詞は、ほかの品詞から転成したものである。そのため元の品詞と識別しにくい場合がある。

① 動詞「ある」との識別

「存在する」に言い換《か》えられれば、動詞の「ある」。言い換えられなければ、連体詞の「ある」。

例 山の上にある家。
⬇ 山の上に存在する家。　○ ＝動詞「ある」

山の上のある家。
⬇ 山の上の存在する家。　× ＝連体詞「ある」

② 形容動詞の連体形との識別

形容動詞の言い切りの形である「〜だ」の形にできれば、形容動詞。できなければ、連体詞。

例 いろいろな魚を釣《つ》る。
⬇ 釣った魚はいろいろだ。　○ ＝形容動詞「いろいろだ」

いろんな魚を釣る。
⬇ 釣った魚はいろんだ。　× ＝連体詞「いろんな」

4 接続詞

教科書の要点

1 接続詞の性質と働き
◎接続詞は、活用しない自立語で、単独で**接続語**になる。

2 接続詞の種類
◎接続詞には、**順接**、**逆接**、**並立・累加《るいか》**、**対比・選択《せんたく》**、**説明・補足**、**転換《てんかん》**の六種類がある。

1 接続詞の性質と働き

活用しない自立語である**接続詞**は、前後の文や文節をつなぎ、単独で接続語（⬇33ページ）になる働きだけをもつ。

● 高そうに見えた。［前の事柄《ことがら》。］ でも、［接続詞］ 思ったよりも安かった。［あとの事柄。］
→前の事柄から予想されることとは逆の結果があとに続くことを表す。

2 接続詞の種類

(1) **順接**……前の事柄が原因・理由となり、その順当な結果があとに続くことを表す。

● 団結して頑張《がんば》った。［前の事柄【理由】。］ それで、［接続詞］ 優勝できたのだ。［順当な結果が続く。］

接続詞は、一単語で、文の成分の一つである接続語になるということだね。

(2) **逆接**……前の事柄《ことがら》から予想されることとは逆の結果があとに続くことを表す。

● 団結して頑張《がんば》った。しかし、負けてしまった。

前の事柄。→（接続詞：しかし）→ 予想されることとは逆の結果が続く。

(3) **並立・累加《るいか》**……前の事柄にあとの事柄を並べたり、付け加えたりすることを表す。

● 団結して頑張った。さらに、主将の好プレーまで飛び出した。

前の事柄。→（接続詞：さらに）→ あとの事柄を付け加える。

(4) **対比・選択《せんたく》**……前の事柄とあとの事柄を比べたり、どちらか選んだりすることを表す。

● もう少し練習しますか。それとも、終わりにしますか。

前の事柄。←選択→ あとの事柄。（接続詞：それとも）

(5) **説明・補足**……前の事柄にあとの事柄が説明や補足を加えていることを表す。

● 下校時刻まで練習した。なぜなら、上手になりたいからだ。

前の事柄。← 説明を加える。（接続詞：なぜなら）

(6) **転換《てんかん》**……前の事柄と話題を変えて、別の話を続けることを表す。

吹奏楽部《すいそうがく》は、毎週、金曜日に全体練習を行っています。一度、練習を見にきてください。ところで、来週の土曜日に、中庭で演奏会があります。

前の事柄。 接続詞：ところで 話題を変えて、別の話題を続ける。

くわしく

主な接続詞

種類	主な接続詞
(1) 順接	だから・それで・そこで・すると・したがって・よって
(2) 逆接	しかし・けれども・だが・でも・ところが・しかるに
(3) 並立・累加《るいか》	また・そして・しかも・なお・それに・および・それから
(4) 対比・選択《せんたく》	または・あるいは・それとも・いっぽう・もしくは
(5) 説明・補足	つまり・なぜなら・すなわち・もっとも・ただし・例えば
(6) 転換《てんかん》	さて・ところで・では・ときに・それでは

5 感動詞

教科書の要点

1 感動詞の性質と働き

◎感動詞は、活用しない自立語で、単独で**独立語**だけになる。

2 感動詞の種類

◎感動詞には、**感動・呼びかけ・応答・挨拶《あいさつ》**の四種類がある。

感動詞は、文の頭にあることが多い単語だよ。また「おはよう。」「はい。」のように、それだけで一文になることもあるよ。

1 感動詞の性質と働き

活用しない自立語である**感動詞**は、感動や呼びかけを表し、単独で独立語になる働きをもつ。

2 感動詞の種類

(1) **感動**……例 ああ・あら・あれ・えっ・おや・おお
(2) **呼びかけ**……例 おい・もしもし・やあ・あの・ねえ
(3) **応答**……例 はい・いいえ・ええ・うん・はあ・おう
(4) **挨拶《あいさつ》**……例 おはよう・こんにちは・こんばんは・さようなら

(1) おお（感動詞）、なんて美しい光景だ。
　└話し手の感動を表す。

(2) ねえ（感動詞）、一緒《いっしょ》に帰りましょう。
　└聞き手の注意を引きつける。

(3) はい（感動詞）、もうすぐ着きます。
　└相手に対する受け答えを表す。

(4) おはよう（感動詞）、いい天気だね。
　└挨拶を表す。

くわしく　感動詞の種類の一つ「感動」とは

感動詞の種類の「感動」とは、驚《おどろ》き・喜び・嘆《なげ》き・怒《いか》り・疑いなど、話し手の心の動きを表す。

練習

解答 別冊3〜4ページ

1 【名詞の種類】次の各文の――線部の名詞の種類は、あとの**ア**〜**オ**のどれですか。記号で答えなさい。

(1) 私は、高知《こうち》県から引っ越《こ》してきました。 （　　）

(2) 昨夜から降り続いた大雨がやんだ。 （　　）

(3) あなたが落としたペンは、これですか。 （　　）

(4) メンバーは、このほかに三人います。 （　　）

(5) まだ海外に行ったことはありません。 （　　）

ア 普通《ふつう》名詞　**イ** 固有名詞　**ウ** 数詞
エ 代名詞　**オ** 形式名詞

2 【副詞の呼応】次の各文の□に当てはまる副詞は、あとの**ア**〜**エ**のどれですか。記号で答えなさい。

(1) □私に相談してください。

(2) 今日の試合のことは□忘れません。

(3) 彼《かれ》の心は、□太陽のようにあたたかい。

(4) 君は、□会議に出席しないのですか。

ア まるで　**イ** ぜひ　**ウ** なぜ　**エ** 決して

(1)（　　）　(2)（　　）　(3)（　　）　(4)（　　）

3 【連体詞の識別】次の各組の――線部が、連体詞であるほうを選び、記号で答えなさい。

(1) **ア** 先日、ある事件が起きてしまいました。
イ 書いてあることを読み上げてください。

(2) **ア** 祖父から、いろいろな話を聞いた。
イ いろんな職業の人が集まっている。

(1)（　　）　(2)（　　）

4 【接続詞の種類】次の各文の――線部の接続詞の種類は、あとの**ア**〜**オ**のどれですか。記号で答えなさい。

(1) 釣《つ》りに行った。しかし、一匹《ぴき》も釣れなかった。 （　　）

(2) 弟は、とても練習熱心だ。だから、上達が早いのだ。 （　　）

(3) コーヒーまたは紅茶はいかがですか。 （　　）

(4) 江戸《えど》、すなわち今の東京に幕府を開いた。 （　　）

(5) 雨が降った。さらに、雷《かみなり》まで鳴り始めた。 （　　）

ア 順接　**イ** 逆接　**ウ** 並立・累加《るいか》
エ 対比・選択《せんたく》　**オ** 説明・補足

5 【感動詞の識別】次の各組の――線部が、感動詞であるほうを選び、記号で答えなさい。

(1) **ア** そう、あれは夏休みのある日のことだった。
イ 確かに、私にはそう聞こえましたよ。

(2) **ア** あれは、私たちの学校の旗だ。
イ あれ、どうしてこんなところにいるんだ。

(1)（　　）　(2)（　　）

Column

身のまわりの言葉と文法

「全然大丈夫《だいじょうぶ》。」は大丈夫じゃない？

無理をしないほうがいいとわかってはいても、ちょっと体調が悪いくらいなら、頑張《がんば》ろうかなぁ、ということは、誰《だれ》にでもありますよね。でも、体調の悪さは、表に出てしまうものです。家族や友達は、「ちょっと顔色が悪いようだけれど、大丈夫？」と心配するのではないでしょうか。これも、よくあることです。そして、心配をかけたくないので、「全然、大丈夫！」と元気そうに答える、これもよくある……のですが、ちょっと待ってください、この言葉、文法的に正しいのでしょうか。

文法上、「全然」は「ない」など否定の表現と呼応する副詞とされています。ですから、肯定《こうてい》の表現である「大丈夫」を「全然」に続けるのは、文法的には正しくないということになります。

「ない」という否定の表現を使わなくても、内容のうえで否定的な要素が含《ふく》まれていれば、正しい表現になります。ですから、「大丈夫？」の返事として、「全然だめ。」などと答えるのは、文法的に正しいといえます。

以上のことは、文法的な基本事項《じこう》として踏《ふ》まえておくべきですが、言葉の意味や使い方は、時代に応じて変化していくもののようです。最近の国語辞典には、「全然」の項目に、否定の表現を伴《ともな》わない用法や、「まったく問題なく」という意味での用例が載《の》せられるようになりました。文法の基本を踏まえつつ、新しい表現にも対応していく必要があるのですね。

「普通《ふつう》においしい。」はどのくらいおいしい？

新しくアイスクリーム屋さんがオープンしました。いろいろなフレーバーがあるようです。早速、友達と一緒《いっしょ》に食べに行くことになりました。いろいろなフレーバーの中から、好みのものを選びましたが、それ以外は、どんな味なのか、とても気になります。特に、今、目の前で友達が食べているピンクのシャーベットの味が気になります。そこで、「どう、それ、おいしい？」と尋《たず》ねてみたら、「うん、普通においしい。」と返ってきた……のですが、ちょっと待ってください、それは、どのくらい「おいしい」のでしょうか。

「普通に」という言葉は、文法的には、名詞「普通」＋助詞「に」、形容動詞「普通だ」の連用形の、いずれかの品詞と考えられます。それに対して、「普通においしい。」とか「普通に面白かった。」のような使い方は、「普通に」を程度の副詞のように用いた新しい表現であると考えられます。

名詞の「普通」や形容動詞の「普通だ」は本来、特に変わったところがなく、ありふれていることを意味する言葉なので、「おいしい？」と聞かれて「普通。」と答えれば、「特においしくもまずくもない」という意味合いを伝えられます。

一方、「普通においしい。」は、場面によって「とてもおいしい」の意味でも「まあまあおいしい」の意味でも使われるようです。意味が定着するには、まだ時間がかかりそうですね。

定期テスト予想問題

時間 30分
解答 別冊4ページ

得点 /100

1 【動詞の活用・活用形】次の各文の、――線部の動詞の活用の種類は何ですか。また、活用形は何ですか。活用の種類をあとの**ア～オ**から、活用形をあとの**カ～サ**から選び、それぞれ記号で答えなさい。【2点×12】

(1) 予約をしなかったのに、ほしかった商品が買えた。
活用の種類〔　　〕 活用形〔　　〕

(2) 意見がまとまれば、案として先生に報告いたします。
活用の種類〔　　〕 活用形〔　　〕

(3) みなさんにお話しする時が、ようやく来ました。
活用の種類〔　　〕 活用形〔　　〕

(4) その衣装を着ると、まるで江戸《えど》時代の人のようだね。
活用の種類〔　　〕 活用形〔　　〕

(5) 目標を達成することよりも、その過程が大切なのだ。
活用の種類〔　　〕 活用形〔　　〕

(6) どうすればいいのか、答えは自分たちで考えろ。
活用の種類〔　　〕 活用形〔　　〕

【活用の種類】
ア 五段活用　**イ** 上一段活用　**ウ** 下一段活用
エ カ行変格活用　**オ** サ行変格活用

【活用形】
カ 未然形　**キ** 連用形　**ク** 終止形
ケ 連体形　**コ** 仮定形　**サ** 命令形

2 【自動詞・他動詞】次の各組の――線部の自動詞に対応する他動詞を書きなさい。【2点×4】

(1) コレクションの数が増える。〔　　〕
(2) 水平線からゆっくりと太陽が出る。〔　　〕
(3) 平野の中央を大河が流れる。〔　　〕
(4) 心に残っていた不安が消える。〔　　〕

3 【可能動詞】次の各文の〔　〕内の動詞を、可能動詞に直して書きなさい。【2点×4】

(1) 今日は、いつもより早く〔帰る〕。〔　　〕
(2) この自動車には四人まで〔乗る〕。〔　　〕
(3) 早く行けば、記念品が〔もらう〕。〔　　〕
(4) 二十五メートルならば〔泳ぐ〕。〔　　〕

4 【形容詞】次の各文から形容詞をそのままの形で書き抜《ぬ》き、その活用形を答えなさい。【両方できて3点×3】

(1) 扇風機《せんぷうき》の風が強ければ、向きを変えて弱めよう。
形容詞〔　　〕 活用形〔　　〕形

(2) こんな厚い本は、とても読みきれない。
形容詞〔　　〕 活用形〔　　〕形

(3) 褒《ほ》められてうれしかったようで、ほほえんでいた。
形容詞〔　　〕 活用形〔　　〕形

5 【形容動詞】次の各文から形容動詞をそのままの形で書き抜き、その活用形を答えなさい。【両方できて3点×3】

(1) 去年の祭りの日は、とてもにぎやかだった。
形容動詞〔　　〕活用形〔　　〕形

(2) 迷ったが、親切な人が道を教えてくれた。
形容動詞〔　　〕活用形〔　　〕形

(3) 大きなフライパンがあれば、もっと便利だろうに。
形容動詞〔　　〕活用形〔　　〕形

6 【名詞・副詞・連体詞】次の各組の――線部のこそあど言葉の品詞は、あとのア～ウのどれですか。記号で答えなさい。【2点×4】

(1) この本は、いくらですか。〔　　〕
(2) はい、それは1200円です。〔　　〕
(3) ああいう人物になりたいと思う。〔　　〕
(4) いったい、どうすれば成功するのだろう。〔　　〕

ア 名詞　**イ** 副詞　**ウ** 連体詞

7 【副詞の呼応】次の各文の□に当てはまる副詞は、あとのア～ウのどれですか。記号で答えなさい。【2点×3】

(1) これ以上は、□待つことはできない。
(2) □私の夢をかなえてほしい。
(3) □語りかけるかのように花を生けている。

ア 少しも　**イ** あたかも　**ウ** どうか

(1)〔　　〕(2)〔　　〕(3)〔　　〕

8 【接続詞】次の各文の□に当てはまる接続詞をあとの**ア**～**ウ**から、その種類を**エ**～**カ**から選び、それぞれ記号で答えなさい。【2点×6】

(1) 親ぎつねは獲物《えもの》を巣に持ち帰った。□、帰りを待つ子ぎつねがいたからだ。
接続詞〔　　〕種類〔　　〕

(2) 思い切って質問した。□、彼《かれ》は笑顔で答えてくれた。
接続詞〔　　〕種類〔　　〕

(3) 試合で大活躍《かつやく》した。□、負けてしまった。
接続詞〔　　〕種類〔　　〕

【接続詞】**ア** すると　**イ** だが　**ウ** なぜなら
【種類】**エ** 順接　**オ** 逆接　**カ** 説明・補足

思考 **9** 【自立語の品詞】次の各文の――線部の品詞は、あとの**ア**～**ク**のどれですか。記号で答えなさい。【2点×8】

(1) 教室から軽やかな歌声が流れる。〔　　〕
(2) 来《き》る三月に新作の映画を公開します。〔　　〕
(3) あら、顔色が良くなってきたね。〔　　〕
(4) 図書館で好きな本を読んでいたい。〔　　〕
(5) いつも動画を楽しく見ています。〔　　〕
(6) 今日は、起きる時間が少し早かった。〔　　〕
(7) ペン、あるいは鉛筆《えんぴつ》で書きなさい。〔　　〕
(8) ついに、新しい靴《くつ》を履《は》いてみたよ。〔　　〕

ア 動詞　**イ** 形容詞　**ウ** 形容動詞　**エ** 名詞
オ 副詞　**カ** 連体詞　**キ** 接続詞　**ク** 感動詞

やる気を出すにはやってみるしかない！

「なんか、ここ最近勉強のやる気が起きない日が多いんですよねぇ。」

「その気持ち、わかるなぁ。私もそういうときがあるのよね。」

「え！　香織先輩《かおりせんぱい》でもやる気が起きないときがあるんですか？」

「そうだよ。でも、その相談への答えはひとつだけ。〝**まずは勉強をやってみなさい**〟ってことね。」

「えー、それは求めていた答えとは違《ちが》う気がするなぁ……。やる気が起きないのにやってみるなんて。」

「例えばね、なんとなく部屋の片付けを始めたら、だんだん気分がノッてきて結局、部屋がすごくきれいになった、なんて経験ない？」

「ある！　少しやったら、続きもやりたくなっちゃうのよねぇ。」

「実はこれは〝作業興奮〟というもので、心理学者のクレペリンっていう人が発見したものなの。**人間は、興味がないことでも、やっているうちにやる気や集中力が出てくる**んだって。だから、勉強もなんでもいいから**まずは何かやり始めてみること**で、気持ちがノッてくるはずよ。」

「へえ〜。じゃあ、だまされたと思ってやってみようかな……。」

「手を動かせばいい漢字練習から始めるといいかもね。」

「自分が手を付けやすいものから、最初は短時間だけ集中して勉強してみるのがいいわね。**タイマーを10分にセットして、まずは10分だけ集中する**の。その10分間はスマホもゲームも触《さわ》らない、友達や部活のことも一切考えない。」

「10分だけならできるかも！」

「**10分たったら5分休憩《きゅうけい》して、また10分集中**……っていうように、**短時間集中をまずは繰《く》り返してみる**と勉強って結構はかどるよ。慣れてきたら集中する時間を20分、30分と延ばしていけるはずだよ。」

「短時間だけ集中するのを繰り返すのはよさそうですね。やってみます！」

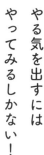

【文法編】

3章

付属語

1 助詞の性質と種類

教科書の要点

① 助詞の性質と働き

◎**活用しない付属語**。**語句と語句との関係**を示したり、**さまざまな意味**を付け加えたりする。

② 助詞の種類

◎**格助詞・接続助詞・副助詞・終助詞**の四種類がある。

1 助詞の性質と働き

(1) 助詞は**付属語**（単独では文節にならない単語）（➡38ページ）で、そのうちの、**活用しない単語**である。

(2) 自立語などのあとに付いて、文節を作る。

● 友達（自立語）が（助詞）／帰る（自立語）から（助詞）／僕《ぼく》（自立語）も（助詞）／帰る（自立語）よ（助詞）。

(3) **語句と語句との関係**を示したり、**さまざまな意味**を付け加えたりする。

❶ 語句と語句との関係を示す。

● 星が（主語）空に（連用修飾《しゅうしょく》語）またたく。

● 机の（連体修飾語）上。

❷ さまざまな意味を付け加える。

● 歌いながら（同時）踊《おど》る。

● きれいだなあ（話し手・書き手の感動）。

参考　付属語は二種類

付属語には、助詞と助動詞の二種類があるが、助詞は活用せず、助動詞は活用する。

テストで注意　助詞の見つけ方

① 文を文節に区切る。
② 文節から自立語を除く。
③ 残った付属語のうち、活用しないのが助詞。

くわしく　助詞は付属語に付くこともある

助詞は、自立語だけでなく、助動詞や、ほかの助詞に付くこともある。

例 僕《ぼく》は行かない（助動詞）よ（助詞）。

水だけ（助詞）を（助詞）飲む。

2 助詞の種類

助詞には次の四種類がある。

(1) **格助詞**……文節と文節の関係を示す働きをするのが格助詞である。格助詞は次の十種類のみである。

格助詞	が・の・を・に・へ・と・から・より・で・や

(2) **接続助詞**……前の文節をあとの文節につなぎ、その接続の関係などを示す働きをする。

主な接続助詞	から・ば・と・ので・て（で）・ても（でも）・けれど（けれども）・が・のに・し・ながら・たり・つつ・なり

(3) **副助詞**……いろいろな語句に付き、意味を添《そ》える働きをする。

主な副助詞	は・も・こそ・さえ・しか・だけ・ばかり・ほど・くらい

(4) **終助詞**……主に文末の文節に付いて、話し手（書き手）の気持ちや態度などを表す働きをする。

主な終助詞	か・の・かしら・ね（ねえ）・とも・わ・さ・な・や・よ・ぞ・ぜ・かい・こと・ものか

くわしく **接続の関係**

接続の関係とは、前に書かれている内容に対して、あとの内容がどのような関係で続いているかをいう。（⬇28、73ページ）

例 雨が降った**ので**、中止だ。（接続助詞）
順接の関係（前の内容の流れに沿った内容が続く。）

雨が降った**が**、決行だ。（接続助詞）
逆接の関係（前の内容の流れに反する内容が続く。）

テストで注意 **終助詞は文末以外にも付く**

終助詞の「ね（ねえ）」「さ」などは、文中の文節に付くこともある。

例 今日は**ね**（終助詞）、海に**さ**（終助詞）、行こう。

助詞は、文節のあとのほうにある、活用しない付属語、と覚えておこう。

2 格助詞

教科書の要点

1 格助詞の接続

◎主に**体言（名詞）**に付く。

2 格助詞の働き

◎文節と文節が**どのような関係にあるのか**を表す。

1 格助詞の接続

格助詞は、主に**体言（名詞）**（↓42ページ）に付き、文節を作る。

● 特急列車（名詞）｜が（格助詞）｜次（名詞）｜の（格助詞）｜駅（名詞）｜に（格助詞）｜到着《とうちゃく》したようだ。

2 格助詞の働き

(1) 文節と文節が**どのような関係にあるのか**（格助詞を含《ふく》む文節がほかの文節に対してどのような関係にあるのか）を表す。

● 学校に（格助詞）行く。（用言（動詞））

「学校に」が、「行く」に対して連用修飾語《しゅうしょく》であることを示す。

くわしく 格助詞は、十種類だけ

格助詞は、次の十種類だけである。

が・を・で・に・から・へ・の・と・より・や

「鬼《おに》が戸《と》より出《で》、空《から》の部屋《へや》」（をにがとよりで、からのへや）の文にすると、覚えやすい。

発展 格助詞の接続

格助詞は体言（名詞）以外に、活用する語の連体形や、ほかの助詞などにも付く。

例 負けるが勝ちだ。（負ける：動詞の連体形／が：格助詞）

紙だけで作った飾《かざ》り。（だけ：副助詞／で：格助詞）

(2) 格助詞と、その主な働き（意味）には、次のようなものがある。

格助詞	働き	用例
が	主語	私が説明する。（主語）
を	連用修飾語	料理を作る。（対象） 山道を走る。（場所） 町を出る。（出発点）
で	連用修飾語	校庭で行う。（場所） 五時で帰る。（時間） バスで行く。（手段） 雨で川が増水する。（原因）
に	連用修飾語	庭にいる。（場所） 友人に話す。（対象） 悲しさに泣く。（原因） 食事に行く。（目的） 快晴になる。（結果）
	並立の関係	野に山に咲《さ》く花。（並立）
から	連用修飾語	港から出る。（起点） 心労から寝《ね》込《こ》む。（原因） 米から作る。（材料）
へ	連用修飾語	南へ向かう。（方向） 祖母へ手紙を送る。（対象）

格助詞	働き	用例
の	部分の主語	雪の降る夜は寒い。（部分の主語）
	連体修飾語	父の車に乗る。（連体修飾語）
	並立の関係	痛いのかゆいのと言う。（並立）
	体言の代用	走るのが好きだ。（体言の代用）
と	連用修飾語	母と出かける。（相手） A組と戦う。（対象） 他国と異なる。（比較《ひかく》） 氷が水となる。（結果） 「いや。」と言う。（引用）
	並立の関係	紙と筆を買う。（並立）
より	連用修飾語	米より麦がいい。（比較） 聞くよりほかはない。（限定）
や	並立の関係	水や食料を買う。（並立）

くわしく

格助詞を含《ふく》む文節と、その下の文節との関係

- 弟が 遊ぶ。…………主語
- 弟が 公園で 遊ぶ。……連用修飾《しゅうしょく》語
- 私の 弟が 遊ぶ。……連体修飾語
- 妹と 弟が 遊ぶ。……並立

テストで注意

格助詞「の」の働き

特に要注意なのは、次の二つ。

① **部分の主語を示す。**

➡格助詞「が」に置き換《か》えられる。

例 雪の降る夜は寒い。 = 雪が降る夜は寒い。

② **体言の代用をする。**

➡「〜もの」「〜こと」と置き換えられる。

例 走るのが好きだ。 = 走ることが好きだ。

格助詞は「主に体言に付く」ということを覚えておこう。

3 接続助詞

教科書の要点

1 接続助詞の接続　◎主に**活用する語（用言・助動詞）**に付く。

2 接続助詞の働き　◎さまざまな関係で、**前後の文節をつなぐ。**

1 接続助詞の接続

接続助詞は、主に**用言**（動詞・形容詞・形容動詞）（➡42ページ）・**助動詞**（➡94ページ）といった**活用する語**に付き、前後の文節をつなぐ。

●とても［面白い］（形容詞（連体形））［ので］（接続助詞）、いつまでも［読ん］（動詞（連用形））［で］（接続助詞）いた。

2 接続助詞の働き

(1) 主な接続助詞には、次のようなものがある。

から・ば・と・ので・て（で）・ても（でも）・けれど（けれども）・が・のに・し・ながら・たり・つつ・なり

(2) 接続助詞は、接続詞と同様に、順接・逆接（➡73ページ）などさまざまな関係で、**前後の文節をつなぐ**働きをする。

●春になる［と］（接続助詞）、花が咲《さ》く。（順接）

●まだ寒い［が］（接続助詞）、もうすぐ春だ。（逆接）

テストで注意　**格助詞と接続助詞の区別**

格助詞が主に**体言（名詞）**に付くのに対し、接続助詞は主に**用言**に付く。接続助詞には、「が」「と」「から」など、格助詞と見かけが同じものがあるが、どんな品詞に付いているかで区別できる。

例 空気［が］（格助詞）冷たい［が］（接続助詞）、天気はいい。
（空気＝体言（名詞）、冷たい＝用言（形容詞））

くわしく　**「て」「ても」の濁音《だくおん》化**

接続助詞「て」「ても」は、動詞のイ音便・撥《はつ》音便に続くときに濁音化する。

例 泳い［で］いる。（泳ぎて→泳いで）
呼ん［でも］来ない。（呼びても→呼んでも）

(3) 接続助詞の主な働き（つなぎ方）

❶ **順接**……前の内容に対して、順当な流れの内容をあとにつなぐ（原因・理由・条件など）。

- 最近雨が多い**ので**、川の水かさが増している。〈原因・理由〉
  （前の内容に対して順当な内容）
- 宿題が終われ**ば**、遊びに行ける。〈条件〉
  （前の内容に対して順当な内容）

❷ **逆接**……前の内容に対して、その流れに反する内容をあとにつなぐ。

- 空は晴れている**が**、雨粒《あまつぶ》が落ちてきた。
  （前の内容に反する内容）
- いくら待っ**ても**、だれも来ないだろう。
  （前の内容に反する内容）

❸ **同時**……前後の内容が同時に行われることを表す。

- 歩き**ながら**歌う。（同時）
- 水を飲み**つつ**走る。（同時）

❹ **並立**……前後の内容を対等につなぐ。

- 体格がよい**し**、力も強い。（並立）
- 赤もよい**が**、黄色もよい。（並立）

❺ **補助**……前の文節に付いて、あとに補助的な意味の文節を続ける。

- 食べ物を買っ**て**おく。（補助）
- 外で遊ん**で**いる。（補助）

くわしく

複数の働きをもつ接続助詞

例

①「て」の場合
- 転ん**で**、けがをする。〈原因〉
- 朝起き**て**、顔を洗う。〈動作の推移〉
- 車に乗っ**て**、目的地へ行く。〈手段〉
- 柔《やわ》らかく**て**軽い。〈並立〉
- 鳥が飛ん**で**いる。〈補助〉

②「と」の場合
- 振《ふ》り向く**と**、彼《かれ》がいた。〈動作と結果〉
- 負けよう**と**、構わない。〈逆接〉

テストで注意

同じ形の「接続詞」に注意

接続助詞の中には、接続詞（➡73ページ）と見かけが同じものがある。接続詞は自立語だが、接続助詞は単独では文節を作れない付属語であることから、区別する。

例 暑い。**が**、平気だ。（接続詞）
暑い**が**、平気だ。（接続助詞）

4 副助詞

教科書の要点

副助詞の性質と働き

◎**体言**（名詞）・**用言**（動詞・形容詞・形容動詞）・**助動詞**・**助詞**などいろいろな語に付く。

◎**強調**・**限定**などいろいろな意味を付け加える。

副助詞の性質と働き

(1) 副助詞は、**体言**（名詞）・**用言**（動詞・形容詞・形容動詞）・**助動詞**・**助詞**などいろいろな語に付く。

● 今〔名詞〕こそ〔副助詞〕旅立つ。　● 聞く〔動詞〕だけ〔副助詞〕でよい。　● 考えたく〔助動詞〕も〔副助詞〕ない。

(2) 副助詞は、**強調**・**限定**・**例示**・**添加**《てんか》・**程度**などのいろいろな意味を付け加える働きをする。

● 野菜しか〔副助詞〕食べない。「限定」の意味を付け加える

● 半分くらい〔副助詞〕飲んだ。「程度」の意味を付け加える

(3) 主な副助詞と、その働き（意味）

は	空**は**曇《くも》っている。（題目）　今日**は**出かけない。（取り立て・限定） 少し走って**は**歩く。（そのたびごと）
も	兄**も**来ます。（添加）　見たく**も**ない。（否定の強調） 海**も**空**も**青い。（並立）

発展 **副助詞の役割**

副助詞は話し手・書き手の、文中の事柄《ことがら》についてのとらえ方を、細やかに表すことができる。

例
- 考えたくない。
- 考えたく**も**ない。→否定の強調
- 水を一杯《いっぱい》飲む。
- 水を一杯**だけ**飲む。→数の限定

参考 **そのほかの副助詞**

副助詞には、上の表に挙げたもののほかに、「すら」「のみ」「きり」「やら」などもある。

こそ	今こそ旅立つ。（強調）
だって	だれだって知っているよ。（類推）
でも	大人でも登れない。（類推）　コーヒーでも飲もうか。（例示）
さえ	聞きさえすればいい。（限定）　雨のうえ風さえ吹《ふ》く。（添加） 歩くことさえできない。（類推）
まで	明日までに読む。（限度）　風まで吹き出した。（添加）
だけ	これだけ待てば十分だ。（程度）　水を一杯《いっぱい》だけ飲む。（限定）
ばかり	一時間ばかり休む。（程度）　本ばかり読む。（限定） 昨日見たばかりの映画。（動作の完了《かんりょう》）
しか	残り時間は、あと一時間しかない。（限定）
ほど	五分ほどで行ける。（程度）　米粒《こめつぶ》ほどの大きさ。（比較《ひかく》の基準） 喉《のど》から手が出るほど欲しい。（極端《きょくたん》な例）
くらい（ぐらい）	一メートルくらいの高さの木を植える。（程度）
ずつ	各自に二個ずつ配る。（割り当て）
など	花や果物などを持っていく。（例示）
か	何年か過ぎた。（不確か）　緑茶か紅茶が飲みたい。（選択《せんたく》）
とか	山田《やまだ》とかいう人。（不確か）　赤とか青とかのペン。（例示）
なり	海なり山なり、どこかに遊びに出かけられればいい。（並立）

くわしく

副助詞の「類推」の意味

副助詞「だって」「でも」「さえ」などのもつ働き「類推」とは、ある事柄について一例を挙げて、そのほかにも同類のものがあることを推測させるという意味である。

例 子供だってわかることだ。
「子供」以外にも、わかる人がいることを推測させる。

テストで注意

「でも」の識別

副助詞「でも」と紛《まぎ》らわしいものに、
① 接続助詞「ても」が濁音化《だくおん》した「でも」
② 格助詞「で」＋副助詞「も」の「でも」
がある。識別のしかたは次のとおり。

① 直前に動詞のイ音便・撥《はつ》音便がある。
例 泳いでも渡《わた》れる。
遊んでもいいよ。

② 「も」を取り除いても文意が通じる。
例 目でもわかる。
＝目でわかる。

副助詞は、その語がどんな意味を付け加えているかについて問われることが多いよ。

5 終助詞

教科書の要点

終助詞の性質と働き

◎主に**文末**に付く。

◎話し手・書き手の**気持ちや態度**などを表す。

終助詞の性質と働き

(1) 終助詞は主に**文末**に付く。「ね（ねえ）」「さ」などの終助詞は、文中の文節に付くこともある。

●とても面白いなあ。〔なあ＝終助詞〕「感動」の気持ちを表す

●今回はね、しっかり頑張《がんば》るんだよ。〔ね・よ＝終助詞〕「念押《ねんお》し」の態度を表す

(2) 終助詞は、疑問・感動・念押しなどの、話し手・書き手の**気持ちや態度**などを表す。

(3) **主な終助詞と、その働き（意味）**

か	ここは、どこですか。（疑問）　ご飯を食べようか。（勧誘《かんゆう》） こんなことがあってよいのか。（反語） なんと美しいことか。（感動）
の	もう読んだの。（疑問）　静かにするの。（命令）
かしら	今、何時かしら。（疑問）

発展　**終助詞は終止形に付くことが多い**

終助詞は、活用する語に接続する場合、ほとんどが終止形に付く。

例 帰る（動詞の終止形）ぞ。　きれいです（形容動詞の終止形）ね。

参考　**終助詞の役割**

文末に付く終助詞一つで、文の意味や話し手・書き手の気持ち・態度がわかり、人物像まで伝わることがある。

例
- これを食べる。
- これを食べるな。（禁止）
- これを食べるの。（疑問または命令）
- これを食べるかい。（疑問）
- これを食べるね。（念押し）
- これを食べるとも。（強調）
- これを食べるぜ。（念押し）

ね（ねえ）	おいしい料理だったね。（感動）　確かに言いましたね。（念押し）
とも	もちろん、よくわかっているとも。（強調）
わ	この本は、面白いわ。（感動）　言ってはいけないわ。（念押し）
さ	それは、昔のことさ。（軽い断定）　どうしたのさ。（強調）
な	おしゃべりをするな。（禁止）　本を持ってきな。（命令）
な（なあ）	今日は、本当に暖かいな。（感動）
や	あれ、来ないや。（確認）　さあ、みんなで行こうや。（勧誘）
よ	そろそろ帰ろうよ。（勧誘）　話しては駄目《だめ》だよ。（念押し）
ぞ	あのうわさは、うそじゃないらしいぞ。（強調）
ぜ	俺《おれ》は、絶対に行くぜ。（念押し）
かい	もう終わりかい。（疑問）　認めてやるものかい。（反語）
こと	なんて大きな家だこと。（感動）
ものか	こんなことが許されていいものか。（反語）

発展

「な」の意味の識別

終助詞「な」には、禁止・命令・感動などの意味がある。どのような文脈で使われているかを押さえるとともに、次のように見分けるとよい。

① 禁止の「な」…活用する語の**終止形**に付き、「なあ」に言い換《か》えられない。

例 大きな声で話す（動詞の終止形）な（禁止）。

⬅ ×大きな声で話すなあ。

② 感動の「な」…活用する語の**終止形**に付き、「なあ」に言い換えられる。

例 空が青い（形容詞の終止形）な（感動）。

⬅ ○空が青いなあ。

③ 命令の「な」…活用する語の**連用形**に付く。

例 大きな声で話し（動詞の連用形）な（命令）。

終助詞は、「大きな声で話すなよ。」のように、重ねて使われることもあるよ。

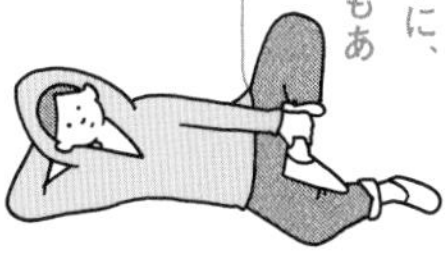

練習

解答 別冊4ページ

1 【格助詞の識別】次の文章中の――線部から、格助詞を含《ふく》む文節をすべて選び、順に記号で答えなさい。

ア鹿児島《かごしま》県で　イ育った　ウ科学者が　エ自分の　オ母校を　カ訪れた。キそして　ク彼《かれ》は、ケ若い　コ後輩《こうはい》たちに　サ向かって　シ演説を　ス始めた。

〔　　　　〕

2 【接続助詞の識別】次の各組の文中の――線部が接続助詞であるものを選び、記号で答えなさい。

（1）
ア 財政を立て直すことが、政府の課題だ。
イ 店に着いた。ところが、閉店していた。
ウ 兄は反対するが、受験してみようと思う。

（2）
ア 睡眠《すいみん》不足から、彼女《かのじょ》は病気になった。
イ はるかに遠い外国から、一通の手紙が届く。
ウ 本を見て作ったから、おいしいはずだ。

（3）
ア 魚はなるべく新鮮《しんせん》なので料理したほうがいい。
イ この機械は古くなったので、故障しがちだ。
ウ お金がないから、安いので我慢《がまん》する。

（4）
ア なつかしい友人たちと、外国に旅行に行った。
イ 「そんなはずはない。」と、つぶやいた。
ウ 呼ばれて振《ふ》り向くと、妹が立っていた。

（1）〔　　〕（2）〔　　〕
（3）〔　　〕（4）〔　　〕

3 【副助詞の意味】次の各文の――線部の副助詞の意味を、**ア**～**ウ**から選び、記号で答えなさい。

（1）二十五メートルくらいは泳げる。
（2）学んだのは、数学、英語などです。
（3）好きだからこそ続けられる。

ア 強調　**イ** 例示　**ウ** 程度

（1）〔　　〕（2）〔　　〕（3）〔　　〕

4 【「でも」の識別】例文の――線部と同じ種類の助詞を**ア**～**ウ**から一つ選び、記号で答えなさい。

＊大人でも常識がない人がいる。

ア そこなら自転車でも行ける。
イ 動物でも自分の子供に愛情を注ぐものだ。
ウ どれほど頼《たの》んでも、承知してくれない。

〔　　〕

5 【終助詞「か」の意味】次の各文の――線部「か」の意味を、あとの**ア**～**エ**から選び、記号で答えなさい。

（1）なんと、立派なことか。
（2）簡単に諦《あきら》めることができようか。
（3）いつ出発するのですか。
（4）野球をやってみませんか。

ア 疑問　**イ** 勧誘《かんゆう》　**ウ** 反語　**エ** 感動

（1）〔　　〕（2）〔　　〕（3）〔　　〕（4）〔　　〕

Column

気をつけていますか？「さ入れ言葉」

本来「せる」を付けなければならない動詞に、「させる」を付けるという誤った表現が、「さ入れ言葉」です。

「読まさせる」「終わらさせる」などの言葉がそうです。

使役の助動詞「せる」と「させる」の使い分けを確認してみましょう。五段活用とサ行変格活用の動詞には、未然形に「せる」を付けます。その他の動詞なら「させる」を付けます。

「読む」「終わる」は五段活用の動詞なので、「読まさせる」「終わらさせる」は文法的に間違《まちが》いです。正しくは、「読む」の未然形「読ま（ナイ）」に「せる」を付けて「読ませる」、「終わる」の未然形「終わら（ナイ）」に「せる」を付けて「終わらせる」となります。

一方、「見せる」「見させる」は、どちらも正しい表現です。「見せる」は、一語の下一段活用の動詞であり、「見させる」は上一段活用の動詞「見る」の未然形「見（ナイ）」に「させる」が付いた形です。したがって、「見せてください。」とも「見させてください。」とも言うことができます。

「通じればよい」と思うかもしれませんが、通じるかどうかだけではなく、文法として正しいかどうかにも気をつけることが大切です。「せる」か「させる」か、どちらが正しいか迷ったら、文法の基本に立ち返って判断しましょう。

「少なそうだ」か「少なさそうだ」か？

もらったお年玉が、どうやら多く入っているようには思えない場合、あなたはどのように表現しますか。

「少ない」や「知らない」に様態の助動詞「そうだ」が付くと、「少なそうだ」「知らなそうだ」となります。

ところが、「少なさそうだ」「知らなさそうだ」とするケースを多く見かけます。これも「さ入れ言葉」といえそうです。

（「少ない」は形容詞、「知らない」の「ない」は助動詞です。）

こちらの例は、使役の助動詞の誤用と比べると、間違いとはいえないほど一般《いっぱん》的な表現になりつつあります。しかし、文法的には正しくありません。

様態の助動詞「そうだ」は、形容詞の語幹や、助動詞「ない」の語幹相当の「な」に付く、というきまりがあるからです。ただし、このきまりには例外があり、形容詞の「ない」と「よい」に限り、語幹と「そうだ」の間に「さ」が入って、「なさそうだ」「よさそうだ」となります。

文法は、その時代における言葉の正しい使い方を学び、知るための、便利な「ものさし」です。面倒《めんどう》で不自由なものととらえず、正しい表現の基準を知るために使いこなしていってください。

1 助動詞の性質と種類

教科書の要点

1 助動詞の性質と働き

◎**活用する付属語**。用言（動詞・形容詞・形容動詞）・体言（名詞）・ほかの助動詞などに付く。

◎**意味**を付け加えたり、話し手・書き手の**気持ちや判断**を表したりする。

2 助動詞の種類

◎受け身・推量・否定（打ち消し）・過去など、さまざまな意味を表す。十二種類ある。

1 助動詞の性質と働き

(1) 助動詞は**付属語**で、そのうちの、**活用する単語**である。

- 食べ［ます］（助動詞） ➡ 食べ［ましょ］う
- 書か［せる］（助動詞） ➡ 書か［せろ］

(2) 用言（動詞・形容詞・形容動詞）・体言（名詞）・他の助動詞などに付く。

- 行き（動詞）［ます］
- 美しかっ（形容詞）［た］
- 雨（体言）［らしい］
- 知らない（助動詞）［ようだ］

(3) **助動詞の働き**……過去や希望などの**意味**を付け加えたり、話し手・書き手の**気持ちや判断**を表したりする。

- 出かけ［た］〈過去〉
- 行き［たい］〈希望〉

2 助動詞の種類

助動詞と、その働き（意味）・主な接続のしかたには、次のようなものがある。

テストで注意　助動詞の見つけ方

① 文を文節に区切る。
② 文節から自立語を除く。
③ 残った付属語のうち、活用するのが助動詞。

くわしく　助動詞は助詞にも付く

例 私は行くの（助詞）［だ］（助動詞）。

発展　一文節中の助動詞の数

助動詞は一文節に三つ以上あることもある。

例 彼《かれ》は、あまり話し［たがら］（助動詞）［なかっ］（助動詞）［た］（助動詞）［ようだ］（助動詞）。（一文節）

助動詞	働き	用例	主な接続
れる・られる	受け身 可能 自発 尊敬	委員に選ばれる。 生で食べられる。 昔がしのばれる。 先生が来られる。	未然形
せる・させる	使役	荷物を持たせる。	未然形
た	過去 完了《かんりょう》 存続 想起（確認）	昨日、彼《かれ》を見た。 準備ができた。 冷えた水を飲む。 明日は祝日だった。	連用形
う・よう	推量 意志 勧誘《かんゆう》	雨が降るだろう。 正直に言おう。 一緒《いっしょ》に行こう。	未然形
まい	否定（打ち消し）の意志 否定（打ち消し）の推量	二度と呼ぶまいと決めた。 兄はまだ起きまい。	終止形・ 未然形
ない・ぬ（ん）	否定（打ち消し）	だれも来ない。	未然形
らしい	推定	彼女《かのじょ》は行くらしい。	終止形
ようだ・ようです	推定 比喩《ひゆ》（たとえ）	明日は来るようだ。 氷のような視線。	連体形
たい・たがる	希望	友達になりたい。	連用形
そうだ・そうです	推定・様態 伝聞	雨が降りそうだ。 雨が降るそうだ。	連用形 終止形
だ・です	断定	これは新製品だ。	体言
ます	丁寧《ていねい》	私が行きます。	連用形

くわしく

助動詞の接続

助動詞が活用語に接続する場合、それぞれどんな活用形に接続するか（上にくる活用語は何形になるか）が、決まっている。

例 友達が話さない。（動詞の）未然形
友達が話した。（動詞の）連用形
友達が話すらしい。（動詞の）終止形

発展

助動詞の活用の型による分類

助動詞は、その活用のしかたによって、次のような型に分類できる。

① **動詞型**…
- 下一段活用型　れる・られる・せる・させる
- 五段活用型　たがる

② **形容詞型**…ない・たい・らしい
③ **形容動詞型**…だ・そうだ・そうです・ようだ・ようです
④ **特殊《とくしゅ》型**…ぬ（ん）・た・です・ます
⑤ **無変化型**…う・よう・まい

右の①～③は、動詞・形容詞・形容動詞の活用のしかたと似ているよ。次のページ以降の助動詞の活用の型に注意してみよう。

2 れる・られる

教科書の要点

「れる・られる」の意味

◎**受け身・可能・自発・尊敬**の四つの意味がある。

「れる・られる」の意味

(1) **意味……受け身・可能・自発・尊敬**の四つの意味がある。それぞれの意味は次のとおり。

受け身	**ほかのものから～される。** ［ほかから動作・作用を受けるという意味を表す。］	父に呼ば**れる**。 友人に助け**られる**。 雨に降ら**れる**。
可能	**～することができる。** ［ある動作・作用が可能であるという意味を表す。］	五時までに行か**れる**。 朝、五時に起き**られる**。 ここから出**られる**。
自発	**自然に～する。** ［ある動作・状態が自然に起きるという意味を表す。］	昔のことが思い出さ**れる**。 彼女《かのじょ》のことが案じ**られる**。 失敗が悔《く》やま**れる**。
尊敬	**～なさる。** ［動作を行う人物を敬う気持ちを表す。］	先生が話さ**れる**。 お客様が来**られる**。 市長が祝辞を述べ**られる**。

テストで注意

「れる・られる」の意味の見分け方

四つの意味のどれなのか迷うときは、次のように見分けるとよい。

- **受け身**…「～に…される」と言い換《か》えられる。
- **可能**…「～することができる」と言い換えられる。
- **自発**…「自然に～」と言うことができる。
- **尊敬**…その動作が尊敬の対象となる人物の動作である。

発展

「可能」の意味と可能動詞

「行く」「歩く」などの五段活用動詞に「れる」を付けると、「行かれる」「歩かれる」のように可能の意味を表すことができる。しかし、一般的《いっぱん》には「行ける」「歩ける」などの可能動詞（➡56ページ）を用いることが多い。

(2) **接続**……主に**動詞の未然形**に付く。「られる」は、一部の助動詞の未然形にも付く。

❶ **動詞への接続**

・「れる」……五段・サ行変格活用の動詞の未然形に付く。

・「られる」……上一段・下一段・カ行変格活用の動詞の未然形に付く。

話さ[れる]（五段「話す」・未然形）　心配さ[れる]（サ変「心配する」・未然形）

見[られる]（上一段「見る」・未然形）　教え[られる]（下一段「教える」・未然形）　来[られる]（カ変「来る」・未然形）

❷ **「られる」の、ほかの助動詞への接続**

● 父に荷物を持た[せ][られる]。（助動詞「せる」・未然形）

● 母に覚え[させ][られる]。（助動詞「させる」・未然形）

(3) **活用**……動詞の下一段活用型の活用をする。

基本形	未然形	連用形	終止形	連体形	仮定形	命令形
れる	れ	れ	れる	れる	れれ	れろ れよ
られる	られ	られ	られる	られる	られれ	られろ られよ

くわしく

「自発」の「れる・られる」

「自発」とは「気持ちが自然にそうなる」という意味なので、**心の作用を表す動詞**に付くことが多い。

例 故郷のことがしのば[れる]。（五段「しのぶ」の未然形）

優《やさ》しさが感じ[られる]。（上一段「感じる」の未然形）

発展

ら抜《ぬ》き言葉

「見る」「起きる」などの上一段活用、「出る」「食べる」などの下一段活用の動詞には、「られる」が接続するのが原則。だから、「れる」を付けた「見れる」「起きれる」「出れる」「食べれる」という、いわゆる「ら抜き言葉」は、文法的には正しくない。現在、話し言葉では多用されて許容の傾向《けいこう》にあるが、書き言葉では避《さ》けるのが望ましい言葉である。

「ら抜き言葉」は可能の意味で使われるので、「られる」の四つの意味の紛《まぎ》らわしさが一つ減るというメリットはあるね。

3 せる・させる

教科書の要点

「せる・させる」の意味

◎**使役**（…に～させる）の意味がある。

「せる・させる」の意味

(1) 意味……**使役**（ほかの人や物に、ある動作をさせる）の意味がある。

(2) 接続……**動詞の未然形**に付く。

・「せる」……五段・サ行変格活用の動詞の未然形に付く。

・「させる」……上一段・下一段・カ行変格活用の動詞の未然形に付く。

● 五段「飲む」・未然形　飲ま［せる］

● サ変「案内する」・未然形　案内さ［せる］

● 上一段「着る」・未然形　着［させる］

● 下一段「食べる」・未然形　食べ［させる］

● カ変「来る」・未然形　来［させる］

(3) 活用……動詞の下一段活用型の活用をする。

基本形	未然形	連用形	終止形	連体形	仮定形	命令形
せる	せ	せ	せる	せる	せれ	せろ せよ
させる	させ	させ	させる	させる	させれ	させろ させよ

発展

「見せる」は、「動詞＋助動詞」？

「見せる」「着せる」などは、上一段活用の動詞の未然形に、助動詞「せる」が付いたように見えるが、これらは一単語の、下一段活用の動詞である。

上一段活用の動詞には、「せる」ではなく「させる」が接続するので、「見させる」「着させる」となる。

例 上一段動詞「見る」＋［させる］ ⇒ ○［見］［させる］

上一段動詞「着る」＋［させる］ ⇒ ○［着］［させる］

4 た

教科書の要点

「た」の意味

◎過去・完了《かんりょう》・存続・想起（確認）の四つの意味がある。

テストで注意 「た」の濁音《だくおん》化した「だ」

助動詞「た」は、ガ・ナ・バ・マ行の五段活用動詞の音便形に付くとき、濁音化して「だ」となる。

例
- 「脱《ぬ》ぐ」の連用形・イ音便　脱い**だ**
- 「死ぬ」の連用形・撥《はつ》音便　死ん**だ**
- 「飛ぶ」の連用形・撥音便　飛ん**だ**
- 「読む」の連用形・撥音便　読ん**だ**

「た」の意味

(1) 意味……**過去・完了《かんりょう》・存続・想起**（確認）の四つの意味がある。それぞれの意味は次のとおり。

❶ 過去……「すでに～した・かつて～だった」という意味を表す。
- 先週、映画を見[た]。

❷ 完了……「ちょうど（ついに）～した・終了した」という意味を表す。
- 今、授業が終わっ[た]。

❸ 存続……「ある状態が続いている」という意味を表す。
- 赤い服を着[た]女の子。

❹ 想起（確認）……「思い当たる」という意味を表す。
- そういえば、明日は休日だっ[た]。

(2) 接続……**用言と一部の助動詞の連用形**に付く。

(3) 活用……特殊《とくしゅ》型の活用をする。

基本形	未然形	連用形	終止形	連体形	仮定形	命令形
た	たろ	○	た	た	たら	○

「た」には、「確か君は長男だっ[た]ね。」のように、改めて確かめる「確認」の意味もあるよ。

5 う・よう

教科書の要点

「う・よう」の意味

◎**推量・意志・勧誘《かんゆう》**の三つの意味がある。

「う・よう」の意味

(1) 意味……**推量**（〜だろう）・**意志**（〜しよう）・**勧誘《かんゆう》**（〈一緒《いっしょ》に〉〜しよう）という、三つの意味がある。

❶ 推量……まだ経験していない事柄《ことがら》・起こっていない事柄について推し量る。

❷ 意志……これから行うことについて、話し手の決意を表す。

❸ 勧誘……相手に誘《さそ》いかける。

(2) 接続……主に**動詞の未然形**に付く。一部の助動詞の未然形にも付く。

・「う」……五段活用の動詞・形容詞・形容動詞の未然形などに付く。

・「よう」……五段活用以外の動詞の未然形などに付く。

〈推量〉明日は、外出しないだろ（助動詞「だ」・未然形）う。

〈意志〉私は、歩いていこ（五段「いく」・未然形）う。

〈勧誘〉一緒に映画を見（上一段「見る」・未然形）よう。

(3) 活用……無変化型で、基本的に終止形しかない。

基本形	未然形	連用形	終止形	連体形	仮定形	命令形
う	○	○	う	（う）	○	○
よう	○	○	よう	（よう）	○	○

テストで注意

「う」が形容詞・形容動詞に付いたとき

「う」が、形容詞・形容動詞に付いたときは、必ず推量の意味になる。

例 桜の花は美しかろ（形容詞・未然形）う。
森の中は静かだろ（形容動詞・未然形）う。

助動詞「だ」の未然形「だろ」に推量の助動詞「う」が付いた「だろう」を、一語の助動詞とする考え方もあるよ。

6 まい

教科書の要点

「まい」の意味

◎**否定**（打ち消し）**の意志・否定**（打ち消し）**の推量**の二つの意味がある。

「まい」の意味

(1) **否定**（打ち消し）**の意志・否定**（打ち消し）**の推量**の二つの意味がある。

❶ 否定（打ち消し）の意志……「今後は〜しないようにしよう」という、話し手の否定の意志を表す。

● 今度こそ、失敗を繰《く》り返す まい と、心に誓う。

❷ 否定（打ち消し）の推量……「今後は〜しないだろう・〜ならないだろう」という否定の推量を表す。

● 彼《かれ》は、二度と失敗はし まい 。 ● 明日、雨は降る まい 。

(2) 接続……主に**動詞の未然形・終止形**に付く。一部の助動詞の未然形にも付く。

- 五段活用以外の動詞 ⬇ **未然形**
- 五段活用の動詞 ⬇ **終止形**

下一段「教える」・未然形 教え まい
五段「読む」・終止形 読む まい

(3) 活用……無変化型で、基本的に終止形しかない。

基本形	未然形	連用形	終止形	連体形	仮定形	命令形
まい	○	○	まい	（まい）	○	○

テストで注意

「まい」の意味の識別

「〜まい」を「〜**ないつもりだ**」か「〜**ないだろう**」に置き換《か》えてみて、**否定の意志**か、**否定の推量**かを判断する。

例 私は、二度とうそを言う まい 。＝言わ**ないつもりだ** ⬇ 否定の意志

もう雨は降る まい 。＝降ら**ないだろう** ⬇ 否定の推量

参考 **「う・よう」「まい」の連体形**

「う・よう」「まい」の連体形は、「こと」「もの」などの限られた体言（名詞）に続く場合にのみ、「あろうことか」「教えようものを」「知るまいことだ」のように使われる。

7 ない・ぬ(ん)

教科書の要点

1 「ない」「ぬ(ん)」の意味

◎**否定**(打ち消し)の意味がある。

2 「ない」の識別

◎**助動詞「ない」と補助形容詞「ない」**を識別する。

参考 「ない」の否定以外の意味

「ない」は、否定の意味以外に、終助詞「か」「かな」「かしら」などを付けたり、話し言葉で語尾《ごび》を上げて発音したりすることで、勧誘《かんゆう》・依頼《いらい》の意味を表すこともある。

例 一緒《いっしょ》にテニスをし**ない**(勧誘)か。
もう一つ、くれ**ない**(依頼)かな。

1 「ない」「ぬ(ん)」の意味

(1) **意味**……「ない」「ぬ(ん)」には、「〜しない」という**否定**(打ち消し)の意味がある。「ん」は、「ぬ」の終止形・連体形が変化したものである。

● 少ししか走ら**ない**。　● 外が全く見え**ぬ**。　● 私は行きませ**ん**。

(2) **接続**……**動詞や一部の助動詞の未然形**に付く。「ない」はサ行変格活用の動詞に付く場合、未然形「さ・せ・し」のうち、「**し**」に付き、「ぬ(ん)」は「**せ**」に付く。

・**動詞への接続**

● どこへも行か(五段「行く」・未然形)**ない**。
● 来(カ変「来る」・未然形)**ぬ**人を待つ。
● 注意はし(サ変「する」・未然形)**ない**つもりだ。
● 注意はせ(サ変「する」・未然形)**ぬ**つもりだ。

・**助動詞への接続**……「れる・られる・せる・させる」などに付く。

● 何も考えられ(助動詞「られる」・未然形)**ない**。
● 失敗をさせ(助動詞「せる」・未然形)**ぬ**ようにする。

(3) 活用……「ない」は形容詞型の、「ぬ(ん)」は特殊《とくしゅ》型の活用をする。

基本形	未然形	連用形	終止形	連体形	仮定形	命令形
ない	なかろ	なかっ なく	ない	ない	なけれ	○
ぬ(ん)	○	ず	ぬ (ん)	ぬ (ん)	ね	○

2 「ない」の識別

助動詞「ない」と補助形容詞「ない」を識別するには、次のような方法がある。

識別法❶ 「ない」の前に「は」などを入れて、意味の通る二文節に分けることができれば**補助形容詞**、できなければ**助動詞**。

悲しく[ない]（補助形容詞） ← ○悲しく**は**[ない]　↑分けられる

知ら[ない]（助動詞） ← ×知ら**は**[ない]。　↑分けられない

識別法❷ 「ない」を「ぬ(ん)」に言い換《か》えることができれば、その「ない」は**助動詞**である。

知ら[ない]（助動詞） ← ○知ら[ぬ](ん)。

悲しく[ない]（補助形容詞） ← ×悲しく[ぬ](ん)

くわしく　文節に分ける識別法

助動詞「ない」は、付属語なので単独では文節を作れず、いつもほかの単語に付いて文節を作る。一方、形容詞（補助形容詞）は、自立語なので単独で文節を作ることができる。

この違《ちが》いを利用したのが識別法❶で、二文節に分けてみることで、付属語である助動詞「ない」が識別できるのである。

発展　「ぬ(ん)」の連用形「ず」

「ぬ」の連用形「ず」は、文を途中《とちゅう》で止める用法（連用中止法）で用いられる。

また、「ず」は、助詞「に」「と」「とも」などとともに用いられる。

例 食が進ま[ず]、元気がない。（[ず]：助動詞「ぬ(ん)」・連用形／連用中止法）

傘《かさ》も差さ[ず][に]歩いた。（[ず]：助動詞「ぬ(ん)」・連用形／[に]：格助詞）

助動詞「ない」と、補助形容詞「ない」の識別は、テストでもよく出るよ。

8 らしい

教科書の要点

「らしい」の意味

◎**推定**の意味がある。

「らしい」の意味

(1) 意味……**推定**（どうやら～らしい）の意味がある。

●彼《かれ》は元気でいる［らしい］。

(2) 接続

・**動詞・形容詞・一部の助動詞の終止形**に付く。

●行く（動詞・終止形）［らしい］。 ●面白い（形容詞・終止形）［らしい］。 ●見たがる（助動詞・終止形）［らしい］。

・**形容動詞の語幹**、体言（名詞）、一部の助詞に付く。

●にぎやか（形容動詞「にぎやかだ」・語幹）［らしい］。 ●明日は雪（体言）［らしい］。 ●道はここまで（助詞）［らしい］。

(3) 活用……形容詞型の活用をする。

基本形	未然形	連用形	終止形	連体形	仮定形	命令形
らしい	○	らしかっ らしく	らしい	らしい	（らしけれ）	○

テストで注意 **接尾《せつび》語「らしい」との識別**

例えば「子供らしい遊び。」という場合の「らしい」は、そのものの特徴《とくちょう》をよく表しているという意味を表す接尾語で、体言や形容詞・形容動詞の語幹、副詞などに付いて形容詞を作る。

接尾語か助動詞かは、前に「どうやら」を補ってみると見分けられる。「どうやら」を補うことができれば、助動詞「らしい」である。

例 子供らしい遊び。（「子供らしい」＝形容詞）　どうやらが補えない

あそこにいるのは子供［らしい］。（「らしい」＝助動詞）　どうやらが補える

9 ようだ・ようです

教科書の要点

「ようだ・ようです」の意味

◎**推定**・**比喩《ひゆ》**（たとえ）の二つの意味がある。

「ようだ・ようです」の意味

(1) 意味……**推定**・**比喩《ひゆ》**（たとえ）の二つの意味がある。意味は次のように見分けるとよい。

❶ **推定**……前に「どうやら」を入れられる。

❷ **比喩**（たとえ）……前に「まるで」を入れられる。

● どうやら 雨が降り始めた ようだ。

● まるで 雪の ように 白い。

(2) 接続……**用言・一部の助動詞の連体形**、格助詞「の」、一部の連体詞に付く。

〈推定〉君のほうが大きい（形容詞「大きい」・連体形） ようだ。

〈比喩〉手が氷の（格助詞「の」） ように 冷たい。

(3) 活用……形容動詞型の活用をする。

基本形	未然形	連用形	終止形	連体形	仮定形	命令形
ようだ	ようだろ	ようだっ ようで ように	ようだ	ような	ようなら	○
ようです	ようでしょ	ようでし	ようです	（ようです）	○	○

参考 「ようだ・ようです」の意味

「ようだ・ようです」の意味として、「例示（『例えば〜のようだ』の意味で、例を挙げる）」を加えることもある。

例 例えば ケーキの ような 甘《あま》いものは苦手だ。

「ようだ・ようです」は、連体詞「この」「その」「あの」「どの」に接続する場合は、「このようだ」「そのようです」「あのように」「どのような」などとなるよ。

10 たい・たがる

教科書の要点

1 「たい」の意味
◎**自分自身の希望**を表す。

2 「たがる」の意味
◎**自分以外の人の希望**を表す。

1 「たい」の意味

(1) 意味……**自分自身の希望**を表す。

● 私は、本を読み**たい**。（自分自身の希望）

(2) 接続……主に**動詞の連用形**に付く。一部の助動詞の連用形にも付く。

● 僕《ぼく》も、その映画を見**たかっ**た。（見：動詞「見る」・連用形）

● 弟に一等賞を取らせ**たい**。（せ：助動詞「せる」・連用形）

(3) 活用……形容詞型の活用をする。

基本形	未然形	連用形	終止形	連体形	仮定形	命令形
たい	たかろ	たかっ たく	たい	たい	たけれ	○

(4) 識別……助動詞「たい」は、同じ文節中に動詞を含《ふく》む。

● 水を飲み**たい**。（飲み：動詞／たい：助動詞）

● 荷物が重**たい**。（形容詞「重たい」の一部）

発展 「た」に変わる「たい」に注意

助動詞「たい」には、「た」の部分だけでほかの単語と結び付く用法がある。

例 早く帰り**た**そうだ。（そうだ：様態の助動詞）
とても知り**た**げだ。（げ：接尾《せつび》語）
会い**た**さが募《つの》る。（さ：接尾語）

参考 連用形「たく」の変化

助動詞「たい」の連用形「たく」は、「ございます」などが付くと習慣としてウ音便に変わり、「とう」になる。

例 行き**とう**ございます。（とう：助動詞「たい」の連用形・ウ音便）

2 「たがる」の意味

(1) 意味……**自分以外の人の希望**を表す。

● 妹が、本を読み たがる 。 （自分以外の人の希望）

(2) 接続……「たがる」は、主に**動詞の連用形**に付く。一部の助動詞の連用形にも付く。

● 兄は、行き たがら ないだろう。 （行き：動詞「行く」・連用形）

● 彼《かれ》は、候補に選ばれ たがっ ている。 （れ：助動詞「れる」・連用形）

(3) 活用……動詞の五段活用型の活用をする。

基本形	未然形	連用形	終止形	連体形	仮定形	命令形
たがる	たがら たがろ	たがり たがっ	たがる	たがる	たがれ	○

(4) 識別……助動詞「たがる」は、同じ文節中に動詞を含む。

● 姉が泳ぎ たがる 。 （泳ぎ：動詞　たがる：助動詞）

● 妹が眠 たがる 。 （形容詞「眠《ねむ》たい」の語幹の一部「た」＋接尾語《せつび》「がる」）

くわしく

「たい」の識別・「たがる」の識別

① 「たい」…助動詞「たい」は、「重たい」「冷たい」などの形容詞の一部と間違《まちが》えやすい。「たい」の部分を「**ます**」に置き換《か》えて意味が通じれば、助動詞である。

例 飲み たい（助動詞「たい」） ⬇ ○飲み ます

重 たい（形容詞の一部） ⬇ ×重 ます

② 「たがる」…助動詞「たがる」は、「眠《ねむ》たがる」など、形容詞の語幹（「眠た」）の一部「た」に接尾語「がる」が付いた「たがる」と間違えやすい。これも、「たがる」の部分を「**ます**」に置き換えて意味が通じれば、助動詞である。

例 泳ぎ たがる（助動詞「たがる」） ⬇ ○泳ぎ ます

眠 たがる（形容詞の語幹の一部「た」＋接尾語「がる」） ⬇ ×眠 ます

「たがる」には命令形「たがれ」があるとする考え方もあるよ。「君は、もっと勝ちたがれ。」などという場合だね。

11 そうだ・そうです

教科書の要点

「そうだ・そうです」の意味

◎接続のしかたにより、**推定・様態**の意味の場合と、**伝聞**の意味の場合がある。

「そうだ・そうです」の意味

(1) 意味……**推定・様態**（～らしい・～そういう様子である）の意味と、**伝聞**（～と聞いている）の意味がある。

(2) 接続……推定・様態の意味の場合と、伝聞の意味の場合とで異なる。

・推定・様態……動詞と一部の助動詞の**連用形**、形容詞・形容動詞の**語幹**に付く。

● すぐ済み［そうだ］。（動詞「済む」・連用形）

● 怒《おこ》られ［そうだ］。（助動詞「れる」・連用形）

● 寒［そうだ］。（形容詞「寒い」・語幹）

・伝聞……用言と一部の助動詞の**終止形**に付く。

● すぐ済む［そうだ］。（動詞「済む」・終止形）

● 楽だ［そうだ］。（形容動詞「楽だ」・終止形）

● 怒られる［そうだ］。（助動詞「れる」・終止形）

(3) 活用……推定・様態と伝聞とで活用が異なるが、どちらも形容動詞型の活用をする。

〈推定・様態〉

基本形	未然形	連用形	終止形	連体形	仮定形	命令形
そうだ	そうだろ	そうだっ そうで そうに	そうだ	そうな	そうなら	○
そうです	そうでしょ	そうでし	そうです	（そうです）	○	○

〈伝聞〉

基本形	未然形	連用形	終止形	連体形	仮定形	命令形
そうだ	○	そうで	そうだ	○	○	○
そうです	○	そうでし	そうです	（そうです）	○	○

発展

「～なそうだ」「～たそうだ」

推定・様態の「そうだ」は、形容詞の語幹以外にも、形容詞型の活用をする助動詞「ない」（➡102ページ）「たい」（➡106ページ）の一部「な」「た」にも接続する。

例 行かな［そうだ］。（助動詞「ない」の一部）
行きた［そうだ］。（助動詞「たい」の一部）

12 だ・です

教科書の要点

「だ・です」の意味

◎**断定**の意味がある。

「だ・です」の意味

(1) **意味**……**断定**（「〜である」と言い切る）の意味がある。「です」は丁寧《ていねい》な断定を表す。

(2) **接続**

- 「だ」……**体言**と、一部の助詞、動詞・形容詞・一部の助動詞の**終止形**に付く。
- 「です」……**体言**と、一部の助詞、形容詞の**終止形**に付く。

●面白い本（体言）だ。　●彼《かれ》は行くの（助詞）だろう。　●読む（動詞「読む」・終止形）なら、貸すよ。

●寒い（形容詞「寒い」・終止形）だろう。　●食べたい（助動詞「たい」・終止形）なら、どうぞ。

●今日は祝日（体言）です。　●笑うばかり（助詞）でした。　●面白い（形容詞「面白い」・終止形）です。

(3) **活用**……「だ」は形容動詞型、「です」は特殊《とくしゅ》型の活用をする。

基本形	未然形	連用形	終止形	連体形	仮定形	命令形
だ	だろ	だっ で	だ	（な）	なら	○
です	でしょ	でし	です	（です）	○	○

テストで注意　**断定の「だ」と過去の「だ」**

「だ」という形の助動詞には、断定の助動詞のほかに、過去の助動詞「た」の濁音《だくおん》化した「だ」もある。この二つは接続の違《ちが》いで見分けることができる。（⬇99ページ）

例　これが学校（体言）だ（断定の助動詞「だ」）。

空高く飛ん（五段動詞の撥音《はつおん》便の形）だ（過去の助動詞「た」）。

「だ」「です」の連体形「な」「です」は、助詞「の」「ので」「のに」に続く場合に使われるよ。例えば、「本当なのか・本当なのに・本当ですので」のようになるよ。

13 ます

教科書の要点

「ます」の意味

◎**丁寧《ていねい》**の意味がある。

「ます」の意味

(1) 意味……**丁寧《ていねい》**（聞き手・読み手への丁寧な気持ちを表す）の意味がある。

夜が明ける。⬇ 夜が明け[ます]。

予算が足りない。⬇ 予算が足り[ませ]ん。

(2) 接続……主に**動詞の連用形**に付く。一部の助動詞の連用形にも付く。

● 毎朝、六時に起き（動詞「起きる」・連用形）[ます]。

● 忘れられ（助動詞「られる」・連用形）[ませ]ん。

● 妹に行かせ（助動詞「せる」・連用形）[ます]。

(3) 活用……特殊《とくしゅ》型の活用をする。

基本形	未然形	連用形	終止形	連体形	仮定形	命令形
ます	ませ ましょ	まし	ます	ます	ますれ	（ませ） （まし）

参考 **「ませ・まし」の用法**

助動詞「ます」の命令形「ませ・まし」は、一部の敬語表現にだけ接続する。

例 ゆっくりとお進みください（尊敬語）**ませ**（まし）。

こちらへいらっしゃい（尊敬語）**ませ**（まし）。

「丁寧な文体」のことを、「『です・ます』体の文」と言うことがあるね。

練習

解答 別冊5ページ

1【助動詞の意味】次の各文中の――線部の助動詞の意味を、あとのア～チから選び、記号で答えなさい。

(1) 明日は、僕《ぼく》の誕生日だ。（　）
(2) みんなで工場を見学しよう。（　）
(3) 夕食は今、済ませたところだ。（　）
(4) 祖父はとても健康そうだ。（　）
(5) 妹がしきりに話を聞きたがる。（　）
(6) 昔のことが思い出される。（　）
(7) こんな立派な本は、きっと高かろう。（　）
(8) 扉《とびら》を開けてはならぬと念を押《お》す。（　）
(9) 赤ちゃんに大声で泣かれる。（　）
(10) 今後、あの人には頼《たの》むまいと決めた。（　）
(11) 昨日、入学式が予定通り行われた。（　）
(12) 今日は、練習をしませんでした。（　）
(13) 彼女《かのじょ》は何でも食べられるそうだ。（　）
(14) 先生が教室に入って来られる。（　）
(15) 私は、すぐに手紙を書こうと思った。（　）
(16) この問題は、彼《かれ》には解けまい。（　）
(17) 生徒に昔話を聞かせる。（　）

ア 希望　イ 推量　ウ 断定　エ 丁寧《ていねい》
オ 完了《かんりょう》　カ 自発　キ 過去　ク 受け身
ケ 意志　コ 尊敬　サ 伝聞　シ 推定・様態
ス 使役　セ 勧誘《かんゆう》　ソ 否定（打ち消し）
タ 否定の推量　チ 否定の意志

2【「ようだ」の識別】次の各文の――線部の助動詞の意味をア・イから選び、記号で答えなさい。

(1) 今年も矢のような速さで過ぎていった。（　）
(2) 彼が来ないようなら、今日は帰ろう。（　）
(3) 彼女は海のように広い心の持ち主だ。（　）
(4) 時間通りには着けないようだ。（　）
(5) 今年の冬は、例年より暖かいようです。（　）

ア 推定　イ 比喩《ひゆ》（たとえ）

3【「た」の識別】次の各文の――線部が過去の助動詞「た」であるものを一つ選び、記号で答えなさい。

ア サッカーが僕の大好きなスポーツだ。
イ 昨日は、なわとびをして遊んだ。
ウ この部屋の中はとても静かだ。

（　）

4【「だ」「です」「ます」の活用】次の各文の――線部の活用形を答えなさい。

(1) 明日なら、都合がいいよ。
(2) 兄が卒業したのは、去年のことでした。
(3) 彼女は、きっと成功するでしょう。
(4) 少しお待ちくださいませ。

(1)（　）(2)（　）
(3)（　）(4)（　）

意味と活用形がわかる！

助動詞の活用一《いち》覧《らん》

助動詞の意味・活用形・主な接続を表にまとめました。

意味	基本形	用例	未然形	連用形	終止形	連体形	仮定形	命令形	主な接続（くわしくは各ページへ）
受け身 可能 自発 尊敬	れる	呼ばれる	れ	れ	れる	れる	れれ	れろ れよ	動詞の未然形（五段・サ変）
	られる	来られる	られ	られ	られる	られる	られれ	られろ られよ	動詞の未然形（上一段・下一段・カ変） 一部の助動詞の未然形
使役	せる	読ませる	せ	せ	せる	せる	せれ	せろ せよ	動詞の未然形（五段・サ変）
	させる	着させる	させ	させ	させる	させる	させれ	させろ させよ	動詞の未然形（上一段・下一段・カ変）
過去 完了《かんりょう》 存続 想起	た	行った	たろ	○	た	た	たら	○	用言と一部の助動詞の連用形
推量 意志 勧誘《かんゆう》	う	語ろう	○	○	う	（う）	○	○	未然形（五段・形容詞・形容動詞）
	よう	見よう	○	○	よう	（よう）	○	○	動詞の未然形（五段以外）
否定の意志 否定の推量	まい	降るまい	○	○	まい	（まい）	○	○	動詞の未然形（五段以外） 動詞の終止形（五段） 一部の助動詞の未然形
否定	ない	行かない	なかろ	なかっ なく	ない	ない	なけれ	○	動詞と一部の助動詞の未然形
	ぬ（ん）	ならぬ（ならん）	○	ず	ぬ（ん）	ぬ（ん）	ね	○	動詞と一部の助動詞の未然形

推定	らしい	降るらしい	○	らしかっ らしく	らしい	らしい	(らしけれ)	○	終止形(動詞・形容詞・一部の助動詞) 形容動詞の語幹、体言、一部の助詞
推定 比喩《ひゆ》 (たとえ)	ようだ	降るようだ	ようだろ	ようだっ ようで ように	ようだ	ような	ようなら	○	用言と一部の助動詞の連体形 助詞「の」、一部の連体詞
	ようです	降るようです	ようでしょ	ようでし	ようです	(ようです)	○	○	
希望	たい	書きたい	たかろ	たかっ たく	たい	たい	たけれ	○	動詞と一部の助動詞の連用形
	たがる	見たがる	たがら たがろ	たがり たがっ	たがる	たがる	たがれ	○	
推定 様態	そうだ	降りそうだ	そうだろ	そうだっ そうで そうに	そうだ	そうな	そうなら	○	動詞と一部の助動詞の連用形 形容詞・形容動詞の語幹
	そうです	降りそうです	そうでしょ	そうでし	そうです	(そうです)	○	○	
伝聞	そうだ	降るそうだ	○	そうで	そうだ	○	○	○	用言と一部の助動詞の終止形
	そうです	降るそうです	○	そうでし	そうです	(そうです)	○	○	
断定	だ	本だ	だろ	だっ で	だ	(な)	なら	○	体言、一部の助詞、動詞・形容詞・一部の助動詞の終止形
	です	本です	でしょ	でし	です	(です)	○	○	体言、一部の助詞、形容詞の終止形
丁寧《ていねい》	ます	明けます	ませ ましょ	まし	ます	ます	ますれ	(ませ) (まし)	動詞と一部の助動詞の連用形

定期テスト予想問題

時間 30分
解答 別冊5ページ

得点 /100

1 【助詞の識別】次の各文から、助詞を順にすべて抜《ぬ》き出しなさい。【完答3点×3】

(1) 朝の九時に必ず来てください。

(2) おい、あまり大きい声で話すなよ。

(3) それは本心で言っているのですか。

2 【格助詞「の」の働き】次の――線部「の」の働きを、ア〜エから選び、記号で答えなさい。【3点×4】

(1) あの赤い車が私のだ。

(2) 紅茶のおいしい喫茶《きっさ》店に行く。

(3) 寒いの寒くないのと言う。

(4) 太陽の光を浴びる。

ア 部分の主語を示す。　**イ** 連体修飾《しゅうしょく》語を表す。

ウ 体言の代用を表す。　**エ** 並立の関係を表す。

3 【格助詞の識別】次の――線部「から」のうち、格助詞を一つ選び、記号で答えなさい。【3点】

ア 私だからできた仕事だ。

イ 悲しいから、話は聞きたくない。

ウ 二学期から、また始めよう。

エ だから、言わないことではない。

4 【接続助詞の識別】次の――線部「が」のうち、接続助詞を一つ選び、記号で答えなさい。【2点】

ア 温かいスープが飲みたい。

イ このパズルは面白い。が、難しい。

ウ ところが、最終回で逆転されてしまった。

エ 今はつらいが、頑張《がんば》ろう。

5 【副助詞の意味】次の――線部のうち、働きや意味がほかと異なるものを一つ選び、記号で答えなさい。【2点】

ア あの人はうそばかり言っている。

イ 今度ばかりは許せない。

ウ 夏休みは、あと十日ばかりだ。

エ あとは結果を待つばかりだ。

6 【助詞の種類の識別】次の例文中の――線部と同じ種類の助詞を**ア**〜**エ**から一つ選び、記号で答えなさい。【3点】

＊何かあると困るので、注意してください。

ア 父は退職後、のんびりと暮らしている。

イ 姉の表情は、いつもと変わらない。

ウ 今着いたと、連絡《れんらく》が入った。

エ 立ち上がるとすぐに歩き出した。

7 【助動詞の識別】次の各文から、助動詞を順にすべて抜き出しなさい。【完答3点×3】

(1) おなかいっぱい食べたいな。（　　）
(2) 彼《かれ》は、優《すぐ》れた技術者である。（　　）
(3) 明日が雨なら、大会は中止になる。（　　）

8 【助動詞の意味】次の――線部の助動詞の意味を、ア～キから選び、記号で答えなさい。【3点×7】

(1) 彼も一緒《いっしょ》に行くらしい。（　　）
(2) 私は、昨日学校を休んだ。（　　）
(3) この本がだれのものかは知らぬ。（　　）
(4) 谷川の水は、たぶんきれいだろう。（　　）
(5) 私は、ピアノを習っています。（　　）
(6) 行きたがる人は、いなかった。（　　）
(7) 私の代わりに弟を行かせます。（　　）

ア 推量　**イ** 丁寧《ていねい》　**ウ** 使役　**エ** 過去
オ 希望　**カ** 推定　**キ** 否定

9 【「れる・られる」の意味】次の――線部の助動詞「れる・られる」の意味を、ア～エから選び、記号で答えなさい。【3点×4】

(1) 校長先生が話されたことを思い出す。（　　）
(2) 大雨で作物のことが案じられる。（　　）
(3) これは、盗《ぬす》まれた絵に違《ちが》いない。（　　）
(4) 少し小さいが、まだ十分着られる。（　　）

ア 可能　**イ** 尊敬　**ウ** 自発　**エ** 受け身

10 【「ない」の識別】次の――線部「ない」の種類を、ア～ウから選び、記号で答えなさい。【3点×4】

(1) 悲しい話を聞いて、やるせない気分だ。（　　）
(2) 食べたいものが何もない。（　　）
(3) 字が小さ過ぎて、とても読めない。（　　）
(4) 道徳的に正しくないことはするな。（　　）

ア 形容詞　**イ** 形容詞の一部　**ウ** 助動詞

11 【意味の識別】次の(1)(2)の文の――線部と意味が同じものを、それぞれア～ウから選び、記号で答えなさい。【3点×2】

(1) 切り立った崖《がけ》を登っていく。（　　）
ア 大昔、この一帯は海だった。
イ 昨年アメリカに行った兄が帰国した。
ウ とがった鉛筆《えんぴつ》で細かい字を書く。

(2) 今年の冬は雪が多いそうだ。（　　）
ア 午後は雨が降るそうだ。
イ 何だかかぜをひきそうだ。
ウ 今晩はかなり寒そうだ。

12 【助動詞の活用】次の――線部の助動詞の活用形を答えなさい。【3点×3】

(1) 食べたがる人はいなかった。（　　）
(2) 雨がやまなければ、延期しよう。（　　）
(3) 話し声も聞こえず、静かな教室だ。（　　）

見わける
Column

意味・用法の違《ちが》いを見分けよう

同じ形の言葉でも、異なる品詞に属するものや、意味・用法が違うものがある。ここでは「ない」を例に、言葉を言い換《か》えたり補ったりして、正しく見分ける練習をしよう。

1 フローチャートに従って「ない」を見分けよう

「ない」にはいくつかの品詞があるから、どうやって見分けたらいいのか迷うよね。でも、次の質問に答えていけば見分け方がわかるんだって。

「ない」を「ぬ」に置き換《か》えることができる。

YES → **否定（打ち消し）の助動詞**
知らない → 知らぬ
いらない → いらぬ

NO ↓

「ない」の前に「は」を入れることができる。

YES → **補助形容詞**
寒くない → 寒くはない
有名でない → 有名ではない

NO ↓

「ない」の前の部分とつながって、一つの言葉になっている。

YES → **形容詞の一部**
はかない　おさない

NO ↓

形容詞の「ない」
お金がない。

形容詞の「ない」の前の「が」は、「お金はない。」「お金もない。」のように、「は」や「も」にも置き換えられるよ。

2 「ない」に接続する語から見分けよう

「ない」は、動詞の活用表では未然形に、形容詞・形容動詞の活用表では連用形に接続するよね。なんで違《ちが》うんだろう。

動詞

	未然形	連用形	終止形	連体形	仮定形	命令形
主な続き方	**ーない** ーう ーよう ーれる ーられる ーせる ーさせる	用言に続く ーます ーた ーて	言い切る ーと ーから ーけれど	体言に続く ーとき ーので ーのに	ーば	命令して言い切る

形容詞・形容動詞

	未然形	連用形	終止形	連体形	仮定形	命令形
主な続き方	ーう	用言に続く ーた **ーない** ーなる	言い切る ーと ーから ーけれど	体言に続く ーとき ーので	ーば	○

動詞の未然形に接続する「ない」と、形容詞・形容動詞の連用形に接続する「ない」では、品詞が違うみたいだよ。次の①・②の場合を見てみよう。

① 動詞に接続する「ない」の場合 …言葉を言い換《か》えてみる

➡動詞の下に接続する「ない」を、「ぬ（ん）」に言い換えることができる。

【動詞＋ない】 行かない → 行かぬ（ん）

「ない」を「ぬ」に言い換えることができるときの「ない」は、否定（打ち消し）の助動詞「ない」だよ。

② 形容詞・形容動詞に接続する「ない」の場合 …言葉を補ってみる

➡形容詞・形容動詞に接続する「ない」の前に、「は」を入れることができる。

【形容詞＋ない】 楽しくない → 楽しくはない

【形容動詞＋ない】 静かでない → 静かではない

直前に「は」を入れることができるときの「ない」は、補助形容詞の「ない」だね。

中学生のための勉強・学校生活アドバイス

定期テストの前は、やることリストを作ろう！

「もうすぐ定期テストだけど、いざテスト勉強をしようと思っても、いったい何から始めたらいいかわからないんですよね。」

「定期テスト前は、まず〝やることリスト〟を作るのがおすすめだよ。」

「やることリスト？」

「例えば、**テスト範囲《はんい》の教科書を読むとか、授業プリントを見直すとか。具体的にやることを書き出す**ってことだよ。」

「そう。そうすれば、**テストまでに何をしないといけないのかが明確になるし、スケジュールも立てやすくなる**の。」

「今《いま》まで、テスト前にスケジュールを立てたことなんてなかったです……。」

「まずは、テスト前2週間分の予定を立ててみて。最初にやることを書き出して、それぞれをいつやるか決めればOK！」

「それならできそうです！　あ、でも……もし、やることがスケジュール通りにできなかったら、どうすればいいですか？」

「そのときは、赤ペンでスケジュールを上書きして、別の日にやるようにすればいいよ。」

「わかりました！」

「2週間のうちの1・2日とテスト前日は、復習日兼予備日として空けておくと、もし予定がずれても大丈夫《だいじょうぶ》だよ。」

「あとは、やることリストを作るときには、**目標を決める**のも大切だよ。例えば、教科ごとの目標点数を決めておくとか。」

「なるほど。部活も勉強も、目標があるとそこに向かって頑張《がんば》れますもんね。」

「そうでしょ。リストに書いたことをやり終えて☑が増えると、**達成感や自信にもつながる**から、今回の定期テストから試してみてね。」

【漢字・言葉編】

1章

漢字

1 漢字の成り立ち

教科書の要点

① **漢字の分類**

◎漢字の分類には、**成り立ち**による象形・指事・会意・形声の四つと、**使い方**による転注・仮借《かしゃ》の二つがある。

② **成り立ちによる分類**

◎成り立ちによる分類には、物の形をかたどって表した**象形文字**、抽象《ちゅうしょう》的な事柄《ことがら》を表した**指事文字**、二つ以上の漢字を組み合わせた**会意文字**、意味と音を表す文字を組み合わせた**形声文字**がある。

③ **使い方による分類**

◎使い方による分類には、関連するほかの意味に広げて用いる**転注文字**、音だけ借りてほかの意味を表す**仮借文字**がある。

1 漢字の分類

漢字の分類には、**成り立ち**によるものと、**使い方**によるものがある。

- 成り立ちによる分類……象形・指事・会意・形声
- 使い方による分類……転注・仮借《かしゃ》

2 成り立ちによる分類

(1) 象形文字……**物の形**をかたどって表したもの。

※「象形」の「象」は「かたどる」という意味。

くわしく 漢字の分類の基準『六書《りくしょ》』

漢字の分類の基準となっているのは、中国の『六書』という書物である。

『六書』は中国の後漢《ごかん》時代に、漢字の起源や意義を研究して著されたものである。

『六書』は優れた分類法であるため、現在でもほぼこの分類の仕方を踏襲《とうしゅう》している。

テストで注意 象形・指事・会意・形声の例

象形…日・月・目・手・川・馬
指事…一・二・本・末
会意…明・林・休・加・炎・森・品
形声…枝・持・河・悲・固・問・草

(2) **指事文字**……絵や形では表せない抽象《ちゅうしょう》的な事柄《ことがら》を、**点**や**線**を用いて表したもの。

一⬇二⬇丄⬇上　一⬇二⬇丅⬇下

(3) **会意文字**……**二つ以上の既成《きせい》の漢字**（象形文字や指事文字）を組み合わせて、一つの漢字として新しい意味を表したもの。

男（田＋力）⬇「田で力を出して働くおとこ」を表す。

鳴（口＋鳥）⬇「口で声を出して鳥が鳴く」ことを表す。

(4) **形声文字**……**意味**と**音**を表す要素を組み合わせて、一つの漢字として新しい意味を表したもの。漢字の多くは形声文字である。

銅（金＋同）⬇金（意味：金属）＋同（音：ドウ）

花（艹＋化）⬇艹（意味：植物）＋化（音：カ）

3 使い方による分類

(1) **転注文字**……**文字の元の意味をそれと関連するほかの意味**に広げて用いるもの。

楽…元の意味は「音楽」だが、音楽は「たのしい」ので、「たのしい」という意味で使うようになった。

(2) **仮借文字**……元の意味とは関係なく、**音だけ借りてほかの意味**を表すもの。

我…もとは刃がぎざぎざしている武器（戈《ほこ》）を表した文字だが、「われ（自分）」という意味の「ガ」をあてるようになった。

くわしく

会意形声

形声文字の音を表す部分が、同時に意味を表す場合がある。こうした漢字を「会意形声」「会意兼《けん》形声」ということもある。

例 清…「青」の部分が「セイ」という音を表すが、同時に「澄《す》む」という意味も表しており、「水が澄む」という意味を表す。

音を表す「青」をもつ漢字は、ほかに「晴（「澄み切った空や太陽」の意味）」「精（「汚《よご》れを取り去った澄み切った米」の意味）」などがあるよ。

発展

日本で作られた国字

漢字には上で示した六種類のほかに、日本で独自に作られた国字もある。

ほとんどは会意文字の成り立ちにならって、二つ以上の漢字を組み合わせて作られている。（※諸説あり）

例 畑…火＋田
峠《とうげ》…山＋上＋下
働…イ（人）＋動

また、国字は多くが訓読みのみだが、数は少ないものの音読みをもつものがある。

例 働（音ドウ　訓はたら-く）

2 部首

教科書の要点

1 漢字の部首

◎部首とは漢字を**組み立てている**部分を分類したもので、多くは意味をもっている。**位置**によって**へん・つくり・かんむり・あし・たれ・にょう・かまえ**の七つに分けられる。

2 部首の形

◎部首の形は、同じ意味の部首でも**位置によって変わる**ものがある。また、違《ちが》う部首でも**形が似ていたり、同じ形だったりする**ものもある。

1 漢字の部首

漢字を**組み立てている**部分のうち、漢字をグループ分けする基準となるものを、**部首**という。多くの部首は意味をもっており、漢字の中での**位置**によって大きく七つに分けられる。

部首	部首の例	意味	漢字の例
へん	氵（さんずい）	水	池・沢・油・滝・潮
	扌（てへん）	手	打・投・招・拍・摘
つくり	力（ちから）	力・働く	助・効・動・勤・勧
	彡（さんづくり）	飾《かざ》り・模様	形・彩・彫・影・彰
かんむり	宀（うかんむり）	屋根・住居	安・宅・室・宿・寮
	⻗（あめかんむり）	雨・気象	雪・雲・電・雷・霜
あし	灬（れんが・れっか）	火・熱	点・煮・焦・熟・熱
	皿（さら）	皿・容器	盆・益・盛・盟・盤

くわしく

いろいろな部首の例

各部首には、次のようなものがある。

①**へん**…例 亻（にんべん）・口（くちへん）・糹（いとへん）・訁（ごんべん）

②**つくり**…例 刂（りっとう）・阝（おおざと）・隹（ふるとり）・頁（おおがい）

③**かんむり**…例 亠（なべぶた・けいさんかんむり）・艹（くさかんむり）

④**あし**…例 廾（にじゅうあし・こまぬき）・氺（したみず）

⑤**たれ**…例 尸（かばね・しかばね）・广（まだれ）

⑥**にょう**…例 辶（しんにょう・しんにゅう）・鬼（きにょう）

⑦**かまえ**…例 勹（つつみがまえ）・行（ぎょうがまえ・ゆきがまえ）

分類	部首	部首名	意味	漢字
たれ	厂	（がんだれ）	崖《がけ》・石・岩	厄・厚・厘・原
たれ	疒	（やまいだれ）	病気・障害	疫・症・病・痛・癖
にょう	廴	（えんにょう）	道・進む	廷・延・建
にょう	走	（そうにょう）	走る	赴・起・越・超・趣
かまえ	囗	（くにがまえ）	囲む・囲い	四・回・囲・国・園
かまえ	門	（もんがまえ）	出入り口	開・間・閑・関・閥

※部首名や分類のしかたは、漢和辞典によって異なることがある。

2 部首の形

(1) **位置によって形が異なる部首**……同じ意味の部首でも、形が**位置によって変わる**ものがある。

刀《かたな》…切・割　水《みず》…泉・池・泰
示《しめす》…票・社　心《こころ》…思・情・慕
肉《にく》…腐・臓　火《ひ》…災・焼・熱

(2) **形が似ている部首**……違《ちが》う部首でも、**形が似ていたり、同じ形だったりする**ものがある。

月《つき》…朝・有・服　邑《おおざと》…都・郡・郷
肉《にく》…胃・腸・能　阜《こざと》…険・陸・階

※「邑」は「地名や人が住む場所」、「阜」は「積み上げられた土・丘《おか》・階段」を表す。

テストで注意　部首を誤りやすい漢字

① **同じ部分をもつ漢字で、部首が異なるもの**

例
間…門（もんがまえ）
問…口（くち）
聞…耳（みみ）
視…見（みる）
現…王（たまへん・おうへん）
栄…木（き）
相…目（め）
歴…止（とめる）
暦…日（ひ）
者…耂（おいかんむり・おいがしら）
孝…子（こ）
原…厂（がんだれ）
圧…土（つち）

② **部首を間違《まちが》えやすい漢字**

例
務…力（ちから）　次…欠（あくび）
主…丶（てん）　応…心（こころ）
具…八（はち）　去…ム（む）
寺…寸（すん）
項…頁（おおがい）
乗…ノ（の・はらいぼう）
出…凵（うけばこ）
夢…夕（ゆうべ・た）
字…子（こ）

部首を誤りやすい漢字は、まとめて覚えておくといいね。

3 筆順・画数・書体

教科書の要点

1 漢字の筆順

◎筆順とは、漢字を書くときの、**点や線を書く順序**のことである。

2 漢字の画数

◎画とは**漢字を構成する点や線**のことで、画数とは一つの漢字に使われている**画の総数（総画）**のことである。

3 活字・書体

◎活字とは、印刷に用いる文字の型のことで、**明朝体《みんちょうたい》・ゴシック体・教科書体**など、さまざまな書体がある。

1 漢字の筆順

漢字を書くときの、**点や線を書く順序**のことを、**筆順**という。漢字によっては複数の筆順をもつものもあるが、筆順には大まかな原則がある。

❶上から下へ書く……………… 例 三➡一 二 三
❷左から右へ書く……………… 例 川➡丿 川 川
❸縦画と横画が交わるときは、横画を先に書く…… 例 土➡一 十 土
（例外）横画より縦画を先に書く…………… 例 田➡丨 冂 田 田
❹中と左右に分かれる字は、中の画を先に書く…… 例 小➡亅 小 小
❺外側の囲みは先に書く……………… 例 同➡丨 冂 同 同
❻左払《ひだりばら》いと右払いが交わるとき、左払いを先に書く……… 例 文➡亠 ナ 文
❼全体を貫《つらぬ》く縦画や横画は最後に書く……………… 例 中➡冂 口 中
❽左払いと横画が交わるときは、二つの書き方がある
①横画が長く、左払いが短い字は左払いを先に書く…… 例 右➡ノ ナ 右
②横画が短く、左払いが長い字は横画を先に書く…… 例 左➡一 ナ 左

くわしく　そのほかの筆順の原則

上記の筆順の原則以外にも、次のようなものがある。

① **右肩《みぎかた》の点「丶」は最後に書く**
例 犬↓大 犬

② **にょうを先に書く場合**
例 起↓走 起

③ **にょうをあとに書く場合**
例 進↓隹 進

発展　原則外の筆順

上の原則とは違《ちが》う筆順で書くものもある。

① **❹の原則から外れるもの**
中の画をあとに書く
例 火↓丶 丷 火 火
忄↓丶 丷 忄 性

2 漢字の画数

漢字を構成する点や線のことを**画**といい、一つの漢字に使われている**画の総数（総画）**を**画数**という。

画数を間違《まちが》えやすい画をもつ字には、注意する必要がある。（赤で示した画は一画で書く。）

乙（一画）　九（二画）　女（三画）　口（三画）　及（三画）　与（三画）
片（四画）　比（四画）　乏（四画）　区（四画）　収（四画）　民（五画）
母（五画）　巨（五画）　皮（五画）　辺（五画）　糸（六画）　叫（六画）
仰（六画）　身（七画）　防（七画）　改（七画）　即（七画）　延（八画）
直（八画）　発（九画）　虐（九画）　馬（十画）　歯（十二画）

3 活字・書体

漢字を含《ふく》め、印刷に用いる文字の型を**活字**という。活字の書体には、**明《みん》朝体《ちょうたい》**・**ゴシック体**・**教科書体**など、さまざまな書体がある。

書き文字と活字の書体とでは、筆遣《ふでづか》いや形が異なる場合がある。

字	明朝体	中国の明の時代の印刷書体を参考にして作られた。大半の書籍《しょせき》や雑誌の本文で使う。
字	ゴシック体	新聞の見出しなど、強調したい部分に使うことが多い。
字	教科書体	手書きの楷書体《かいしょたい》に近い書体で、小学校の教科書などで使う。

※明は中国の王朝の一つ（1368～1644年）。

---

② **❺の原則から外れるもの**
外側の囲みの一部をあとに書く
例 区→一 ㄨ 区
医→一 矢 医

テストで注意 **注意したい筆順の漢字**

女→く 女 女　万→一 丆 万
及→ノ 乃 及　止→丨 ト 𣥂 止
互→一 工 互 互　比→一 ヒ ヒ 比
収→丨 丩 収 収　片→ノ 丿 片 片
可→一 丁 叮 可 可
皮→ノ 厂 广 皮 皮
必→丶 ソ 义 必 必
成→ノ 厂 万 成 成 成
我→ノ 二 千 手 我 我 我
状→丨 丬 丬 丬 状 状 状
臣→丨 厂 厂 严 臣 臣 臣
長→丨 ᅡ ᅣ ᅣ 長 長 長 長
門→丨 冂 門 門 門 門 門 門
飛→⺄ ⺄ ⺄ 飞 飞 飞 飛 飛 飛
庭→丶 亠 广 广 庀 庄 庄 庭 庭 庭
帯→一 十 廾 卅 卌 卌 卌 卌 帯 帯
馬→丨 厂 冂 冃 冃 馬 馬 馬 馬 馬

原則に沿った筆順なのか、そうでないのかなどに注意して覚えよう。

4 音と訓

教科書の要点

1 漢字の音読み

◎漢字が中国から日本に伝わったときの、**中国語の発音を元にした読み方**のことで、主に**呉音**《ごおん》・**漢音**《かんおん》・**唐音**《とうおん》に分けられる。その漢字が伝わった時期や、中国のどの地域の音が伝わったのかにより、一つの漢字が**複数の音読みをもつ**こともある。

2 漢字の訓読み

◎漢字のもっている意味に対応する**日本語の言葉を当てはめた読み方**のことである。

1 漢字の音読み

中国から伝わったときの、**中国語の発音を元にした読み方**のことを、**音読み**という。

空 クウ　花 カ　草 ソウ

漢字がいつ、中国のどの地方から伝わったかで、主に**呉音**《ごおん》・**漢音**《かんおん》・**唐音**《とうおん》の三種類の読み方に分けられる。一つの漢字の音読みに、これらのすべての読みがあるものもあるが、どの漢字にもあるとは限らない。

(1) **呉音**……最も古い時代に日本に伝わった読み方。中国の南方から伝わった読み方といわれる。

(2) **漢音**……呉音の次に伝わった読み方。七～八世紀頃《ごろ》に、遣唐使《けんとうし》などによって伝えられた読み方で、現在、日本で使われる漢字の読み方の大半を占《し》める。

(3) **唐音**……漢音の後、主に鎌倉《かまくら》時代から江戸《えど》時代にかけて伝わった読み方。

くわしく

漢字の読み方

漢字の読み方は、漢字によって、音読みだけのもの、訓読みだけのもの、複数の音読みや訓読みをもつものなどがある。

テストで注意

呉音《ごおん》**・漢音**《かんおん》**・唐音**《とうおん》**の読み方の違**《ちが》**い**

「行」以外に、次のような漢字が、呉音・漢音・唐音のすべてをもつ。

明
- 呉音…ミョウ　例 明星・光明
- 漢音…メイ　例 明解・証明
- 唐音…ミン　例 明朝体

京
- 呉音…キョウ　例 京都・上京
- 漢音…ケイ　例 京浜《けいひん》・京阪《けいはん》
- 唐音…キン　例 北京《ぺきん》

(4) 慣用音……呉音・漢音・唐音以外で、日本で一般《いっぱん》に通用している読み方。

行
- 呉音…ギョウ　例 行列・行事
- 漢音…コウ　例 行動・旅行
- 唐音…アン　例 行脚《あんぎゃ》・行灯《あんどん》

分
- 呉音…ブン・フン　「ブン」と読む例…分数・分散・分析《ぶんせき》・分担・気分・成分
- 漢音…フン　「フン」と読む例…分別・分銅
- 慣用音…ブ　例 五分五分

※音読みしかもたない漢字は、その漢字の意味に日本語を当てはめられなかった漢字である。

2 漢字の訓読み

漢字のもっている意味に対応する**日本語の言葉**（和語➡144ページ）を**当てはめた読み方**のことを、**訓読み**という。日本語の読み方なので、読むだけで意味を理解できる。

空 そら　**花** はな　**草** くさ

※訓読みしかもたない漢字は、主に、日本で生まれた**国字**（➡121ページ）である。

呉音と漢音だけ、あるいはそのどちらかの読み方だけ、という漢字が多いんだって。

発展
唐音の読み方の言葉

日本に最も新しく入ってきた唐音の読み方は、入ってきた言葉の数が少ないため、限られた言葉にしか使われていない。

例 椅子（イス）　扇子（センス）　様子（ヨウス）　和尚（オショウ）　一升瓶（イッショウビン）　普請（フシン）　布団（フトン）　風鈴（フウリン）

5 同訓異字・同音異義語

教科書の要点

① **同訓異字**

◎**異なる漢字**だが**同じ訓読み**をするもの。**意味は異なる**ので使い分ける必要がある。

② **同音異義語**

◎**異なる表記の熟語**だが**同じ音読み**をするもの。**意味は異なる**ので、その漢字の訓読みや、その漢字を含《ふく》む他の熟語から、意味を見分ける必要がある。

1 同訓異字

異なる漢字だが**同じ訓読み**をするもののことを、**同訓異字**という。

読み方は同じでも**意味は異なる**ので、使い分ける必要がある。

おかす
- 窃盗《せっとう》の罪を犯す。
- 危険を冒す必要はない。
- 隣国《りんごく》の船が領海を侵す。

2 同音異義語

異なる表記の熟語だが**同じ音読み**をするもののことを、**同音異義語**という。**意味は異なる**ので、その漢字の訓読みや、その漢字を含《ふく》むほかの熟語から、意味を見分ける必要がある。

カンショウ
- 熱帯魚の観賞。／映画の鑑賞。
- 内政への干渉。／卒業することへの感傷。

テストで注意 **同訓異字・同音異義語の例**

① **同訓異字の例**

おどる
- 創作ダンスを踊る。
- 期待に胸が躍る。

しめる
- 賛成が多数を占める。
- 財布のひもを締める。
- 自分の首を絞める。

とる
- 川で魚を捕る。
- 写真を撮る。
- 新入社員を採る。
- 作家が筆を執る。

② **同音異義語の例**

キハク
- イベントへの熱意が希薄だ。
- 相手の気迫に押《お》される。

ヘイコウ
- 二本の線を平行に引く。
- 線路に並行した道路。
- 体の平衡を保つ。

カイホウ
- 宿題から解放される。
- 校庭を一般《いっぱん》に開放する。
- 病状が快方に向かう。
- 病人を介抱する。

6 熟語の構成

教科書の要点

1 二字熟語の構成

◎❶意味が**似た**漢字を重ねた構成、❷意味が**反対や対**《つい》になる漢字を重ねた構成、❸上の漢字が**主語**で、下の漢字が**述語**の構成、❹上の漢字が下の漢字を**修飾**《しゅうしょく》する構成、❺下の漢字が上の漢字の動作の**目的や対象**になる構成などがある。

2 三字熟語の構成

◎❶**一字の漢字が対等**に並んだ構成、❷**漢字一字と二字熟語**を組み合わせた構成などがある。

3 四字熟語の構成

◎❶**一字の漢字が対等**に並んだ構成、❷**二字熟語**を組み合わせた構成などがある。

1 二字熟語の構成

主な二字熟語の構成には、次のようなものがある。

❶ 意味が**似た**漢字を重ねた構成

例 善良・豊富・断絶・減少・幸福・皮膚《ひふ》・繁栄《はんえい》

❷ 意味が**反対や対**《つい》になる漢字を重ねた構成

例 善悪・貧富・断続・増減・禍福《かふく》・伸縮《しんしゅく》・盛衰《せいすい》

❸ 上の漢字が**主語**で、下の漢字が**述語**の構成

例 国立・市営・腹痛・人造・地震《じしん》・雷鳴《らいめい》・日没《にちぼつ》

❹ 上の漢字が下の漢字を**修飾**《しゅうしょく》する構成

例 国旗・永住・急増・厳禁・暖流・激突《げきとつ》・互助《ごじょ》

❺ 下の漢字が上の漢字の動作の**目的や対象**になる構成

例 着席・観劇・就職・延期・握手《あくしゅ》・遅刻《ちこく》・排水《はいすい》

くわしく **そのほかの二字熟語の構成**

① **同じ漢字を重ねた構成**
例 人人(人々)・延延(延々)・散散(散々)

② **接頭語が付いた構成**
例 不定・未熟・無罪・非常

③ **接尾語**《せつび》**が付いた構成**
例 酸性・平然・美化・端的《たんてき》

④ **長い熟語を省略して短くした構成**
例 特急・高校・国連・社食

2 三字熟語の構成

三字熟語の主な構成には、次のようなものがある。

❶ **一字の漢字が対等に並んだ構成**

例 市町村・上中下・松竹梅・天地人

❷ **漢字一字と二字熟語を組み合わせた構成**

A 二字熟語の**上**に漢字が一字付いた構成

例 短時間・急斜面《きゅうしゃめん》・初対面…上の一字が下の二字熟語を修飾《しゅうしょく》する構成

例 不本意・未完成・無意識…二字熟語の上に否定の接頭語が付いた構成

B 二字熟語の**下**に漢字が一字付いた構成

例 共通語・必需品《ひつじゅひん》・肖像画《しょうぞうが》…上の二字熟語が下の一字を修飾する構成

簡略化・重要性・肯定的《こうていてき》…二字熟語の下に接尾語《せつび》が付いた構成

3 四字熟語の構成

四字熟語の構成は、大きくは次の二つに分けられる。

❶ **一字の漢字が対等に並んだ構成**

例 東西南北・起承転結・喜怒哀楽《きどあいらく》・花鳥風月・冠婚葬祭《かんこんそうさい》

❷ **二字熟語を組み合わせた構成**

例 大雨警報・安全地帯・特別授業・心理療法《りょうほう》

※「副大統領」のように、一字の漢字と三字熟語に分けられるものもある。

くわしく **三字熟語・四字熟語の構成**

三字熟語も四字熟語も、それぞれの漢字が対等に並んでいるもの以外は、二字熟語に注目して構成を考えるとよい。

急斜面《きゅうしゃめん》→急な斜面（一字＋二字熟語）。

必需品《ひつじゅひん》→必需の品（二字熟語＋一字）。

中途半端《ちゅうとはんぱ》→上下の二字熟語の意味が類似《るいじ》。

半信半疑→上下の二字熟語の意味が反対。

くわしく **二字熟語を組み合わせた四字熟語の構成の例**

① **意味が似た二字熟語を重ねた構成**

例 悪戦苦闘《くとう》・日進月歩・完全無欠

② **意味が反対や対《つい》になる二字熟語を重ねた構成**

例 一進一退・質疑応答・有名無実

③ **反対や対になる漢字から成る二字熟語を、二つ重ねた構成**

例 栄枯盛衰《えいこせいすい》・古今東西・老若男女

④ **上の二字が下の二字熟語を修飾《しゅうしょく》する構成**

例 安全地帯・群集心理・世論調査

⑤ **同じ漢字が重なった二字熟語を重ねた構成**

例 時時刻刻・戦戦恐恐《きょうきょう》・奇奇怪怪《ききかいかい》

四字熟語には、「四面楚歌《しめんそか》」「呉越同舟《ごえつどうしゅう》」「臥薪嘗胆《がしんしょうたん》」のように、故事成語（⬇150ページ）もあるよ。

7 熟語の読み方

教科書の要点

1 熟語の読み方

◎熟語の読み方には、❶音＋音、❷訓＋訓、❸音＋訓（**重箱読み**）、❹訓＋音（**湯桶《ゆとう》読み**）がある。

2 熟字訓

◎熟字訓とは、漢字を一字ごとに音や訓で読むのではなく、**熟語全体を一つのまとまり**として、**特別な読み方**をするもののことである。

3 複数の読み方をする熟語

◎熟語の中には複数の読み方をするものがあり、**読み方によって意味が異なる。**

1 熟語の読み方

二字以上の漢字が組み合わさってできた熟語は、音や訓を組み合わせて読む。熟語の読み方には、次のようなものがある。

❶ 音＋音　例 学習（ガクシュウ）・帰宅（キタク）・入浴（ニュウヨク）・就寝（シュウシン）

❷ 訓＋訓　例 朝日（あさひ）・青空（あおぞら）・野原（のはら）・花畑（はなばたけ）

❸ 音＋訓（**重箱読み**）
例 駅前（エキまえ）・仕事（シごと）・台所（ダイどころ）

❹ 訓＋音（**湯桶《ゆとう》読み**）
例 朝晩（あさバン）・雨具（あまグ）・長年（ながネン）

くわしく **重箱読みと湯桶《ゆとう》読み**

「重箱読み」は、「重《ジュウ》」を音、「箱《ばこ》」を訓で読むことから、上を音、下を訓で読むことをいう。
「湯桶読み」は、「湯《ゆ》」を訓、「桶《トウ》」を音で読むことから、上を訓、下を音で読むことをいう。

漢字の音《おん》は耳で聞いただけでは意味がわかりにくいこともあるけど、訓は和語（⬇144ページ）なので、意味がすぐにわかるよね。

2 熟字訓

漢字を一字ごとに音や訓で読むのではなく、**熟語全体を一つのまとまり**として、**特別な読み方**をするもののことを、**熟字訓**という。

明日《あす》・大人《おとな》・母《かあ》さん・河原《かわら》・川原《かわら》・昨日《きのう》・今日《きょう》・果物《くだもの》・今朝《けさ》・景色《けしき》・今年《ことし》・清水《しみず》・上手《じょうず》・七夕《たなばた》・一日《ついたち》・手伝《てつだ》う・父《とう》さん・時計《とけい》・友達《ともだち》・兄《にい》さん・姉《ねえ》さん・博士《はかせ》・二十日《はつか》・一人《ひとり》・二人《ふたり》・二日《ふつか》・下手《へた》・部屋《へや》・迷子《まいご》・真面目《まじめ》・真《ま》っ赤《か》・真《ま》っ青《さお》・眼鏡《めがね》・八百屋《やおや》

※右の熟字訓は、すべて小学校で習ったもの。

3 複数の読み方をする熟語

熟語の中には、複数の読み方をするものがある。**読み方によって意味が異なる**ことが多いので、文脈に注意して意味を判断する必要がある。

(1) 音・訓の両方で読めるもの

風車	音 フウシャ	訓 かざぐるま	※読み方によって意味が異なる。
牧場	音 ボクジョウ	訓 まきば	※どちらで読んでも意味は同じ。

(2) 複数の読み方に熟字訓があるもの

明日	音 ミョウニチ	熟 あす	※どちらで読んでも意味は同じ。
上手	訓 うわて・かみて	熟 じょうず	※読み方によって意味が異なる。
下手	訓 したて・しもて	熟 へた	※読み方によって意味が異なる。

テストで注意　中学校で習う熟字訓

次の熟字訓は、中学の三年間で新たに習う熟字訓である。読み方を問われることもあるので、まとめて覚えておくとよい。

小豆《あずき》・硫黄《いおう》・意気地《いくじ》・田舎《いなか》・海原《うなばら》・乳母《うば》・浮《うわ》つく・笑顔《えがお》・叔父《おじ》・伯父《おじ》・乙女《おとめ》・叔母《おば》・伯母《おば》・お巡《まわ》りさん・鍛冶《かじ》・風邪《かぜ》・固唾《かたず》・仮名《かな》・為替《かわせ》・心地《ここち》・早乙女《さおとめ》・差《さ》し支《つか》える・五月《さつき》・早苗《さなえ》・五月雨《さみだれ》・時雨《しぐれ》・尻尾《しっぽ》・竹刀《しない》・老舗《しにせ》・芝生《しばふ》・三味線《しゃみせん》・砂利《じゃり》・白髪《しらが》・相撲《すもう》・草履《ぞうり》・太刀《たち》・立《た》ち退《の》く・足袋《たび》・梅雨《つゆ》・凸凹《でこぼこ》・名残《なごり》・雪崩《なだれ》・二十《はたち》・二十歳《はたち》・波止場《はとば》・日和《ひより》・吹雪《ふぶき》・土産《みやげ》・息子《むすこ》・紅葉《もみじ》・木綿《もめん》・最寄《もよ》り・大和《やまと》・弥生《やよい》・行方《ゆくえ》・若人《わこうど》

くわしく　複数の読み方に熟字訓があるものの例

① **どちらで読んでも意味は同じもの**

・白髪　音 ハクハツ　熟 しらが
・梅雨　音 バイウ　熟 つゆ

② **読み方によって意味が異なるもの**

・紅葉　音 コウヨウ　熟 もみじ
・今日　音 コンニチ　熟 きょう

8 送り仮名

教科書の要点

1 活用のある語の送り仮名

◎動詞・形容詞・形容動詞は、原則として**活用語尾**《ごび》から送る。**語幹が「し」で終わる形容詞**は「し」から、活用語尾の前に**「か」「やか」「らか」を含**《ふく》**む形容動詞**は、その部分から送る。

2 活用のない語の送り仮名

◎名詞は**基本的に送り仮名を付けない**が、活用のある語から転じた名詞と活用のある語に「さ」「み」「げ」などの接尾語が付いて名詞になったものは、**元の語の送り仮名の付け方**によって送る。副詞・連体詞・接続詞は原則として**最後の音節**を送る。

送り仮名《がな》は、訓読みをわかりやすく示すために漢字に添《そ》えられているものだよ。

1 活用のある語の送り仮名

活用のある語の送り仮名《がな》の主なきまりは、次のとおりである。

(1) 動詞

原則 **活用語尾**《ごび》から送る。

例 動か(ない)・動き(ます)・動く・動け(ば)・動こ(う)

例外 動かす・生まれる・悲しむ・確かめる

(2) 形容詞

原則 **活用語尾**から送る。

例 早かろ(う)・早かっ(た)・早い・早けれ(ば)

例外 **語幹が「し」で終わる**ものは、「し」から送る。

例 美しい・新しい・著《いちじる》しい・珍《めずら》しい・等しい・惜《お》しい

くわしく **読み誤るおそれのある語の送り仮名**

上記の例外のほかに、読み誤るおそれのある語は、活用語尾《ごび》の前から送る。

① **動詞**
例 教わる・異なる・捕《つか》まる・味わう

② **形容詞**
例 明るい・少ない・危ない・冷たい

③ **形容動詞**
例 哀《あわ》れだ・同じだ・盛んだ・幸せだ

(3) 形容動詞

原則 **活用語尾**《ごび》から送る。

例 立派だろ(う)・立派だっ(た)・立派だ・立派なら(ば)

例外 活用語尾の前に**「か」「やか」「らか」を含**《ふく》**む**ものは、その部分から送る。

例 暖かだ・穏《おだ》やかだ・華《はな》やかだ・滑《なめ》らかだ・明らかだ

2 活用のない語の送り仮名

活用のない語の送り仮名《がな》の主なきまりは、次のとおりである。

(1) 名詞

原則 送り仮名を**付けない。**

例 山・花・光・頂・堤《つつみ》・寿《ことぶき》

例外 **活用のある語から転じた**名詞と、活用のある語に**「さ」「み」「げ」などの接尾語**が付いて名詞になったものは、**元の語の送り仮名の付け方**によって送る。

例 動き・答え・強さ・弱み・惜《お》しげ

(2) 副詞・連体詞・接続詞

原則 **最後の音節**を送る。

例 必ず・少し(副詞)・来《きた》る・去る(連体詞)・及《およ》び・且《か》つ(接続詞)

例外 直ちに(副詞)・大きな(連体詞)・例えば(接続詞)

テストで注意 **複合語の送り仮名**《がな》

複合語については、その複合語を書き表す漢字の、それぞれの送り仮名の付け方と同じになる。

① **活用する語**

例 書き抜《ぬ》く・旅立つ・心細い・聞き苦しい

② **活用しない語**

例 後ろ姿・田植え・生き物・売り上げ

発展 **慣用による送り仮名の省略**

慣用(世間一般《いっぱん》で広く用いること)によって送り仮名が省略された語がある。

① **特定の領域の語で、慣用が固定しているもの**

例 取締役《とりしまりやく》・関取《せきとり》

② **一般に慣用が固定しているもの**

例 献立《こんだて》・試合・割合・建物

練習

解答 別冊6ページ

1 【漢字の成り立ち】次の漢字の成り立ちをあとのア〜エから選び、記号で答えなさい。

(1) 林〔　　〕　(2) 枝〔　　〕
(3) 木〔　　〕　(4) 本〔　　〕

ア 象形　イ 指事　ウ 会意　エ 形声

2 【部首・画数】次の漢字の①部首名をあとのア〜キから選んで記号で答え、②総画数を算用数字で書きなさい。

(1) 坂 ①〔　　〕 ②〔　　〕
(2) 慕 ①〔　　〕 ②〔　　〕
(3) 雑 ①〔　　〕 ②〔　　〕
(4) 包 ①〔　　〕 ②〔　　〕
(5) 府 ①〔　　〕 ②〔　　〕
(6) 空 ①〔　　〕 ②〔　　〕
(7) 起 ①〔　　〕 ②〔　　〕

ア ふるとり　イ したごころ　ウ まだれ
エ つちへん　オ そうにょう　カ あなかんむり
キ つつみがまえ

3 【同訓異字・同音異義語】次の――線部の言葉を、同訓異字・同音異義語に気をつけて、漢字で正しく書きなさい。（(1)・(2)は送り仮名《がな》も書きなさい。）

(1) 編み目のあらいセーター。〔　　〕
(2) 洗濯《せんたく》物がかわく。〔　　〕
(3) 選手の意欲がキハクな原因を探る。〔　　〕
(4) 多くの芸術家をハイシュツする名門校。〔　　〕

4 【熟語の構成】次の熟語の構成をあとのア〜エから選び、記号で答えなさい。

(1) 加齢《かれい》〔　　〕　(2) 濃霧《のうむ》〔　　〕
(3) 華麗《かれい》〔　　〕　(4) 濃淡《のうたん》〔　　〕

ア 意味が似た漢字を重ねた構成。
イ 意味が反対や対《つい》になる漢字を重ねた構成。
ウ 上の漢字が下の漢字を修飾《しゅうしょく》する構成。
エ 下の漢字が上の漢字の動作の目的や対象になる構成。

5 【熟語の読み方】次の熟語の読み方の組み合わせをあとのア〜エから選び、記号で答えなさい。

(1) 朝礼〔　　〕　(2) 朝晩〔　　〕
(3) 朝日〔　　〕　(4) 晩飯〔　　〕

ア 音＋音　イ 音＋訓（重箱読み）
ウ 訓＋訓　エ 訓＋音（湯桶《ゆとう》読み）

6 【送り仮名】次の――線部の言葉を、漢字と送り仮名で書きなさい。

(1) めずらしいお土産《みやげ》をもらう。〔　　〕
(2) 彼女《かのじょ》はとてもほがらかだ。〔　　〕

定期テスト予想問題

時間 30分
解答 別冊6ページ

得点 　／100

1 【漢字の成り立ち】次の(1)〜(3)について、①各文の説明に合うものをあとのア〜カから選び、記号で答えなさい。また、②それぞれの成り立ちや使い方に当てはまる漢字をあとのA〜Dから選び、記号で答えなさい。【1点×6】

(1) 絵や形では表せない抽象《ちゅうしょう》的な事柄《ことがら》を、点や線を用いて表した文字。 ①〔　〕 ②〔　〕

(2) 文字の元の意味をそれと関連するほかの意味に広げて用いた文字。 ①〔　〕 ②〔　〕

(3) 二つ以上の既成《きせい》の漢字を組み合わせて、一つの漢字として新しい意味を表した文字。 ①〔　〕 ②〔　〕

① 〔ア 象形　イ 会意　ウ 指事　エ 形声　オ 転注　カ 仮借《かしゃ》〕

② 〔A 楽　B 明　C 土　D 下〕

2 【部首】次の(1)〜(5)の漢字群の属する部首をあとのア〜キから選び、記号で答えなさい。【2点×5】

(1) 快・慕・忠 〔　〕

(2) 衰・裁・裸 〔　〕

(3) 漁・泰・永 〔　〕

(4) 犯・状・献 〔　〕

(5) 肖・胸・肯 〔　〕

ア 犬　イ 水　ウ 示　エ 衣
オ 心　カ 月　キ 肉

3 【筆順・画数】次の漢字について、①矢印の付いた赤線の画は何画目に書きますか。②総画数は何画ですか。それぞれ算用数字で答えなさい。【2点×6】

(1) 虐 ①〔　〕 ②〔　〕

(2) 互 ①〔　〕 ②〔　〕

(3) 叫 ①〔　〕 ②〔　〕

4 【音と訓】次の――線部の読みを、音読みは片仮名《かたかな》で、訓読みは平仮名で答えなさい。【1点×6】

(1) ① 綿毛布を洗って干す。〔　〕
② 祭りの屋台で綿菓子《がし》を買う。〔　〕

(2) ① 面白い初夢を見る。〔　〕
② ゲームに夢中になる。〔　〕

(3) ① 鳥取《とっとり》砂丘を旅する。〔　〕
② 小さい子が砂場で遊ぶ。〔　〕

5【同訓異字・同音異義語】次の――線部に当てはまるものをそれぞれア～ウから選び、記号で答えなさい。【2点×4】

(1) 鑑賞《かんしょう》にたえる作品に仕上がる。（　）
ア 絶える　イ 耐える　ウ 堪える

(2) 時には、弱音をはくこともある。（　）
ア 吐く　イ 履く　ウ 掃く

(3) この一年間の生活をかいこする。（　）
ア 解雇　イ 回顧　ウ 懐古

(4) 画家の心のきせきをたどる。（　）
ア 奇跡　イ 軌跡　ウ 鬼籍

6【熟語の構成】次の熟語と同じ構成の熟語をあとのア～カから選び、記号で答えなさい。【2点×6】

(1) 厳禁（　）　(2) 抑揚《よくよう》（　）
(3) 握手《あくしゅ》（　）　(4) 年長（　）
(5) 繁栄《はんえい》（　）　(6) 刻刻（　）

ア 送迎《そうげい》　イ 日没《にちぼつ》　ウ 互助《ごじょ》
エ 延延　オ 断絶　カ 排水《はいすい》

7【熟語の構成】次の(1)～(4)の□には「不・無・非・未」のどれかを、(5)～(7)の□には「的・性・化」のどれかを入れて、三字熟語を完成させなさい。【2点×7】

(1) □規則（　）　(2) □完成（　）
(3) □常識（　）　(4) □制限（　）
(5) 簡略□（　）　(6) 安全□（　）
(7) 科学□（　）

8【熟語の読み方】次の――線部の熟語が重箱読みならア、湯桶《ゆとう》読みならイと答えなさい。【2点×6】

(1) 夏休みに父の職場を見学する。（　）
(2) 彼《かれ》が参加してくれれば鬼《おに》に金棒だ。（　）
(3) 眠気《ねむけ》を覚ますために体操する。（　）
(4) 好きなブランドの洋服の福袋《ふくぶくろ》を買う。（　）
(5) 雑煮《ぞうに》の味や具は地域ごとに異なる。（　）
(6) アンケート用紙の枠内《わくない》に記入する。（　）

9【複数の読み方をする熟語】次の――線部の熟語について、①は音で読んで片仮名で、②は熟字訓で読んで平仮名で書きなさい。【2点×6】

(1) ① 今日の世界情勢について学ぶ。（　）
　② 今日はとても良い天気だ。（　）
(2) ① 今年は紅葉の時期が遅《おそ》い。（　）
　② 真っ赤な紅葉の葉。（　）
(3) ① みかんを二十ほど収穫《しゅうかく》する。（　）
　② 母が二十のときに着た振《ふ》り袖《そで》。（　）

10【送り仮名】次の――線部の送り仮名が間違《まちが》っているものを二つ選んで記号で答え、それぞれ正しく書き直しなさい。【両方できて4点×2】

ア 煩しい手続き。　イ 滑らかな手触《てざわ》り。
ウ 著しい変化。　エ 厳そかな雰囲気《ふんいき》。

（　）→（　）
（　）→（　）

中学生のための勉強・学校生活アドバイス

「定期テストの最終日の解放感って最高ですよね！『もう、テスト勉強しなくていいんだ〜！　今日から部活ができるぞ〜！』って。」

「わかるわかる。でも、**テストの復習はできればその日のうちにやるのがいいんだよ**。」

「え、その日のうちにやるの？　どうやって？」

「テスト中に解けなかった問題や、解けたか自信がない問題について、**問題集やプリントなどを調べて答えを確認する**んだよ。そのために、そういった問題にはテスト中に印を付けておくといいわね。」

「テストが返却《へんきゃく》されてから復習するんじゃダメなんですか？」

「ダメではないけれど、テストが返却されるまでには1・2週間くらいかかるから、その間に記憶《きおく》が薄《うす》れてしまうわね。**テスト直後は問題を解けなかった悔《くや》しさや、何が正解なのか知りたいっていう熱意がある**から、そういう状態で復習すると、しっかりと知識が定着するんですって。」

定期テストの復習は、その日のうちにしよう！

「た、たしかにそうかも……。テストが返却される頃《ころ》には、定期テストで何が解けなかったかなんて、もうすっかり過去のことだなぁ。」

「テストが返却されると点数ばかりに目がいっちゃうけれど、**勉強のやり方も振《ふ》り返る**ようにするといいよ。」

「勉強のやり方の振り返り？」

「目標の点数に達しなかった教科は、**勉強のやり方をどう変えたらいいか、全体的に見て各教科の勉強時間の配分は正しかったか、テスト前からやっておくべきことはなかったか**、とかをしっかりと振り返って、次回のテストに備えましょう。」

「へぇ〜！　今まで点数ばかり気にしていました。」

「もし、漢字の間違《まちが》いが多かったら、〝次回は漢字練習にもっと時間を配分しよう〟とかね。」

「テストは、やりっぱなしじゃダメなんですね。解けなかった問題も、勉強のやり方もしっかり復習・振り返りをするようにします！」

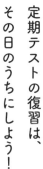

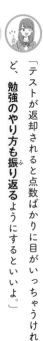

【漢字・言葉編】

2章

言葉

1 音声の働きや仕組み／方言と共通語

教科書の要点

1 音声の働きや仕組み

◎日本語の音声には、「a・i・u・e・o」の**五つの母音**と、「k・s・t……」などの**十数個の子音**があり、組み合わせることで日本語の言葉が作られる。ひとまとまりの音の区切りを**音節**という。

2 方言と共通語

◎方言とは、**ある地域での言葉遣《づか》い（語・文法・アクセント）**のことである。共通語とは、**日本全国で一般《いっぱん》的に通用する言葉**のことである。

1 音声の働きや仕組み

(1) **日本語の音声**……日本語の音声には**五つの母音**と**十数個の子音**がある。これらを組み合わせることで、日本語の言葉が作られる。

母音　a・i・u・e・o

子音　k・g・s・z・t・d・n・h・p・b・m・y・r・w

例　空…sora　山…yama　森…mori

(2) **日本語の音節**……**ひとまとまりの音の区切り**を**音節**という。日本語では原則として、音節は母音一つか、子音一つと母音一つで作られる。

❶ 清音、濁音《だくおん》、半濁音、促音《そくおん》（つまる音）、長音（のばす音）、撥音《はつおん》（はねる音）は、一文字で一音節となる。

晴れ（は|れ）→二音節　豪雨（ご|う|う）→三音節

突風（と|っ|ぷ|う）→四音節

くわしく　母音と子音

母音とは、のどの奥《おく》の声帯を振動《しんどう》させて、口や鼻に共鳴させて出す音のこと。口の開き方や舌の位置によって、音色の違《ちが》いが生じる。

子音とは、唇《くちびる》・歯・舌を使って出す音のこと。日本語の場合、基本的に子音の後に母音を付けた形になる。

例「か」…子音「k」と母音「a」の組み合わせから成る。

※日本語の子音の数については、諸説ある。

❷ 拗音《ようおん》（ねじれる音）は、二文字で一音節となる。

残暑（ざんしょ）→三音節　十五夜（じゅうごや）→四音節
異常気象（いじょうきしょう）→六音節

(3) **日本語のアクセント**……日本語には音の高さで差をつける**高低アクセント**（高さアクセント）がある。アクセントには地域差がある。次の例は、共通語のアクセントである。

【はし】
橋　ハシ（○●）
箸　ハシ（●○）

【かみ】
紙　カミ（○●）
神　カミ（●○）

【こうせい】
構成　コウセイ（○●●●）
後世　コウセイ（●○○○）

2 方言と共通語

(1) **方言**……**ある地域での言葉遣《づか》い（語・文法・アクセント）**のことをいう。主に各地方で、代々その土地に住む人たちが、日常会話で用いる。代表的な分類と使用地域は、次のようになる。

日本語
- 本土方言
  - 東部方言……北海道・東北・関東地方および、富山・石川・福井を除く中部地方の言葉（東北方言や関東方言などがある）
  - 西部方言……富山・石川・福井および、近畿《きんき》・中国・四国地方の言葉
  - 九州方言……九州地方の言葉
- 沖縄方言（琉球《りゅうきゅう》方言）……奄美《あまみ》や沖縄の言葉

(2) **共通語**……**日本全国で一般《いっぱん》的に通用する言葉**のことをいう。現在の共通語は、東京周辺で使われている東京地方の言葉が元になっている。テレビで読まれるニュースや新聞記事で使われる言葉など、主にメディアや公共の場で使われる。

参考 **アクセントの種類と、イントネーション**

日本語の「高低アクセント（高さアクセント）」に対して、単語の一部に強勢をつける「強弱アクセント（強さアクセント）」をもつのは、英語などの言語である。

また、言葉の終わりの上がり下がりの調子をイントネーションという。

例 雨はやんでいる。（↑）
…文末を上げれば、問いかけの意味になる。
雨はやんでいる。（↓）
…文末を下げれば、事実を述べた文になる。

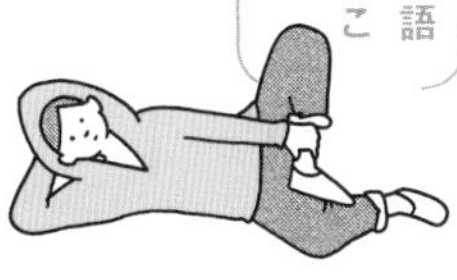

元は方言だったものが共通語として使われるようになることもあるよ。

2 話し言葉と書き言葉／言葉の移り変わり

教科書の要点

1 話し言葉と書き言葉

◎話し言葉とは、**音声によって伝える**ときに使う言葉のことである。書き言葉とは、**文字によって伝える**ときに使う言葉のことである。

2 言葉の移り変わり

◎言葉は、**時代や世代**によって変化するものである。**言葉そのものが変わる**場合や、**同じ言葉でも意味が変わる**場合、**言葉の形が変わる**場合などがある。

1 話し言葉と書き言葉

(1) 話し言葉……**音声によって伝える**ときに使う言葉のことをいう。話すときの表情や声の調子などで、文字では表せない心情なども伝えられる。また、相手の反応を見ながら言葉を補うこともできる。話し言葉には、次のような特徴《とくちょう》がある。

❶ 口語として使われる言葉を使う。

[あした]、[おばあちゃん]の[うち]に行く[んだ]。

❷ 念押《ねんお》しや同意を求める言葉を使う。

おばあちゃん、元気そうでよかった[よね]。

❸ 指示する語句（指示語）で、その場にあるものを表す。

[これ]、おばあちゃんの昔の写真なんだって。

くわしく **方言と共通語**

方言と共通語（⬇141ページ）と、話し言葉と書き言葉の関係は、次のようになる。

① **話し言葉として使われるもの**

方言は、ほとんどが話し言葉として使われる。また、音声で伝えられるニュースなどでは、書き言葉に近い、正確な共通語を使う。

② **書き言葉として使われるもの**

共通語は、原則として文章を書くときに使われる。しかし、小説などの創作文で、あえて方言で書くことで、地域性を強調することもある。

くわしく **話し言葉の工夫**

話し言葉では、聞いただけでは意味がわかりづらい同音異義語を避《さ》けて、耳で聞いてわかりやすい言葉を選ぶようにする。

(2) **書き言葉……文字によって伝える**ときに使う言葉のことをいう。表記や文末を整えて、誤解のない表現を工夫できる。また、読み手は何度も読み返すことができる。書き言葉には、次のような特徴がある。

❶ 文末を「だ・である（常体）」か、「です・ます（敬体）」で統一する。

明日は、祖母の家に行き**ます**。

❷ 基本的に共通語を用いて書く。

祖母が**とても**元気そうだったので、よかったです。

❸ 正しい文法や表記に基づいて、できるだけ正確に表す。

棚《たな》の上の写真は、祖母の若い頃《ころ》のものだそうだ。
×これ　×おばあちゃん　×昔　×なんだって

2 言葉の移り変わり

時の移り変わりとともに**言葉が変化する**ことがある。**時代や世代**によって、言葉の形や意味は変わっていく。言葉の移り変わりには、次のようなケースがある。

❶ 言葉そのものが変わる場合。

古語 いとほし《オ》→現代語 気の毒だ
高齢《こうれい》世代 寝巻《ねま》き→若年世代 パジャマ

❷ 同じ言葉でも意味が変わる場合。

やがて　古語 すぐに・そのまま→現代語 そのうちに・追い追い

❸ 言葉の形が変わる場合。

古語 恥《はズ》づかし→現代語 恥ずかしい
古語 見事なり→現代語 見事だ

例 両者には大きな相違《そうい》があります。
←二人には大きな違《ちが》いがあります。

「相違」と「総意」などの同音異義語（⬇128ページ）もあるし、耳で聞いてすぐには理解できない場合もあるよね。

発展 **時代による言葉の意味の変化**

平安《へいあん》時代や鎌倉《かまくら》時代などに使われていた古語と現代語とでは、語形や意味が変わっているものもある。

このようなことは昔に限ったことではなく、同じ時代を生きる人々でも、世代間で差が生じることがある。

① **同じ意味を表すが、用いられる言葉が変化したもの**→上段の❷-❶の場合

例 えもんかけ→ハンガー
さじ→スプーン

② **これまで使われていなかった意味で使われるようになったもの**

例 むかつく

元は、「胸がむかむかする。吐《は》き気がする」という意味が一般《いっぱん》的だったのが、「腹が立つ」という心情を表す意味でも広く使われるようになった。

3 和語・漢語・外来語

教科書の要点

1 **和語**

◎**もともと日本で使われていた語**で、大和言葉《やまと》ともいう。平仮名《ひらがな》や漢字の訓読みで表す。

2 **漢語**

◎**中国から伝わってきた語**で、当時の中国の言葉の発音を元にした読み方である音読みで表す。

3 **外来語**

◎**中国以外の外国から伝わってきた語**で、一般《いっぱん》的に片仮名で表す。明治《めいじ》時代以降に欧米《おうべい》から入ってきた語が多い。

1 和語

(1) **和語の特徴《とくちょう》**……**もともと日本で使われていた語**のことを、**和語**という。大和《やまと》言葉ともいう。和語は、漢語や外来語が伝わる前から日本にあった言葉で、日常的に使う語も多い。和語は日本語を構成する基本的な言葉であり、名詞や形容詞などの自立語（⬇38ページ）、助詞や助動詞などの付属語（⬇38ページ）の全般《ぜんぱん》にある。

朝(名詞)　起きる(動詞)　早い(形容詞)　静かだ(形容動詞)

ゆっくり(副詞)　だから(接続詞)　だけ(助詞)　らしい(助動詞)

(2) **和語の表記**……平仮名《ひらがな》や漢字の訓読みで表す。漢字の訓読みで表すのは、漢字が伝わってきたときに、その漢字のもつ意味に当たる日本語の言葉を、その漢字の読み方として当てはめて使うようになったためである。

参考 **漢語・外来語を用いた動詞・形容詞**

日本語の動詞や形容詞の多くは和語だが、例外もある。

① **漢語や外来語に、サ行変格活用（サ変）動詞の「する」を付けた複合動詞**

例 発表する・理解する …漢語＋「する」

シェアする・ストップする …外来語＋「する」

② **漢字の音読み（漢語）を重ねた形容詞**

例 騒騒《そうぞう》しい・仰仰《ぎょうぎょう》しい

2 漢語

(1) **漢語の特徴**……**中国から伝わってきた語**のことを、**漢語**という。中国から伝わった語のほか、日本で作られた漢語も数多くある。漢語は、抽《ちゅう》象《しょう》的・概念《がいねん》的な意味を表すことができるため、細かい意味や専門的な内容を表すときに使われることも多い。

(2) **漢語の表記**……漢字の音読みで表す。当時の中国の言葉をそのまま用いて、その発音を元にしたのが音読みである。

- 中国から伝わった漢語 **例** 胃・門・流行・臨時・人生・五里霧中《ごりむちゅう》
- 江戸《えど》時代以前に日本で作られた漢語 **例** 三味線《しゃみせん》・世話・大切
- 明治《めいじ》時代以降に日本で作られた漢語 **例** 経済・科学・自由・意識

3 外来語

(1) **外来語の特徴**……**中国以外の外国から伝わってきた語**のことを、**外来語**という。多くは、明治時代以降に、英語を中心として欧米《おうべい》から新しい物や文化の伝来と共に入ってきた。日本で作られた外来語もある。

(2) **外来語の表記**……一般《いっぱん》的に片仮名で表す。古い時代に日本語として取り入れられた語は、平仮名や漢字で書かれることもある。

- ポルトガル語 **例** かるた・煙草《たばこ》・天ぷら・ボタン
- フランス語 **例** アンケート・オムレツ・クレヨン・メートル
- ドイツ語 **例** アルバイト・エネルギー・テーマ・リュックサック
- 英語 **例** クリスマス・シチュー・ニュース・ボール
- 日本で作られた語 **例** ボールペン・テレビゲーム・ジーパン

和語の響《ひび》きは柔《やわ》らかく、耳で聞いてもわかりやすいのに対して、漢語の響きは硬《かた》く、耳で聞いただけではわかりにくいことがあるね。

くわしく **外来語の輸入先**

外来語の多くは、明治維新《めいじいしん》以降に伝わってきたものである。明治時代以降に各技術の輸入が多かった国の言葉を、外来語として使用している場合が多いため、それぞれの外来語の輸入先は、用語の分野によって分かれている。

① **鉄道用語**…イギリス **例** レール・プラットホーム
② **医学用語**…ドイツ **例** ワクチン・カルテ・ガーゼ
③ **芸術用語**…フランス **例** アトリエ・デッサン

発展 **混種語**

和語・漢語・外来語を組み合わせてできた言葉を「混種語」という。

- **和語＋漢語** **例** 刺身《さしみ》定食・手書き文字
- **和語＋外来語** **例** 東アジア・消しゴム
- **漢語＋外来語** **例** 金メダル・駅ビル・自動ドア
- **和語＋漢語＋外来語** **例** 折れ線グラフ

4 類義語・対義語・多義語

教科書の要点

1. **類義語** ◎互《たが》いに意味がほぼ同じだったり、似ていたりする言葉のことである。
2. **対義語** ◎互いに意味が反対だったり、対《つい》になっていたりする言葉のことである。
3. **多義語** ◎二つ以上の意味をもつ言葉のことである。

1 類義語

互《たが》いに**意味がほぼ同じだったり、似ていたりする言葉**のことを、**類義語**という。

(1) **類義語の種類**……類義語には、漢語の熟語や、和語の活用語（動詞・形容詞・形容動詞）など、いろいろな品詞の語がある。

- 漢語の熟語　例 案外＝意外　空想＝想像　安全＝無事
- 和語の活用語　例 走る＝駆《か》ける　美しい＝うるわしい

(2) **類義語の特徴《とくちょう》**……類義語には、意味は似ていても使い方が異なるものがあり、そのまま言い換《か》えて使うことはできない場合も多い。

- ○賞を贈《おく》る。／○賞を授ける。
- ○プレゼントを贈る。／×プレゼントを授ける。
- ○将来の話をする。／○未来の話をする。
- ○将来の夢は宇宙飛行士になることだ。／×未来の夢は宇宙飛行士になることだ。

くわしく　類義語の種類の例

類義語の中には、ほぼ同じ意味だが語形が異なるものもある。次の例は、漢語と和語の類義語（同義語）である。

例 書物＝読み物　登山＝山登り　病気＝病《やまい》

テストで注意　複数の類義語がある言葉

互《たが》いにひと組みだけとは限らず、複数の類義語をもつ場合もある。

例
- 異議＝異論＝異存　気質＝性質＝気性
- 決意＝決心＝覚悟《かくご》　失礼＝非礼＝無礼
- 真意＝本意＝本心　著名＝有名＝高名
- 適当＝適切＝適度　不平＝不満＝不服
- 感心＝敬服＝感服　差異＝相違《そうい》＝異同
- 賛成＝同意＝賛同　死去＝他界＝死亡

2 対義語

互いに**意味が反対だったり、対《つい》になっていたりする言葉**を、**対義語**という。

(1) **対義語の種類**……対義語には、漢語の熟語や、和語の活用語（動詞・形容詞・形容動詞）など、いろいろな品詞の言葉がある。

● 漢語の熟語　例 以下⇕以上　偶然《ぐうぜん》⇕必然　安全⇕危険

● 和語の活用語　例 売る⇕買う　短い⇕長い　上手《じょうず》だ⇕下手《へた》だ

(2) **対義語の特徴**……対義語には、対比する観点によって対象が変わるものや、一つの語に複数の対義語をもつものがある。

● 対比する観点によって対象が変わるもの　例 家族の場合

年代…親⇕子　男女…父親⇕母親　きょうだい…兄⇕弟　姉⇕妹

● 複数の対義語をもつもの

例（値段が）高い⇕安い　（高さが）高い⇕低い

3 多義語

多義語とは、二つ以上の意味をもつ言葉のことである。名詞・動詞・形容詞など、いろいろな品詞の言葉がある。

当たる（動詞）
- ①ぶつかる　例 ボールが背中に当たる。
- ②触《ふ》れる　例 冷風が顔に当たる。
- ③確かめる　例 意味を辞書に当たる。
- ④的中する　例 宝くじが当たる。

くわしく **対義語の種類の例**

対義語は、使われている漢字の関係から、次のように分類することができる。

① **一字が対立しているもの**
例 客観⇕主観　積極⇕消極
満腹⇕空腹　予習⇕復習

② **全体で対立しているもの**
例 解散⇕集合　感情⇕理性
先祖⇕子孫　理想⇕現実

③ **否定の接頭語が付くもの**
例 平凡《へいぼん》⇕非凡　幸福⇕不幸
成熟⇕未熟　有名⇕無名

類義語にも、「帰郷＝帰省」のように一字が同じものと、「縁者《えんじゃ》＝親類」のように二字とも違《ちが》うものがあるよ。

くわしく **複数の意味をもつ漢字**

言葉だけでなく、漢字そのものも、複数の意味をもつものが多い。

家
- ①人が住む建物。（例 家屋）
- ②一族（例 家族）
- ③それを専門にしている人。（例 作家）
- ④家の格式。（例 名家）
- ⑤ある氏族を表す言葉。（例 平家《へいけ》）

5 慣用句・ことわざ・故事成語

教科書の要点

1 慣用句
◎**二つ以上の言葉**が組み合わさって、**全体で特別な意味を表す**言い回しのことである。

2 ことわざ
◎**古くから言い伝えられてきた**、教えや戒《いまし》め、生活の知恵《ちえ》などが含《ふく》まれている**ひとつ続きの言葉**のことである。

3 故事成語
◎**中国の古典**に由来し、人生の教えや戒めを表す、**いわれのある話からできた言葉**のことである。

1 慣用句

二つ以上の言葉が組み合わさって、**全体で特別な意味を表す**言い回しのことを、**慣用句**という。元の一つ一つの言葉にはない意味をもつ。

(1) **慣用句の種類**……日常的なことを表すのにもよく使われる慣用句は、身近な物事を使って表されることが多い。

● 体の一部を使った言葉　**例** 手も足も出ない・顔が広い・肩《かた》を並べる
● 動物を使った言葉　**例** 馬が合う・すずめの涙《なみだ》・さばを読む
● 植物を使った言葉　**例** 花を咲《さ》かせる・竹を割ったよう・根を下ろす
● 数を使った言葉　**例** 一から十まで・一か八《ばち》か・うり二つ
● 色を使った言葉　**例** 青田買い・赤の他人・目を白黒させる

(2) **似た意味の慣用句・反対の意味の慣用句**……慣用句には、似た意味をもつものや、反対の意味をもつものもある。

くわしく　似た意味・反対の意味の慣用句とことわざの例

① **慣用句**

• 似た意味
朝飯前＝お茶の子さいさい
心を奪《うば》われる＝我を忘れる
自腹を切る
＝身銭を切る・ふところを痛める
目から鼻へ抜《ぬ》ける＝一を聞いて十を知る

• 反対の意味
閑古鳥《かんこどり》が鳴く⇔門前市をなす
実を結ぶ⇔棒に振《ふ》る・水の泡《あわ》

●似た意味の慣用句 **例** 固唾《かたず》をのむ＝手に汗《あせ》を握《にぎ》る
対岸の火事＝高みの見物　花を持たせる＝顔を立てる
●反対の意味の慣用句 **例** 後れを取る⇔機先を制する
顔が立つ⇔顔がつぶれる　口が堅《かた》い⇔口が軽い

2 ことわざ

古くから言い伝えられてきた、教えや戒《いまし》め、生活の知恵《ちえ》などが含《ふく》まれている**ひと続きの言葉**のことを、**ことわざ**という。

(1) **ことわざの種類**……慣用句と同様、日常的なことを表すのにもよく使われることわざは、身近な物事を使って表されることが多い。

●体の一部を使った言葉 **例** 頭隠《かく》して尻《しり》隠さず・背に腹はかえられぬ
●動物を使った言葉 **例** 馬の耳に念仏・猫《ねこ》に小判・逃《に》がした魚は大きい
●数を使った言葉 **例** 一寸の虫にも五分の魂《たましい》・二度あることは三度ある
●色を使った言葉 **例** 紺屋《こうや》の白袴《しろばかま》・朱《しゅ》に交われば赤くなる

(2) **似た意味のことわざ・反対の意味のことわざ**……ことわざには、慣用句と同様、似た意味をもつものや、反対の意味をもつものもある。

●似た意味のことわざ **例** 急がば回れ＝急《せ》いては事を仕損じる
うそから出たまこと＝ひょうたんからこま
果報は寝《ね》て待て＝待てば海路の日和《ひより》あり
●反対の意味のことわざ **例** うどの大木⇔山椒《さんしょう》は小粒《こつぶ》でもぴりりと辛《から》い
好きこそものの上手なれ⇔下手の横好き
急いては事を仕損じる⇔先んずれば人を制す

---

② **ことわざ**
●似た意味
石橋をたたいて渡《わた》る
＝転ばぬ先のつえ・念には念を入れよ
思い立ったが吉日《きちじつ》＝善は急げ
言わぬが花＝沈黙《ちんもく》は金、雄弁《ゆうべん》は銀
恩をあだで返す＝後足で砂をかける
光陰《こういん》矢のごとし＝歳月《さいげつ》人を待たず
寝耳《ねみみ》に水＝やぶから棒
苦あれば楽あり
＝楽は苦の種、苦は楽の種
●反対の意味
立つ鳥跡《あと》を濁《にご》さず
⇔後は野となれ山となれ
まかぬ種は生えぬ
⇔果報は寝《ね》て待て・棚《たな》からぼた餅《もち》・待てば海路の日和《ひより》あり
人を見たら泥棒《どろぼう》と思え
⇔渡《わた》る世間に鬼《おに》はない
待つ身より待たるる身
⇔待たれる身より待つ身はつらい
柳《やなぎ》の下にいつもどじょうはいない
⇔二度あることは三度ある
水を得た魚《うお》のよう
⇔陸《おか》に上がったかっぱ

似た意味・反対の意味の慣用句やことわざは、まとめて覚えておこう。

3

故事成語

中国の古典に由来し、人生の教えや戒《いまし》めを表す、**いわれのある話からできた言葉**のことを、**故事成語**という。（➡261ページ）

守株《しゅしゅ》 意味 古い習慣にとらわれて融通《ゆうずう》がきかず、時代の変化に対応できないこと。「株《くいぜ》を守る」「株《かぶ》を守りてうさぎを待つ」ともいう。

故事 昔、中国の宋《そう》の国の農夫が、うさぎが走り出て畑の中の切り株に当たり、首を折って死ぬのを見た。そこで、働くのをやめて毎日切り株を見守り、うさぎがぶつかるのを待っていたが、二度とうさぎを得ることはできず、国中の笑いものになったという話から。（『韓非子《かんぴし》』より）

朝三暮四《ちょうさんぼし》 意味 目先の利益にとらわれ、結果が同じことに気づかないこと。また、言葉巧《たく》みに人をだますこと。

故事 昔、中国の宋の国で、狙公《そこう》という人が猿《さる》を飼っていたが、えさ代に困ってえさを減らそうと、トチの実を「朝三つ、夕方四つやろう。」と言うと猿が怒《おこ》ったので、「それでは朝四つ、夕方三つやろう。」と言うと、猿は喜んだという話から。（『列子《れっし》』『荘子《そうし》』より）

過ぎたるはなお及《およ》ばざるがごとし 意味 物事をしすぎるのは、し足りないのと同じようによくない。物事には、ちょうどよい程度がある。

故事 中国の春秋《しゅんじゅう》時代の思想家である孔子《こうし》の弟子の子貢《しこう》が、同じ弟子の師《し》と商《しょう》のどちらが優れているのかと、孔子に尋《たず》ねた。孔子は「師は程よさを過ぎているし、商は少し及ばない。」と答え、「過ぎているのは及ばないのと同じであり、どちらもよくない。」と語ったという話から。（『論語《ろんご》』より）

テストで注意 **慣用句・ことわざ・故事成語の誤用**

慣用句・ことわざ・故事成語の中には、意味を間違《まちが》えて使ってしまいがちなものがある。正しい意味を知っておくことが大切である。

- 気が置けない（慣用句）
  - ×気が許せなく、油断できない。
  - ○気を遣《つか》う必要がなく、打ち解けられる。
- 情けは人のためならず（ことわざ）
  - ×情けをかけると、その人のためにならない。
  - ○人に情けをかければ、やがてよい報いとなって自分に返ってくる。
- 他山の石（故事成語）
  - ×自分には関係ないと思うこと。
  - ×他人の言動を模範《もはん》にすること。
  - ○他人の失敗から学ぶこと。

発展 **四字熟語の故事成語と、深い意味を表す四字熟語**

故事成語の中には、四字熟語の形を取るものも多い。

例 温故知新《おんこちしん》・四面楚歌《しめんそか》・呉越同舟《ごえつどうしゅう》
五里霧中《ごりむちゅう》・切磋琢磨《せっさたくま》

また、故事成語ではない、普通の四字熟語にも、深い意味を表すものも数多くある。

例 以心伝心《いしんでんしん》…言葉にしなくても、相手に気持ちが伝わること。
一期一会《いちごいちえ》…一生の間に一度しかない出会いや機会。
因果応報《いんがおうほう》…仏教で、善悪の行いに応じて報いが必ずあるということ。

練習

解答 別冊6ページ

1 【音声の働きや仕組み】次の言葉の音節はいくつですか。算用数字で答えなさい。

(1) 広場〔　　〕　(2) 信号機〔　　〕
(3) 病院〔　　〕　(4) 美容院〔　　〕

2 【方言と共通語】次の説明は、(1)方言、(2)共通語のどちらに当てはまりますか。**ア**～**エ**から二つずつ選び、記号で答えなさい。

ア 日本全国で一般《いっぱん》的に通用する言葉のこと。
イ ある地域での言葉遣《づか》いのこと。
ウ 代々その土地に住む人たちが日常会話で用いる。
エ 東京地方の語を元にし、公共の場で用いる。

(1)〔　　　〕　(2)〔　　　〕

3 【話し言葉と書き言葉】次の文の――線部を、書き言葉に書き直しなさい。（(2)・(3)は常体で書きなさい。）

● 集合時間よりも(1)すごく早く駅に(2)着いちゃったので、ベンチに座って(3)待ってた。

(1)〔　　　〕　(2)〔　　　〕
(3)〔　　　〕

4 【和語・漢語・外来語】次の言葉の種類として当てはまるものをあとの**ア**～**カ**から選び、記号で答えなさい。

(1) 真昼〔　　〕　(2) ランチ〔　　〕
(3) 夜食〔　　〕　(4) 海鮮《かいせん》パスタ〔　　〕
(5) 胃袋《いぶくろ》〔　　〕　(6) 天ぷらそば〔　　〕

ア 和語　**イ** 漢語　**ウ** 外来語
エ 漢語＋和語　**オ** 漢語＋外来語
カ 外来語＋和語

5 【類義語・対義語】次の(1)～(3)は類義語を、(4)～(6)は対義語をあとの**ア**～**シ**から選び、記号で答えなさい。

(1) 長所〔　　〕　(2) 重宝〔　　〕
(3) 日常〔　　〕　(4) 許可〔　　〕
(5) 賛成〔　　〕　(6) 節約〔　　〕

ア 禁止　**イ** 不便　**ウ** 美点　**エ** 普段《ふだん》
オ 浪費《ろうひ》　**カ** 同意　**キ** 許容　**ク** 便利
ケ 短所　**コ** 異常　**サ** 反対　**シ** 倹約《けんやく》

6 【慣用句・ことわざ・故事成語】次の言葉の□に共通して当てはまる動物を表す言葉をあとの**ア**～**カ**から選び、記号で答えなさい。

(1) □の子・□の尾《お》を踏《ふ》む〔　　〕
(2) □が好かない・飛んで火にいる夏の□〔　　〕
(3) □心あれば水心・木に縁《よ》りて□を求む〔　　〕

ア 馬　**イ** 虎《とら》　**ウ** 猫《ねこ》
エ 蛇《へび》　**オ** 魚　**カ** 虫

テストによく出る！

慣用句・ことわざ・四字熟語・故事成語

覚えておきたい慣用句・ことわざ・四字熟語・故事成語をまとめました。

慣用句

馬が合う
互《たが》いに気が合う。

固唾《かたず》をのむ
どうなるかと緊張《きんちょう》して成り行きを見守る。

気が置けない
気を遣《つか》う必要がなく、打ち解けられる。

首をすくめる
驚《おどろ》いたり恐縮《きょうしゅく》したりしたときに首を縮める。

業《ごう》を煮《に》やす
腹を立てていらいらする。

重箱の隅《すみ》をつつく
細かいところまで取り上げて問題にする。

雀《すずめ》の涙《なみだ》
非常に少ないこと。

隅《すみ》に置けない
思ったよりも優れていて、あなどれない。

せきを切ったよう
おさえていたものが一度にあふれ出る様子。

長《ちょう》蛇《だ》の列
蛇《へび》のように長く連なっている列。

取り付く島もない
相手が無愛想で冷たく、話しかけるすきがない。

はくが付く
世間から認められて値打ちが上がる。

鼻に付く
飽《あ》きて嫌《いや》になる。

歯に衣《きぬ》着せぬ
考えや気持ちを遠慮《えんりょ》せずはっきり言う。

引け目を感じる
劣等《れっとう》感や気後れを感じる。

一肌《ひとはだ》脱《ぬ》ぐ
人を助けるために、自分の力を貸す。

骨を折る
一生懸命《けんめい》努力する。人のために努力する。

枚挙にいとまがない
たくさんありすぎて、一つ一つ数えられない。

的を射る
矢が的に当たる。要点を正しくとらえる。

耳に挟《はさ》む
たまたま少し聞く。「小耳に挟む」とも言う。

身も蓋《ふた》もない
言動が露骨《ろこつ》すぎて、含《ふく》みや味わいがない。

目《め》星《ぼし》を付ける
これだという見当をつける。

らちが明かない
物事がはかどらない。決着がつかない。

割を食う
他人のしたことの影響《えいきょう》を受けて損をする。

ことわざ

雨垂《あまだ》れ石を穿《うが》つ
小さなことでも根気強く続ければ、物事を成し遂《と》げられる。＝石の上にも三年

案ずるより産むが易《やす》し
物事は実際にやってみると、始める前に心配したほどのことはなく、たやすいものだ。

石橋をたたいて渡《わた》る
とても用心深く物事を行うこと。＝転ばぬ先のつえ・念には念を入れる

一寸の虫にも五分《ごぶ》の魂《たましい》
小さいものや弱いものにも、それに応じた誇《ほこ》りがあるので、ばかにできないということ。

いわしの頭も信心から
つまらないものでも、信心の対象となったらありがたがられること。

帯に短し たすきに長し
中途半端《ちゅうとはんぱ》で役に立たないこと。

果報は寝《ね》て待て
運は人の力ではどうにもならないから、焦《あせ》らず時機が来るのを待つのがよい。

けがの功名《こうみょう》
何気なくやったことが、予想もしないよい結果になること。

光陰《こういん》矢のごとし
月日がたつのは、矢の飛ぶように早いものだ。＝歳月《さいげつ》人を待たず

弘法《こうぼう》にも筆の誤り
名人でも、ときには失敗することがある。＝猿《さる》も木から落ちる

先《さき》んずれば人を制す
他人より先に物事を行えば、有利な立場に立つことができる。

三人寄れば文殊《もんじゅ》の知恵《ちえ》
何人かが集まって相談すれば、よい知恵が出るものだ。

背に腹は代えられぬ
緊急《きんきゅう》事態においては犠牲《ぎせい》もやむを得ない。

船頭《せんどう》多くして船山《ふねやま》に上《のぼ》る
指図する者が多くて、物事が目標に向かって順調に進まない。

前門の虎《とら》、後門の狼《おおかみ》
一つの災難を逃《のが》れてすぐに、また新たな災難に遭《あ》うこと。

立つ鳥跡《あと》を濁《にご》さず
何事も後始末をきれいにすべきである。↔あとは野となれ山となれ

灯台もと暗し
身近なことは、かえって気がつきにくいものだ。

泣き面《つら》に蜂《はち》
不運の上に、さらにまた不運が重なること。＝弱り目に祟《たた》り目

ぬかに釘《くぎ》
いくら努力しても、何の手応えもないこと。＝のれんに腕押《うでお》し・豆腐《とうふ》にかすがい

ぬれ手で粟《あわ》
苦労しないで利益を得ること。

猫《ねこ》に小判
価値あるものも、もつ人によっては役に立たないこと。＝豚《ぶた》に真珠《しんじゅ》

能ある鷹《たか》は爪《つめ》を隠《かく》す
優れた才能のある人は、むやみにそれを見せびらかさない。

百聞《ひゃくぶん》は一見にしかず
何回も人から聞くより、一回自分の目で見て確かめるほうがよくわかる。

待てば海路の日和《ひより》あり
落ち着いて待っていれば、そのうちよいことが訪れる。＝果報は寝《ね》て待て

四字熟語

暗中模索《あんちゅうもさく》
手掛《てが》かりがないままに、いろいろとやってみること。

異口同音《いくどうおん》
多くの人が、申し合わせたように同じことを言うこと。

一日千秋《いちじつせんしゅう》
非常に待ち遠しいこと。
※「一日」は「いちにち」とも読む。

一進一退《いっしんいったい》
物事の状態がよくなったり、悪くなったりすること。

一朝一夕《いっちょういっせき》
わずかの間。短い日時。

一刀両断《いっとうりょうだん》
物事を思い切って処理すること。

我田引水《がでんいんすい》
自分の都合のいいように言ったりしたりすること。

危機一髪《ききいっぱつ》
今にも危険が迫《せま》りそうな、緊迫《きんぱく》した状態や場合。
※「危機一発」と書かないように注意。

奇想天外《きそうてんがい》
通常は思いつかないほど、非常に変わっている様子。

厚顔無恥《こうがんむち》
厚かましくて、恥《はじ》を知らない様子。

試行錯誤《しこうさくご》
失敗したらやり直しして、だんだん目的に近づくこと。

七転八倒《しちてんばっとう》
痛みや苦しみのために、転げ回ること。
※「しってんはっとう」「しちてんはっとう」「しってんばっとう」とも読む。

十人十色《じゅうにんといろ》
人によって考え方や好みなどが異なること。

首尾一貫《しゅびいっかん》
始めから終わりまで、筋が通っていること。
=終始一貫

心機一転《しんきいってん》
あることをきっかけに、すっかり気持ちが変わること。

絶体絶命《ぜったいぜつめい》
追い詰《つ》められて、どうすることもできないこと。
※「絶対絶命」と書かないように注意。

千差万別《せんさばんべつ》
さまざまな種類があり、それぞれが違《ちが》っていること。

大義名分《たいぎめいぶん》
人として守るべき道理。だれもが正しいと認める道理。

大同小異《だいどうしょうい》
少しの違《ちが》いはあるが、だいたいは同じであること。

単刀直入《たんとうちょくにゅう》
前置きもなく、いきなり話の中心に入ること。

馬耳東風《ばじとうふう》
人の意見や批評を聞き流して、全く気にかけないこと。

半信半疑《はんしんはんぎ》
半分信じ、半分疑うこと。信じ切れないこと。

付和雷同《ふわらいどう》
明確な自分の考えがなく、むやみに他者に従うこと。

本末転倒《ほんまつてんとう》
大切なこととそうでないことの扱《あつか》いを反対にすること。

故事成語

羹《あつもの》に懲《こ》りてなますを吹《ふ》く
以前の失敗に懲りて、必要以上に用心深くなること。

温故知新《おんこちしん》
昔のことを研究して、新しい知識や方法を得ること。

臥薪嘗胆《がしんしょうたん》
目的の達成のため、大変な苦心や苦労をすること。

画竜点睛《がりょうてんせい》
物事を完成させるために最後に加える、大切な仕上げ。

杞憂《きゆう》
余計な心配をすること。取り越《こ》し苦労。

玉石混淆《ぎょくせきこんこう》
優れたものと劣《おと》ったものとが、入り混じっていること。

蛍雪《けいせつ》の功《こう》
苦労して学問に励《はげ》み、それが報われること。

呉越同舟《ごえつどうしゅう》
仲の悪い者どうしが、同じところに居合わせること。

虎穴《こけつ》に入《い》らずんば虎児《こじ》を得《え》ず
危険なことを避《さ》けていては、大きな成功は得られないということ。

五十歩百歩《ごじっぽひゃっぽ》
少しの違《ちが》いはあっても、実際はほとんど同じこと。

塞翁《さいおう》が馬《うま》
人の幸・不幸は、予測できないものだということ。

四面楚歌《しめんそか》
周りが敵や反対者ばかりで味方がいないこと。

推敲《すいこう》
文章などの表現を、何度も練り直すこと。

大器晩成《たいきばんせい》
大人物は早くからは目立たないが、年を取ってから大成するということ。

他山《たざん》の石《いし》
他人のつまらない言動でも、自分の人格を磨《みが》くのに役立つということ。

蛇足《だそく》
あとから付け加えられた余計なもの。

断腸《だんちょう》の思《おも》い
はらわたがちぎれるほどの痛切な思い。深い悲しみ。

朝三暮四《ちょうさんぼし》
① 目先の利益にとらわれ、結果が同じことに気づかないこと。
② 言葉巧《たく》みに人をだますこと。

虎《とら》の威《い》を借《か》る狐《きつね》
自分には力がないのに、強い人や勢いのある人の力を利用していばる人のこと。

背水《はいすい》の陣《じん》
決死の覚悟《かくご》で全力を尽《つ》くして事に当たること。

覆水盆《ふくすいぼん》に返《かえ》らず
① 一度別れた夫婦は、元の仲には戻《もど》れない。
② 一度してしまったことは、取り返しがつかない。

傍若無人《ぼうじゃくぶじん》
他人にかまわず、勝手気ままに振《ふ》る舞《ま》うこと。

矛盾《むじゅん》
二つの事柄《ことがら》のつじつまが合わないこと。

病膏肓《やまいこうこう》に入《い》る
① 病気が重くなって治る見込《みこ》みがなくなる。
② 物事に熱中して手がつけられなくなる。

1 敬語の種類

教科書の要点

1 敬語とは

◎相手や話題の中の人に対して、**敬意や丁寧《ていねい》な気持ち**を表すための表現である。

2 敬語の種類

◎**尊敬語**は、**目上の人などの動作や様子を高めて言う**ことで、**動作をする人**への敬意を表すための言葉である。

◎**謙譲《けんじょう》語**は、**自分や自分の身内の動作をへりくだって言う**ことで、**動作の受け手**への敬意を表すための言葉である。

◎**丁寧語**は、**丁寧な言い方で言う**ことで、**話の聞き手（読み手）**への敬意を表すための言葉である。

1 敬語とは

話し手（書き手）が、**相手や話題の中の人**の人格や立場を尊重する姿勢を示すために使うのが、**敬語**である。

お客様（尊敬語）がご到着になる（尊敬語）時間を、お聞きする（謙譲《けんじょう》語）ように指示されています（丁寧《ていねい》語）。

2 敬語の種類

(1) 尊敬語……目上の人やあまり親しくない間柄《あいだがら》の人の**動作や様子を高めて言う**ことで、その動作をする人への敬意を表す。

くわしく　敬語の五種類の分類

敬語の種類は、次の五つに分類されることもある。

- 尊敬語
- 謙譲《けんじょう》語Ⅰ
- 丁寧《ていねい》語
- 謙譲語Ⅱ
- 美化語

発展　身内どうしで尊敬語を使うこともある

身内以外の人が関係しない場合は、身内でも目上の人の動作に尊敬語を使う場合がある。

例 叔母《おば》さんがお土産《みやげ》をくださった。伯父《おじ》さん、どうぞお茶を召《め》しあがってください。

※自分や自分の身内など、自分の側の人間の動作や様子については、尊敬語は使わない。

お客様が食べる。➡お客様が召《め》しあがる。（尊敬語）

先生の意見。➡先生のご意見。（尊敬語）

(2) **謙譲語《けんじょう》**……**自分や自分の身内の動作をへりくだって言う**ことで、動作の受け手である目上の人やあまり親しくない間柄の人への敬意を表す。

※動作の受け手に当たる相手の動作や様子については、謙譲語は使わない。

お客様にお礼を言う。➡お客様にお礼を申しあげる。（謙譲語）

自分の会社の商品を宣伝する。➡弊社《へいしゃ》の商品を宣伝する。（謙譲語）

(3) **丁寧語《ていねい》**……話し手（書き手）が丁寧な言い方で言うことで、話の聞き手（読み手）に対する敬意を表す。主に丁寧の意味の助動詞「**です・ます**」、丁寧の意味の言葉「**ございます**」を用いる。

私は中学生だ。➡私は中学生です。（丁寧の意味の助動詞）

来年、十四歳《さい》になる。➡来年、十四歳になります。（丁寧の意味の助動詞）

洗面所は奥《おく》にある。➡洗面所は奥にございます。（「ある」の丁寧な表現）

私が責任者だ。➡私が責任者でございます。（で＋補助動詞「ございます」（➡51ページ））

くわしく

謙譲語Ⅰ・Ⅱ

敬語の五種類の分類で、謙譲語を二つに分ける場合、次のようになる。

① **謙譲語Ⅰ**……自分の側の人が、ある人に対して行う動作をへりくだって述べて、動作を受ける人に対する敬意を表す。

例 先生に私からご報告する。
社長、お待たせいたしました。

② **謙譲語Ⅱ**……自分の側の人の動作を丁重に述べて、話の聞き手（読み手）に向けて敬意を表す。謙譲語Ⅱを丁重語ということもある。

例 私は、部長の坂本《さかもと》と申します。
正月には田舎《いなか》に帰省いたします。

「自分以外の動作には尊敬語、自分の動作には謙譲語を使う」と覚えておこう。

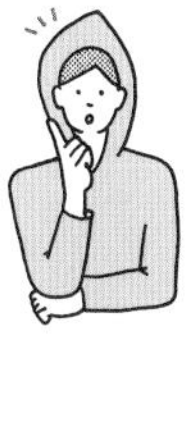

くわしく

丁寧語と美化語

敬語の五種類の分類では、丁寧語は次の二種類に分類される。

① **丁寧語**……丁寧に言うことで、話の聞き手（読み手）を高める。

例 駅前に交番があります。

② **美化語**……接頭語の「お」「ご」を使って物事を美しく柔《やわ》らかく言う。

例 お茶・お花・ご飯・ご本

2 敬語の使い方

教科書の要点

1 動詞の尊敬語・謙譲《けんじょう》語

◎尊敬語と謙譲語には、**動詞全般《ぜんぱん》に使える形**と**特定の形に変化する動詞**を使った表現がある。

2 名詞の尊敬語・謙譲語

◎尊敬語と謙譲語には、**名詞に接尾《せつび》語や接頭語**を付ける表現がある。

3 敬語の使い方

◎敬語を使うときは、**尊敬語・謙譲語・丁寧《ていねい》語を組み合わせて使う**ことが多い。

1 動詞の尊敬語・謙譲《けんじょう》語

(1) 動詞全般《ぜんぱん》に使える形

❶「お（ご）～になる」「お（ご）～する」を用いた表現……**尊敬語**は「**お（ご）～になる**」、**謙譲《けんじょう》語**は「**お（ご）～する**」を使う。主に、特別な形に変化する動詞がない言葉について使うことが多い。

※謙譲語は、「お（ご）～いたす」を使うこともある。

- 先生が私に伝える。➡ 尊 先生が私にお伝えになる。
- 私が先生に伝える。➡ 謙 私が先生にお伝えする。

❷尊敬の助動詞「れる・られる」を用いた表現……**動詞**に「**れる・られる**」を付けて、尊敬の表現にする。

- 先生が作文を読む。➡ 尊 先生が作文を読まれる。
- 市長が見学に来る。➡ 尊 市長が見学に来られる。

テストで注意　謙譲《けんじょう》語の見分け方

尊敬表現と謙譲表現の中で、特に「お（ご）～になる」と「お（ご）～する」を混同してしまいがちである。動作をする人が自分（や自分の身内）なら謙譲語と覚えておくとよい。

例 先生のご意見をお聞きする。
先生のご意見を伺《うかが》う。

→「聞く」の動作主は「私（自分）」であることから、「お聞きする」「伺う」は相手（先生）を敬う気持ちを表す謙譲語であると判断できる。

形が似ているものもあるから、注意が必要だね。

(2) 特定の形に変化する動詞

特定の形に変化する動詞……特定の形に変化する動詞には、それぞれ、尊敬語と謙譲語がある。主に次の一般的な動詞を、特別な形の尊敬語や謙譲語に言い換《か》えて使う。

一般《いっぱん》的な動詞	特別な形の尊敬語	特別な形の謙譲語
行く・来る	いらっしゃる・おいでになる	参る・伺《うかが》う
いる	いらっしゃる・おいでになる	おる
言う・話す	おっしゃる	申す・申しあげる
食べる・飲む	召《め》しあがる	いただく・頂戴《ちょうだい》する
する	なさる・あそばす	いたす
見る	ご覧になる	拝見する
くれる	くださる	―
もらう	―	いただく・頂戴する
聞く	―	伺う・承る・拝聴《はいちょう》する
与《あた》える・やる	―	差しあげる
知る・思う	―	存じる

先生が私に言う。➡ 尊 先生が私におっしゃる。
私が先生に言う。➡ 謙 私が先生に申しあげる。

先生が私の絵を見る。➡ 尊 先生が私の絵をご覧になる。
私が先生の絵を見る。➡ 謙 私が先生の絵を拝見する。

くわしく

特別な形の動詞の別の用法

特別な形の動詞のうち、
尊 いらっしゃる・おいでになる・なさる・あそばす・くださる
謙 参る・伺う・おる・申す・申しあげる・いただく・いたす・差しあげる
は、補助動詞（➡51ページ）としても使われる。

例 先生が手伝ってくださる。
市長は今、お話し中でいらっしゃる。
先生に教えていただく。
お客様を会場に案内して差しあげる。

発展

聞き手への敬意を表す謙譲語

上の表の謙譲語のうち、参る・おる・申す・いたす・存じるは、聞き手（読み手）への敬意を表すときに使う。

例 これから買い物に参ります。
父は日曜は家におります。
私は高山《たかやま》と申します。
丁寧《ていねい》に確認するようにいたします。

特別な形の謙譲語には、上の表のほかに「拝借する（＝借りる）」「拝読する（＝読む）」などがあるよ。

2 名詞の尊敬語・謙譲《けんじょう》語

(1) **名詞全般《ぜんぱん》に付く形……接頭語の「お」「ご」**を付けて、それぞれ尊敬語や謙譲語として使う。

※形は同じなので、相手に対するものなら尊敬語、自分や身内に対するものなら謙譲語と判断する。

尊 先生からの［お］返事。
尊 先生からの［ご］意見。

謙 先生への［お］返事。
謙 先生への［ご］意見。

(2) **特定の名詞に付く形……特定の名詞に接頭語や接尾《せつび》語**を付けて、それぞれ尊敬語や謙譲語として使う。

❶ **尊敬語の例**

接頭語	語例
御《おん》	御社・御校・御礼
貴	貴社・貴校・貴国
賢《けん》	賢察・賢弟・賢慮《けんりょ》
高	高説・高名
芳《ほう》	芳名・芳志
尊	尊顔・尊父・尊母
令	令嬢《れいじょう》・令息

接尾語	語例
上	父上・母上
方	先生方
様	木田《きだ》様
氏	石本《いしもと》氏
殿《どの》	川岸《かわぎし》殿
さん	大川《おおかわ》さん・妹さん

※「高・芳・尊・令」は、「ご高説・ご芳名・ご尊顔・ご令嬢」のようにさらに「ご」を付けて使うことが多い。

※「様」は、「お医者様」のように、さらに「お」を付けて使うこともある。

くわしく **謙譲《けんじょう》の接頭語**

自分や自分の身内の側から、身内以外の人に向かって動作をする場合に用いる接頭語「お・ご」は、謙譲語の表現である。

例 私は、先生へのお返事を保留した。
学級委員からみなさんへご連絡《れんらく》です。

→「返事」「連絡」の動作主である「私」「学級委員」が、相手（先生・みなさん）に対して向かう動作に「お」「ご」を付けることで、相手（先生・みなさん）への敬意を表している。

発展 **接頭語を付けた形容詞・形容動詞の尊敬語**

接頭語「お」「ご」は、名詞だけでなく形容詞・形容動詞に付けることもある。

例 先生は毎日お忙《いそが》しいそうだ。
あなたの行動は、とてもご立派だ。

テストで注意 **丁寧《ていねい》の接頭語と尊敬の接頭語の見分け方**

① **丁寧の接頭語**…聞き手（読み手）に丁寧な印象を与《あた》えるもの。

例 明日から一週間お休みします。

② **尊敬の接頭語**…目上の人など、ある人の動作や様子に対して使われているもの。

例 今日は、先生はお休みです。

❷ 謙譲語の例

接頭語	語例
愚《ぐ》	愚妻・愚息・愚見
小	小社・小生（＝自分）
寸	寸志（＝気持ち・心ばかりの贈《おく》り物）
拙《せつ》	拙宅・拙著・拙文
薄《はく》	薄謝（＝お礼の気持ち・わずかな謝礼）
弊《へい》	弊社・弊店

接尾語	語例
ども	私ども・手前ども
め	私め

※どれも聞き手（読み手）への敬意を表すもの。

3 敬語の使い方

敬語を実際の会話や文章の中で使うときには、状況《じょうきょう》に応じて尊敬語・謙譲語・丁寧《ていねい》語を組み合わせて使うことが多い。

隣《となり》の市から［異動され］（中野先生への尊敬語）てきた中野《なかの》先生は、理科が［ご専門］（中野先生への尊敬語）だそう［です］（丁寧語）。
くわしいプロフィールを［伺《うかが》っ］（中野先生への謙譲語）たので、みなさんに［お知らせし］（みなさんへの謙譲語）［ます］（丁寧語）。

敬語を使うときには、次のような点に注意する。

(1) **自分や自分の身内に尊敬語を使っていないか**……他人に自分や自分の身内のことを話すときには、たとえ**目上の身内に関することであっても尊敬語は使わない**ようにする。

発展 それだけで尊敬・謙譲の意味を含《ふく》む語

接頭語「お・ご」や、そのほかの特定の語を付けなくても、それだけで尊敬・謙譲の意味を含む語もある。

① **尊敬語**…**例** 先生・あなた・どなた
② **謙譲語**…**例** 私・者・せがれ・家内（＝妻）・手前（＝自分）

発展 接頭語「お・ご」と動詞を組み合わせた尊敬語・謙譲語

158ページの「お（ご）～になる」「お（ご）～する」のほかにも、接頭語「お・ご」を付けた尊敬語・謙譲語は、日常的に使われている。

① **尊敬語**
- お（ご）～あそばす　**例** 陛下がご帰国あそばしました。
- お（ご）～くださる　**例** ご協力くださり感謝いたします。

② **謙譲語**
- お（ご）～いただく　**例** どなたでもご利用いただけます。
- お（ご）～できる　**例** もうすぐお届けできます。
- お（ご）～にあずかる　**例** お褒《ほ》めにあずかり、光栄です。
- お（ご）～願う　**例** アンケートにご協力願います。

いろいろな敬語表現があるね。正しく使いこなせるようになろう。

✕父方の祖母からいただいた浴衣《ゆかた》を着て、夏祭りに出かける。
→〇「もらった」とする

(2) **尊敬語と謙譲語《けんじょうご》を混同していないか**……尊敬語（**お（ご）～になる**）と謙譲語（**お（ご）～する**）は、間違《まちが》えて使わないようにする。

✕先生がご紹介《しょうかい》していた本を読んでみた。
→〇「ご紹介になって」とする

(3) **敬語を重ねすぎていないか**……特に**尊敬語を複数重ねて使わない**ように注意する。

❶ 特定の形に変化する動詞に、「れる・られる」を接続して使わない。

✕お客様がいらっしゃられる。
→〇「いらっしゃる」「来られる」とする

❷ 「お（ご）～になる」に、「れる・られる」を接続して使わない。

✕先生がお話しになられる。
→〇「お話しになる」か「話される」とする

(4) **丁寧《ていねい》の接頭語「お・ご」を多用しすぎていないか**……丁寧な言葉遣《づか》いにしようとして、**何にでも「お・ご」を付けるとおかしい**場合がある。

次のような言葉には、美化語を作る「お・ご」は普通《ふつう》は付けない。

カタカナ語	✕おスポーツ・おタクシー
自然のもの	✕お朝顔・お海岸
公共のもの	✕お駅・お公園
悪い意味のもの	✕お泥棒《どろぼう》・お怠《なま》け者
二つ以上の言葉が結び付いたもの	✕お勉強部屋・ご本棚《ほんだな》

発展 「おります」の誤用と「おられる」

「おります」は「います」のさらに丁寧《ていねい》な言い方である（「いる」のやや古い言い方である「おる」＋丁寧の助動詞「ます」）。尊敬語と間違《まちが》えないように注意する。

✕先生はおりますか。
〇先生はいらっしゃいますか。

また、「おる」が「いる」の代わりに使われている地域があり、「おられる」という尊敬語を使うこともあるが、一般的《いっぱん》には「いらっしゃる」を使うほうがよい。

△先生は職員室におられる。
〇先生は職員室にいらっしゃる。

発展 「あげる」の用法

「あげる」は元は謙譲語《けんじょうご》だったが、現在はその意味合いが薄《うす》れ、「やる（与《あた》える）」の丁寧な言い方として使う。しかし、目上の人には使うと失礼とされるので、注意する。

✕先生にお土産《みやげ》をあげる。
〇先生にお土産を差しあげる。
〇着られなくなった洋服を妹にあげる。

また、「やる」は元は普通《ふつう》の言葉だったが、現在では少し乱暴な印象を与える言葉になった。そのため、「やる」の代わりに「あげる」を使うことが許容されつつある。

例 庭木に水をあげる。
犬にえさをあげる。

「小鳥を逃《に》がしてあげる。」と言ってもいいんだね。

練習

解答 別冊7ページ

1 【敬語の種類】次の敬語の説明として合うものを、あとのア～ウから選び、記号で答えなさい。

(1) 尊敬語〔　　〕　(2) 謙譲語《けんじょう》〔　　〕

(3) 丁寧語《ていねい》〔　　〕

ア 自分や身内の動作や様子をへりくだって言うことで、動作の受け手である人への敬意を表す言葉。

イ 目上の人などの動作や様子を高めて言うことで、その人への敬意を表す言葉。

ウ 話し手（書き手）が丁寧な言い方で言うことで、話の聞き手（読み手）に対する敬意を表す言葉。

2 【敬語の種類】次の――線部の敬語の種類は、何ですか。尊敬語なら**ア**、謙譲語なら**イ**、丁寧語なら**ウ**と答えなさい。

(1) 来週末は映画を見に行きます。〔　　〕

(2) 明日、恩師のお宅に伺《うかが》う予定だ。〔　　〕

(3) お客様がお土産《みやげ》をくださる。〔　　〕

(4) 久しぶりですが、お元気でしたか。〔　　〕

(5) 先方がお望みになる方法をとる。〔　　〕

(6) 顧客《こきゃく》の要望をお聞きする。〔　　〕

3 【動詞の尊敬語・謙譲語】次の――線部の言葉を、①は特別な形の尊敬語の動詞に、②は特別な形の謙譲語の動詞に書き直しなさい。

(1) カフェでケーキを食べる。

①〔　　〕　②〔　　〕

(2) 展示された風景画を見る。

①〔　　〕　②〔　　〕

(3) 本を読んだ感想を言う。

①〔　　〕　②〔　　〕

4 【名詞の尊敬語・謙譲語】次の――線部が、(1)・(2)は尊敬語に、(3)は謙譲語になるように□に合う漢字をあとの**ア**～**ウ**から選び、記号で答えなさい。

(1) □社の商品が好きです。〔　　〕

(2) 先生□にお礼を伝える。〔　　〕

(3) □社なりの努力を続ける。〔　　〕

ア 方　**イ** 小　**ウ** 御《おん》

5 【敬語の使い方】次の文のうち、敬語の使い方が適切でないものを三つ選び、記号で答えなさい。

ア 私どもがご紹介《しょうかい》になる新商品は、こちらです。

イ 明日は市長が来られて、校内を見学なさるそうだ。

ウ 今週末は父の旧友が遠方からおいでになる予定だ。

エ 先生がおっしゃられることをしっかりお聞きする。

オ 先生が私に差しあげた辞書を大切に使っている。

カ またお目にかかるのを楽しみにしております。

〔　　〕・〔　　〕・〔　　〕

定期テスト予想問題

時間 30分
解答 別冊7ページ

得点 ／100

1 【音声の働きや仕組み】次の日本語の音声やアクセントについての説明として不適切なものを**ア**～**エ**から二つ選び、記号で答えなさい。【4点×2】

ア 日本語の音声には、五つの母音と十数個の子音がある。
イ 促音《そくおん》・撥音《はつおん》・長音は、前の音とまとめて二文字で一つの音節となる。
ウ 拗音《ようおん》は、前の音とは別に、一文字で一音節となる。
エ 日本語には、基本的に音の高さで差をつける高低アクセントがある。

〔　　〕〔　　〕

2 【方言と共通語】次の文章の□①～③に当てはまる言葉をあとの**ア**～**オ**から選び、記号で答えなさい。【4点×3】

＊日本語の方言は、大きくは［①］方言と沖縄《おきなわ》方言に分けられる。［①］方言はさらに、東部・西部・［②］方言に分けられる。東京地方の言葉を元にしてできた言葉を［③］という。

ア 東京　**イ** 本土　**ウ** 九州
エ 方言　**オ** 共通語

①〔　　〕　②〔　　〕　③〔　　〕

3 【話し言葉と書き言葉】次の説明は、(1)話し言葉、(2)書き言葉のどちらに当てはまりますか。**ア**～**エ**から二つずつ選び、記号で答えなさい。【3点×4】

ア 口語を使ったり同意や念押《ねんお》しを求めたりする。
イ 基本的に共通語を用いて正しい文法で表す。
ウ 相手の反応を見ながら、言葉を補うことができる。
エ 読み手は何度も読み返すことができる。

(1)〔　　〕〔　　〕　(2)〔　　〕〔　　〕

4 【言葉の移り変わり】次の――線部の言葉を、（　）内の字数に合うように、外来語に書き換《か》えなさい。【3点×3】

(1) コートをえもんかけにかける。（4字）
(2) 父の背広《せびろ》にアイロンをかける。（3字）
(3) 登山に雨合羽《あまがっぱ》を持って出かける。（6字）

5 【和語・漢語・外来語】次の――線部の言葉を、（　）内の指示に従って書き換えなさい。【3点×3】

(1) 新幹線のスピードを調べる。（和語・2字）
(2) ルールを守って行動する。（漢語・2字）

(3) 新しいことに挑戦《ちょうせん》する。（外来語・5字）〔　　　　　〕

6 【類義語・対義語】

次の——線部の言葉について、□に当てはまる漢字を〔　〕に書き、その①類義語、②対義語を完成させなさい。【2点×6】

(1) 申し出を承認する。 ① 承□〔　〕 ② □認〔　〕

(2) 成功を収めた理由。 ① 原□〔　〕 ② □果〔　〕

(3) 単純な仕組みの機械。 ① □単〔　〕 ② □雑〔　〕

7 【多義語】

次の——線部の言葉と同じ意味で使われているものをあとの**ア**〜**ウ**から選び、記号で答えなさい。【4点×2】

(1) 彼女《かのじょ》は情に厚い人だ。〔　〕

ア 厚い辞書をめくる。
イ 厚いもてなしを受ける。
ウ 祖父の病が厚いことを知る。

(2) 近い将来、引っ越《こ》す予定だ。〔　〕

ア 駅から近い喫茶《きっさ》店。
イ 彼《かれ》は近い親戚《しんせき》だ。
ウ 物語が終わりに近い。

8 【慣用句・ことわざ・故事成語】

次の慣用句・ことわざ・故事成語の意味をあとの**ア**〜**オ**から選び、記号で答えなさい。【3点×5】

(1) 木を見て森を見ず〔　〕
(2) 羹《あつもの》に懲《こ》りてなますを吹《ふ》く〔　〕
(3) 縦の物を横にもしない〔　〕
(4) 元の木阿弥《もくあみ》〔　〕
(5) 雨降って地固まる〔　〕

ア 面倒《めんどう》くさがって何もしないこと。
イ よい状態になったのに、また元の状態に戻《もど》ること。
ウ 争い事のあとはかえってうまくいくということ。
エ 一部に気を取られ、全体を見ようとしないこと。
オ 失敗を悔《く》やんで、必要以上に用心深くなること。

9 【敬語の使い方】

次の——線部を、正しい敬語に書き直しなさい。【3点×5】

(1) こちらでしばらくお待ちしてください。〔　〕
(2) 私が描《か》いた絵を先生がご覧になられる。〔　〕
(3) このサービスは、営業時間外はご利用できません。〔　〕
(4) お客様がお喜びになられていらっしゃる。〔　〕
(5) 母が先生によろしくとおっしゃっておりました。〔　〕

生活 Column

生活の中で使う敬語表現を知ろう

敬語は、手紙や案内状などの書き言葉や、さまざまな場面での話し言葉の中で使われている。敬語の基本を押《お》さえたら、日常生活の中で適切に使いこなせるように練習しよう。

1 書き言葉としての敬語を知ろう

目上の人に手紙や案内状を出す場合、敬語を適切に使えているか、迷うことがあるよね。次の手紙を例に見ていこう。

> 大川《おおかわ》　健一《けんいち》先生
> ご無沙汰《ぶさた》しております。
> 日ごとに暑さが増していくこの頃《ごろ》ですが、いかがお過ごしですか。
> 本日は、ご報告したいことがあって、お手紙をお送りしました。
> 先日、中学生向けの絵画コンクールで、優秀賞《ゆうしゅう》をいただきました。かつて先生に教えていただいた、構図の工夫や色遣い《いろづか》へのアドバイスを思い出しながら仕上げた作品です。作品の写真も同封《どうふう》いたしましたので、ぜひご覧になっていただければ幸いです。
> これからも先生の教えを胸に、大好きな絵を描《か》き続けたいと思います。
> 中野《なかの》　陸《りく》

会話では使わないような、書き言葉特有の表現が入っているよね。

ご無沙汰しております。
いかがお過ごしですか。

↓

久しぶりの相手に向けた挨拶《あいさつ》

日ごとに暑さが増していくこの頃ですが

↓

時候の挨拶（季節の状況《じょうきょう》を反映させている）

そうだね。あとは、会話と同じで、「ご覧になって」と相手に関することには尊敬語を、「教えていただいた」と自分に関することには謙譲《けんじょう》語を正しく使っているよね。

「ご覧になっていただければ幸いです。」の「～幸いです」というのも、主に書き言葉で使われる表現として覚えておくといいね。

2 話し言葉としての敬語を知ろう

伯母《おば》さんがカフェに行ったときに、店員さんの言葉遣《づか》いがおかしかったと怒《おこ》ってたな。

伯母さんて、国語の先生だったよね。どんなところがおかしいと思ったんだろう。次の店員さんの発言から探していこう。

いらっしゃいませ。
今、①ご案内します。
②このお席に座ってください。
お待たせして③すいません。
こちらが④メニューになります。
ランチセットのAですね。
⑤了解《りょうかい》しました！
ご注文は、⑥以上でしょうか。
⑦またのお見えを待っています。

丁寧《ていねい》語は使っていても、尊敬語や謙譲語が適切に使われていないところがあるよね。

①ご案内します→ご案内いたします
②このお席に座ってください→こちらのお席にお座りください
③すいません→申し訳ございません
④メニューになります→メニューでございます
⑤了解しました→かしこまりました
⑥以上でしょうか→以上でよろしいでしょうか
⑦またのお見えを待っています→またのお越《こ》しをお待ちしております

「すいません」「了解しました」だと、お客様に対して雑で失礼な印象があるね。もっと丁寧な言い方をする必要があるんだ。それに「お見え（になる）」という尊敬語はあるけど、「お見えをお待ちしております」とは言わないんだね。

中学生のための勉強・学校生活アドバイス

「毎日、何時からどれくらいの時間勉強するかって決めてる？」

「平日は部活があって、時間がないんですよね……。」

「気がついたら寝《ね》る時間になってて……。」

「〝いつやるか〟を決めないと時間ってどんどん過ぎていっちゃうよ。二人ともまずは、**起きてから寝るまで、どういう時間の過ごし方をしているか書き出してみて。**」

「あれ？ 帰ってきてから何をしてたかわからない時間が結構あるなぁ。」

「その時間を、まずは30分か1時間、〝勉強する時間〟って決めよう。〝何時からやるか〟も決めるとメリハリがつくよ。」

「30分ならできそう！」

「集中力が続くくらいの時間で、毎日やるのが大事なの。**平日は授業のノートを見直して復習するのと、次の日の予習をするのがいいよ。**」

「中3は、もっと勉強しないといけないよね……？」

スケジュールを見直して、勉強時間を作ろう！

「そうだね。**中3は中1・2の復習もしないといけないから、平日1～2時間は頑張《がんば》りたいね。**」

「香織先輩《かおりせんぱい》、土日はどうしたらいいですか？」

「**土日はその週の復習をメインに、1日2～3時間**ガッツリ勉強できるといいね。まとまった時間を取りやすいから、平日はなかなかできないことをやる時間にするといいよ。**問題集で問題を解くのがオススメ。**」

「よし！ 今日からお風呂《ふろ》に入る前に30分、土日は午前中と午後に分けて2時間勉強します！」

「私は翔也《しょうや》の勉強時間＋1時間で頑張ってみる！」

時刻	例	
15:00		
16:00	部活	
17:00	帰宅	
18:00		
19:00	夕食	
20:00		
21:00	勉強	
	お風呂	
22:00		
23:00	就寝	
24:00		

▲左の例を参考に、平日の過ごし方を書いてみよう。

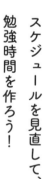

【読解編】

1章

文章の読解

Gakken New Course

1 文章の構成

教科書の要点

構成

◎説明的文章では、説明内容や筆者の主張を論理的にわかりやすく述べるために、文章の構成（組み立て）を**序論・本論・結論**などの形に工夫していることが多い。

テストで注意 **接続語から段落のつながりを判断する**

段落の初めに接続語がある場合は、その働きから、前の段落との関係をとらえることができる。

順接	それで・だから
逆接	しかし・けれども
対比・選択《せんたく》	一方・または
説明・補足	つまり・例えば

構成

段落どうしが互《たが》いにどのように関係しているかをとらえ、序論・本論・結論などのまとまりに分けて文章全体の構成をつかむ。接続語や指示語、文末の表現に着目すると、段落どうしの関係がわかりやすい。

(1) **段落**……文章は、いくつかの考えや説明のまとまりからできている。その一つ一つの内容のまとまりを**段落**という。段落と段落が互いにどのような役割で接続しているかを考えると、文章の構成がとらえやすくなる。

❶ **形式段落**……文章で一字下げて書かれた文章のひとまとまりの部分（次の一字下げて書かれたところの手前までの部分）。

❷ **意味段落**……いくつかの形式段落を、内容の上から一つにまとめたもの。

(2) **序論・本論・結論**……文章全体を組み立てる枠組《わくぐ》みのことで、説明的文章は、この三つで構成されることが多い。

❶ **序論**……これから述べようとする**話題**を提示したり、**問題提起**したりする部分。文章の導入部分にあたる。

❷ **本論**……筆者が読み手に伝えようとしている内容について、**理由・事例**などを挙げながら具体的に説明する部分。

❸ **結論**……結びの部分。最終的に読み手に伝えようとする重要な内容。これまでの説明や**筆者の主張（考え）**をまとめている。

発展 **文章構成の型**

結論は、常に文章の最後にあるとは限らない。結論のある位置によって、三つの型に分類できる。

① **頭括型**《とうかつがた》…結論が冒頭《ぼうとう》にある。
結論 ― □ ― □

② **尾括型**《びかつがた》…結論が末尾にある。
□ ― □ ― 結論

③ **双括型**《そうかつがた》…結論が冒頭と末尾にある。
結論 ― □ ― 結論

（※□は意味段落を示す。）

練習

1 【文章の構成】次の文章を読んで、下の問いに答えなさい。

1 人間以外の動物も、人間と同じく、なにかを見て美しいと感じるかもしれない。けれども、動物が感じられる美しさというのは、種によってある程度、決まっている。羽を広げたクジャクのオスを見て魅力《みりょく》を感じるのは、クジャクのメスだけである。ほかの鳥にとっては、どんなにみごとなクジャクの羽も関心を引くものではない。

2 [　　]、人間はちがう。人間には、他者が美しいと感じているものに共感する力がある。人間は、自分の生存戦略とは関係のないクジャクの羽を見ても美しいと感じるし、ウグイスのオスがメスの気を引くための歌を聞いても美しいと感じる。動物は、自らの感じる美しさの境界を越《こ》えられないけれど、人間は、想像力によって境界を越えることができる。

3 一方で、「こんなものは美しくない」「こんなものは価値がない」と境界をもうけるのも人間である。それは本人の属する文化にも影響《えいきょう》される。でも、人間にはその文化の境界を越えていく力もある。現代は社会が複雑化し、さまざまな情報がたえず行き交っている時代だ。そこに生きるわれわれは、多かれ少なかれ、価値観の揺《ゆ》らぎのなかに置かれていて、なにが美しいか自分でもわからなくなっているように思う。だいじなことは文化や伝統が築き上げてきた美しさ、あるいは自分の慣れ親しんだ美しさがすべてだと思わず、新しい感じ方に対して心を柔軟《じゅうなん》に開いておくことだと思う。

（田中真知《たなかまち》「美しいをさがす旅にでよう」〈白水社〉より）

読み取りのポイント

構成に目を向けて筆者の考えをとらえる。

1・2段落では、「美しい」の感じ方について人間と人間以外の動物とを対比している。

動物は美しさの境界を越えられない。 ↔ 人間は想像力によって越えることができる。

3段落では、自ら境界をもうけるのも人間だという問題点を挙げ、新しい感じ方に対して心を柔軟にしておくことが必要だと主張している。

解答 別冊8ページ

(1) [　　]に当てはまる言葉を次から一つ選び、記号で答えなさい。

ア だから　イ けれども
ウ つまり　エ あるいは

〔　　〕

ヒント 直後の「人間はちがう」に注目して1段落との関係をとらえる。

(2) 「新しい感じ方に対して心を柔軟に開いておくこと」とは、どうすることですか。次から一つ選び、記号で答えなさい。

ア 現代において見直されつつある動物たちの本来の美しさに共感できる鋭《するど》い感覚を身につけておくこと。

イ 文化や伝統によって築き上げられてきた歴史的な美しさを、立ち止まって見直す美的感覚を育てておくこと。

ウ 自分が慣れ親しんだ美しさ以外の美しさに対しても、想像力によって共感できるようにしておくこと。

エ 社会が複雑化し、情報が行き交う現代社会においても、自ら築き上げてきた価値観を揺るぎないものにしておくこと。

〔　　〕

ヒント ここでの「新しい感じ方」とは、これまで気づかなかった美しさを感じ取る感覚のことである。従来の美的感覚の「境界」を越えて、新たな美しさを見いだすにはどうすればよいのかを読み取る。2段落の最後の文に注目する。

2 文章の要旨

教科書の要点

要旨《ようし》

◎説明的文章では、文章に提示された話題を押《お》さえ、各段落の要点をつかんで、文章の**要旨**を読み取ることが読解の中心となる。

要旨《ようし》

筆者が文章で述べようとしている内容の中心的な事柄《ことがら》を**要旨**という。説明的文章の要旨を読み取るには、文章に提示された話題を押《お》さえ、各段落の要点をつかんで、結論にあたる部分をとらえることが大切である。

(1) **話題**……文章で述べようとしていることや問題提起していること。文章の序論の段落や、疑問を示す文に注目する。

● **疑問を示す文**……「～だろうか。」「なぜ、～なのか。」など、読み手に問いかけている文。

(2) **要点**……各段落の中の重要な内容をまとめたもの。キーワードやキーセンテンスに注目してまとめる。

❶ **キーワード**……文章を読み取るうえで**「かぎ（キー）」となる言葉**。重要であるため、文章中で何度も繰《く》り返されている。

❷ **キーセンテンス**……具体的な内容を一般《いっぱん》化して言い換《か》えたり、まとめたりしている部分。段落の中心的な内容を表す文。

(3) **要約**……段落の要点を、段落どうしの関係を踏《ふ》まえてつなぎ、文章全体を短くまとめたもの。要約することで、**要旨**にあたる内容、つまり、**筆者の考えや主張**が明確になる。

くわしく　要点・要旨《ようし》をとらえるための注目点

① 具体的な言葉よりも抽象《ちゅうしょう》的な言葉に注目する。

例 ・具体的な言葉…森・川・山
・抽象的な言葉…自然・環境《かんきょう》

② 前の内容をまとめる言葉に注目し、段落の中心的な内容を押《お》さえる。

例 「このように」「こうして」「つまり」

テストで注意　要旨のまとめ方

① 主語・述語の関係をはっきりさせる。
② 具体例など、補足的な内容は省く。
③ 文章中のキーワード（繰《く》り返されている言葉）を用いてまとめる。

要旨を「……字以内で書きなさい」というときは、結論部分を中心にしてまとめよう。

練習

解答 別冊8ページ

1 【文章の要旨】次の文章を読んで、下の問いに答えなさい。

1 いろいろな仕事の共通点はなんだろうという視点で世の中を見てみると、「どんな仕事も誰《だれ》かの役に立っている」「誰かにとって必要なもの・ことが、社会の中で仕事として存在している」ということがわかります。私たちは一人で生きていくことができない、だから生きていくうえで必要な手助けが〝仕事〟として存在している、そう考えると世の中ってとてもシンプルだと思いませんか？

2 なぜ僕《ぼく》らは働くのか、その答えの一つは、助け合いでつくられるこの社会の一員になるためです。社会の中で助けられるだけではなく、自分も自分ができることをして誰かの役に立つ、社会に貢献《こうけん》する、それが私たち一人ひとりのすべきことなのです。「自分なんて誰の役にも立てないのでは…」などと、不安に思う必要はありません。しっかりと自分の将来を考えて生きていれば、必要とされる場所は誰だって必ず見つけられます。

（「なぜ僕らは働くのか」〈学研プラス〉より）

読み取りのポイント

段落の要点をまとめ、文章の要旨をとらえる。

1段落…仕事の共通点は、誰かの役に立っていること、誰かにとって必要なもの・ことであること。つまり、仕事とは、生きていくうえで必要な手助けとなるものである。

（仕事の役割）

2段落…「僕ら」が働く理由の一つは、助け合いでつくられる社会の一員になるため。

（働くことの理由）

段落の要点をつないで要約することで、要旨をとらえることができる。

(1) 「いろいろな仕事の共通点」とは、どのようなことですか。共通点を二つ、それぞれ次の言葉に続けて書きなさい。

・誰かの〔　　　〕

・誰かにとって〔　　　〕

ヒント 1段落の「　」の部分に注目。仕事の共通点についてまとめられている部分をとらえる。

(2) この文章で筆者が主張していることとして適切なものを次から一つ選び、記号で答えなさい。

ア この世の中は、一人では生きていけず、誰かの助けを必要とするという点で、とてもシンプルだと言える。

イ 仕事は生きるうえで必要な手助けとなるものであり、私たちは社会の一員になるために働いている。

ウ 自分が誰の役にも立てないと不安に思う人は、あせりが出てしまい、仕事を見つけるのに時間がかかる。

エ 仕事は生きていくうえで必要であるが、一人ではできないので、誰もが助け合って仕事をこなしている。

〔　　〕

ヒント 1段落で、「仕事の役割」を押《お》さえたうえで、2段落の「なぜ働くのか」についての説明を注意深く読み、文章の要旨をとらえる。

3
論理の展開の工夫

教科書の要点

論理の展開

◎説明的文章では、筆者が考えや意見を述べるために、**問いかけとその答え**を示したり、**根拠《こんきょ》に基づいた主張**をしたりするなど、論理の展開を工夫している。

論理の展開

論理の展開とは、意見や主張を導くための、筆者の考えの進め方のことである。説明的文章、特に論説文では、**事例を根拠《こんきょ》**として**意見や主張**が述べられることが多い。根拠と意見の関係をつかみ、筆者の思考の過程をとらえる。

(1) **事例**……筆者の考えを述べるための基となる具体的な例のこと（実験・観察・調査などで得た事実、見聞きしたこと、読書などで得た知識、体験したことなど）。

(2) **意見・主張**……筆者が、その文章で取り上げている話題に対してどのように考えているかということ。読み手に訴《うった》えかけるために、疑問・推測・強調表現など、さまざまな形で表される。

(3) **根拠**……ある物事が成り立つ基になる理由。筆者が、なぜそのような考え（意見・主張）をもつようになったのか、そのよりどころとなるもの。

(4) **具体と抽象《ちゅうしょう》**……文章の中で、**具体的な表現**と**抽象的な表現**の関係を明らかにすることで、論理の展開をとらえることができる。

❶ **具体**……実際の出来事や事例など、はっきりと認識できるもの。

❷ **抽象**……出来事や事例から、一般《いっぱん》的な性質を抜《ぬ》き出してまとめたもの。

くわしく **事例や根拠《こんきょ》、意見・主張をとらえるときに着目する言葉**

① **事例・根拠を示す言葉**
・「例えば」…具体例を示す。
・「〜から」「〜ので」…根拠を示す。

② **意見・主張を示す言葉**
・「〜と考える。」「〜ではないだろうか。」などの文末表現。

③ **事例・根拠と、意見・主張を示す言葉**
・「だから・それゆえ」…前を事例・根拠として、あとで意見・主張を述べる。
・「なぜなら」「というのは」…前の意見・主張の根拠・事例をあとで述べる。
・「こうして」「このように」…前の事例・根拠を受けて、あとで意見・主張をまとめる。

これらの言葉や表現は、読解の手がかりとなるので、覚えておこう。

練習

解答 ▶ 別冊8ページ

1 【論理の展開の工夫】次の文章を読んで、下の問いに答えなさい。

1 人間にとって、最大の愉《たの》しみは「探す」ということではなかろうか。人間が地球上に出現したとき、まっ先に行《おこ》なったのは「探す」ということだった。彼《かれ》らはまず食物を探しに出かけた。食物を探すことは、ずいぶん骨の折れる仕事だったろう。けれども同時に、この上なく愉しいことだったにちがいない。苦労が大きければ大きいほど、それを見つけたときのよろこびも大きい。極端《きょくたん》にいうならば、人生は「探す」ことにあるのだ。

2 幸か不幸か、現代の私たちは食物を探す必要はない。食べたいものは、すぐに手に入れることができる。しかし、こういった安易さが、食べるということの愉しさをかなり奪《うば》っているような気がする。ああ、思いがけずにこんなものを食べることができた！　というよろこびをすこしも与《あた》えてくれないからだ。

（森本哲郎《もりもとてつろう》「読書の旅」〈講談社〉より）

読み取りのポイント

事例や根拠《こんきょ》と、筆者の考え・意見・主張の関係をとらえる。

1段落…人間にとって最大の愉しみは「探す」ことではないか。（意見）
・人間は地球上に出現後、まっ先に食物を探しに出かけた。（事例）
↓
・食物を探すのは、愉しいことだったにちがいない。（意見）
↓
・苦労して探すほど、見つけたときのよろこびも大きい。（根拠）

2段落
・現代の私たちは、探さなくても、食べたいものがすぐ手に入る。（事例）
↓
・この安易さが、食べる愉しさを奪っている気がする。（意見）
↓
・こんなものを食べることができたというよろこびを与えてくれないから。（根拠）

(1) 「人間にとって、最大の愉しみは『探す』ということではなかろうか。」という考えを示すために、筆者はどのような事例を挙げていますか。[　]に当てはまる言葉を十字で文章中から書き抜《ぬ》きなさい。

・人間が地球上に出現したとき、まっ先に[　　　　　　　　　　]という事例。

ヒント　「人間」は、まっ先に何をしたのか、「探す」という言葉を手がかりにする。

(2) 2段落について、次の問題に答えなさい。

① この段落の論理の展開として適切なものを次から一つ選び、記号で答えなさい。

ア 事例→意見→根拠
イ 意見→根拠→事例
ウ 事例→根拠→意見
エ 意見→事例→根拠

（　　）

② この段落で筆者が主張していることを次の言葉に続けて書きなさい。

・現代の、食べたいものがすぐに手に入る安易さが、
[　　　　　　　　　　]
ということ。

ヒント　2段落の初めの二文は、「現代の私たち」の食物事情、次の文は、筆者がそれをどう思うかということ。最後の部分については、「〜からだ。」という文末に注目しよう。

1 登場人物の設定

教科書の要点

登場人物

◎物語や小説では、設定された**人物や人物どうしの関係**を押《お》さえることが、読解の前提となる。

登場人物

物語や小説などの文学作品では、普通《ふつう》、複数の人物が登場する。中心人物である**主人公**や、主人公に対して重要な役割をもつ人物など、登場人物どうしがどのような関係なのかを図に表すなどして押《お》さえ、そのうえで、人物像、人物の言動などをとらえていくとよい。語り手が誰《だれ》かということも重要である。

(1) **人物関係図**……登場人物の設定を図に表したもの。→
人物どうしの関係がわかりやすい。

父
├私(主人公)―友人A(親友)
母

(2) **人物像**……登場人物の性別や年齢《ねんれい》、置かれた状況《じょうきょう》など、全般《ぜんぱん》的な特徴《とくちょう》のこと。どのような人物なのかを押さえることを、「人物像をとらえる」という。

(3) **人物の言動**……人物の**発言や行動**、**様子**のこと。人物の心情や人柄《ひとがら》などを読み取ることができる。

(4) **語り手**……物語や小説全体を語っている人のこと。状況や人物の様子などは、語り手の視点から語られている。そのため、誰の視点からの描写《びょうしゃ》なのかを意識して読むことで、作品の理解を深めることができる。

くわしく **人物像のとらえ方**

- 年齢《ねんれい》、職業、行動などの外面的なもの。
- ものの見方・考え方、性格などの内面的なもの。

これらを総合してとらえる。

人物像がわかりやすく書かれていることは少ないよ。文章全体から考えてみてね。

くわしく **語り手の視点**

物語や小説によって、語り手の視点は異なる。

- **主人公である「私」や「僕《ぼく》」が語る。**
  作者が主人公を内側から、主観的にとらえて描《えが》いている。
- **主人公は「彼《かれ》」や人物名で語られる。**
  作者が主人公を外側から眺《なが》めるように、客観的にとらえて描いている。

練習

解答▶別冊8ページ

1 【登場人物の設定】次の文章を読んで、下の問いに答えなさい。

〔「わたし（語り手）」は、子どもの頃《ころ》に暮らしていた児童養護施設《しせつ》「天使園」の元園長・ルロイ修道士としばらくぶりに会った。〕

「仕事がうまく行かないときは、このことばを思い出してください。『困難は分割せよ』。焦《あせ》ってはなりません。問題を細かく割って一つ一つ地道に片付けて行くのです。ルロイのこのことばを忘れないでください」

冗談《じょうだん》じゃないぞ、と思った。これでは遺言《ゆいごん》を聞くために会ったようなものではないか。そういえばさっきの握手《あくしゅ》もなんだか変だった。「それはじつに穏《おだ》やかな握手だった。ルロイ修道士は病人の手でも握《にぎ》るようにそっと握手をした」というように感じたが、じつはルロイ修道士が病人なのではないか。もと園長はなにかの病《やまい》にかかりこの世の暇乞《いとまご》いにこうやってかつての園児を訪ねて歩いているのではないか。

「日本でお暮《くら》しになっていて、たのしかったことがあったとすれば、それはどんなことでしたか」

先生は重い病気にかかっているのでしょう、そしてこれはお別れの儀式《ぎしき》なのですね、と訊《き》こうとしたが、さすがにそれは憚《はばか》られ、結局は平凡《へいぼん》な質問をしてしまった。

「それはもうこうやっているときにきまっています。天使園で育った子どもが世の中へ出て、一人前の働きをしているのを見るときが一等たのしい。なによりもうれしい」

（井上《いのうえ》ひさし「握手」『ナイン』〈講談社〉より）

読み取りのポイント

登場人物の設定を押《お》さえて、人物と人物の会話や様子を読み取る。

・「ルロイ修道士」…遺言のような言葉を言い、病人の手を握るような握手をする。
・「わたし（語り手）」…先生は重い病気ではないか、という疑いを抱《いだ》く。

(1) ルロイ修道士が「かつての園児を訪ねて歩いている」理由を、「わたし」はどう考えていますか。［　］に当てはまる言葉をAは四字、Bは七字で文章中から書き抜《ぬ》きなさい。

・ルロイ修道士が A［　　　　］にかかり、かつての園児たちに会って、B［　　　　　　　］をするため。

ヒント　「冗談じゃないぞ」以降の文章からとらえる。語り手が、ルロイ修道士の行動の理由を推測している部分に注目する。

(2) この文章から、ルロイ修道士のどのような人物像が読み取れますか。次から一つ選び、記号で答えなさい。

ア 天使園の子どもたちに、規則を守るように厳しく教育してきた厳格な人物。
イ 仕事で成功することを目標にして、努力を重ねてきた向上心の強い人物。
ウ 苦しかったことは忘れ、楽しかったことだけ覚えている楽天的な人物。
エ 天使園の子どもたちに深い愛情を注ぎ、温かく見守ってきた誠実な人物。

〔　　〕

ヒント　ルロイ修道士の発言や行動に着目する。ルロイ修道士は、語り手に「仕事がうまく行かないとき」はどうするかについて助言している。また、語り手の質問に、「天使園で育った子どもが……なによりもうれしい」と答えている。

2 場面の展開と構成

教科書の要点

場面

◎物語や小説では、出来事、人物どうしの関係性などで一つの場面が作られている。一つ一つの場面の内容を踏《ふ》まえて、全体の**場面の展開と構成**をとらえることが大切である。

場面

物語や小説の多くは、複数の場面で構成されている。どのような場面なのかを押《お》さえ、その展開と構成をつかむ。

(1) **場面**……出来事などの流れにしたがって、まとまりごとに分けたもの。場面を押さえるには、次の事柄《ことがら》を表す言葉に注目する。

・いつ（時間）→季節や月日、一日のうちの時間帯など。
・どこで（場所）→場所の様子や、周囲の情景など。
・誰《だれ》が（人物）→登場人物がどのような人物かや、人物と人物の関係など。
・どうした（出来事）→何が起きたかや、人物の行動や様子など。

(2) **場面の展開**……場面が移り変わること。

(3) **場面の構成**……**「起承転結」**の流れで構成されていることが多い。

❶ **起（発端《ほったん》）**……ある出来事が起こるきっかけ。
❷ **承（展開）**……出来事の経緯《けいい》。
❸ **転（山場）**……話の中で**最も盛り上がる場面**。クライマックスともいう。登場人物の様子や心情が大きく変化する。
❹ **結（結末）**……作品全体のしめくくり。作者が何を伝えたかったかという、作品の**主題**が見えてくる。

くわしく

場面の展開と心情の変化

場面が移り変わるなかで、登場人物の心情が変化していく。心情の変化のきっかけとなる事柄《ことがら》や出来事をとらえることが大切である。

発展

伏線《ふくせん》とは

物語や小説で、あとの展開に必要な事柄をそれとなく描《えが》いて暗示している部分のこと。伏線を押《お》さえると、あとに描かれた出来事の結末の意味を深く理解することができる。

出来事の結果から、伏線に気づくこともある。「あれが伏線だったのか」と気づいたら、さかのぼって読み返してみるといいよ。

練習

解答 別冊8～9ページ

1 【場面の展開と構成】次の文章を読んで、下の問いに答えなさい。

〔メロスは、友との約束を守るために町へ戻《もど》る途中《とちゅう》、天災人災にあい、疲《つか》れ果てて、ついにはがくりとひざをおり、立ちあがれずにくやし泣きした。〕

ああ、なにもかも、ばかばかしい。わたしは、みにくいうらぎり者だ。どうとも、かってにするがよい。*やんぬるかな。——四肢《しし》をなげだして、うとうと、まどろんでしまった。

ふと耳に、*せんせん、水のながれる音がきこえた。そっと頭をもたげ、息をのんで耳をすました。すぐ足もとで、水がながれているらしい。よろよろ起きあがって、見ると、岩のさけめからこんこんと、なにか小さくささやきながら、清水がわきでているのである。その泉にすいこまれるようにメロスは身をかがめた。水を両手ですくって、ひとくち飲んだ。ほうとながいためいきがでて、夢からさめたような気がした。あるける。いこう。肉体の疲労《ひろう》回復とともに、わずかながら希望が生まれた。義務遂行《すいこう》の希望である。わが身をころして、名誉《めいよ》をまもる希望である。

斜陽《しゃよう》は赤い光を、木々の葉に投じ、葉も枝ももえるばかりにかがやいている。日没《にちぼつ》までには、まだ間がある。わたしを、まっている人があるのだ。

（太宰治《だざいおさむ》「走れメロス」〈学習研究社〉より）

*やんぬるかな…おしまいだ。
*せんせん…水が流れる音。

読み取りのポイント

場面の展開に沿って、主人公・メロスの心情の変化をとらえる。

町へ戻る途中、天災人災にあう
↓「なにもかも、ばかばかしい」「みにくいうらぎり者だ」……心身の疲労によるあきらめ
「水のながれる音がきこえた」
↓「水を両手ですくって、ひとくち飲んだ」
↓「夢からさめたような気がした」「あるける」……疲労回復による希望の芽生え
↓「わたしを、まっている人があるのだ」……出発する決意

(1) メロスの心情の変化について、次の問題に答えなさい。

① 変化のきっかけとなったメロスの行動が描かれた一文を、文章中から書き抜《ぬ》きなさい。

〔　　　　〕

② ①の行動によって、メロスにどのような心情が生まれましたか。（　）に当てはまる言葉を文章中からそれぞれ五字以内で書き抜きなさい。

・（　　　）人のために、わが身をころして、名誉をまもる（　　　）が生まれた。

ヒント　メロスの具体的な行動と、心の中の思いを区別して読み取る必要がある。「あるける。いこう。」はメロスの心の中の言葉であることに着目し、これ以降の描写《びょうしゃ》からメロスの変化した心情をとらえる。

(2) この場面は、一日のうちの「いつ」のことですか。それがわかるひと続きの二文を探し、初めと終わりの五字を書き抜きなさい。

□□□□□～□□□□□。

ヒント　自然の変化を表す言葉に注目する。日が西に傾《かたむ》き、夕方近くであることを表す言葉がある。

3 人物の心情

教科書の要点

心情

◎物語や小説では、登場人物の**心情**を読み取ることが読解の中心となる。心情は、直接的な心情描写《びょうしゃ》のほか、動作や行動、会話や表情など、さまざまな形で表される。

心情

心情とは、登場人物の心の中の思いのことである。心情は、**人物描写《びょうしゃ》や情景描写**に注目して読み取る。

(1) **人物描写**……人物の直接的な心理描写と間接的な心理描写がある。

❶ **直接的な心理描写**……心情を直接表す言葉が使われている。

❷ **間接的な心理描写**……人物の動作や行動、会話や表情などに、そのときの心情が表されている。

(2) **情景描写**……登場人物の目から見た風景や場面の描写から、そのときの人物の心情を読み取ることができる。情景を効果的に表現するために、さまざまな表現の工夫が用いられる。

❶ **擬声《ぎせい》語**……物音や生き物の声をまねた言葉。 例 ドンドン・ガオー

❷ **擬態語**……様子をそれらしく表した言葉。 例 ふわふわ・のっそり

❸ **比喩《ひゆ》**……物事の様子をほかのものにたとえて表すこと。

例 ・ひまわりが、光を放つように咲《さ》いている。（直喩《ちょくゆ》）
・それは、私にとって夢のかけ橋だった。（隠喩《いんゆ》）
・空が泣いている。（擬人法）

くわしく　心情と出来事との関連

心情は出来事とのつながりから表現されるものである。どのような出来事から生じた心情なのかをつかむことが重要である。

例 母に怒《おこ》られた。→みじめ・悔《くや》しい
実験が成功した。→喜び・安心

発展　暗示と象徴《しょうちょう》

① **暗示**…はっきりとではなく、物事をそれとなく示すこと。

② **象徴**…抽象《ちゅうしょう》的なことを、それを連想させる具体的な事物を挙げて示すこと。

暗示や象徴に注目し、そこに、どのような事実や心情が込《こ》められているのかを考えることが大切である。

例えば、友達にもらった「ゲーム」を大事にしているとしたら、それは「友情」を象徴しているね。

練習

解答 別冊9ページ

1 【人物の心情】次の文章を読んで、下の問いに答えなさい。

オツベルにこき使われ、苦しむ白ぞうをたすけるため、仲間のぞうたちがオツベルのやしきに押《お》し寄せた。

まもなく①地面はぐらぐらとゆられ、そこらはばしゃばしゃ暗くなり、ぞうはやしきをとりまいた。グララアガア、グララアガア、そのおそろしいさわぎのなかから、

「いまたすけるから、安心しろよ。」

やさしい声もきこえてくる。

「ありがとう。よくきてくれて、ほんとにぼくはうれしいよ。」

ぞう小屋からも声がする。

さあ、そうすると、まわりのぞうは、いっそうひどく、グララアガア、グララアガア、へいのまわりをぐるぐる走っているらしく、たびたびなかから、おこってふりまわす鼻も見える。けれどもへいはセメントで、なかには鉄もはいっているから、なかなかぞうもこわせない。②へいのなかにはオツベルが、たったひとりでさけんでいる。百姓《ひゃくしょう》どもは目もくらみ、そこらをうろうろするだけだ。そのうち外のぞうどもは、なかまのからだを台にして、いよいよへいを越《こ》しかかる。だんだん、にゅうと顔をだす。そのしわくちゃで灰いろの、大きな顔を見あげたとき、オツベルの犬は気絶した。

（宮沢賢治《みやざわけんじ》「オツベルとぞう」『セロ弾《ひ》きのゴーシュ』〈偕成社〉より）

読み取りのポイント

擬声《ぎせい》語や擬態語から、人物の心情を読み取る。

・「グララアガア、グララアガア」（「ぞう」の大群の声や音。）…怒《いか》り

・「うろうろするだけ」（百姓どもがうろたえている。）…困惑《こんわく》・恐《おそ》れ

(1) 「①地面はぐらぐらとゆられ」たとは、どのような状況《じょうきょう》なのですか。[　]に当てはまる言葉をAは三字、Bは八字で文章中から書き抜《ぬ》きなさい。

・たすけにきたぞうたちが、オツベルの A[　　　]をとりまいて、B[　　　　　　　　]になっているという状況。

ヒント どんな場所で、どのようなことが起こっているかを、あとの部分に注目して読み取る。

(2) 仲間のぞうたちがたすけにきたとき、小屋の中のぞうはどのような気持ちになりましたか。それがわかる言葉を二つ、五字ずつで書き抜きなさい。

[　　　　　]・[　　　　　]

ヒント 会話文に注目する。小屋の中のぞうは、感謝と喜びを伝えている。

(3) 「②へいのなかには……するだけだ。」は、どのような様子を表していますか。次から一つ選び、記号で答えなさい。

ア 百姓どもがオツベルを慕《した》う様子。
イ オツベルが百姓どもをこき使う様子。
ウ オツベルも百姓どもも混乱する様子。
エ オツベルだけが冷静でいる様子。

（　　）

ヒント 「さけんでいる」「うろうろするだけ」に注目する。

定期テスト予想問題①

時間 30分
解答 別冊9ページ

得点　／100

1 【説明的文章】次の文章を読んで、あとの問いに答えなさい。

[1] 記憶《きおく》とは、知識として存在するものなのだろうか。もちろん一部の記憶は、知識として私たちのなかに入っている。[A]私たちは、知識として古代のことや江戸《えど》時代のことも知っている。[B]、それがすべてではないだろう。

[2] たとえば、私たちはときに奈良や京都で、あるいは近くの寺院で古代の仏像を目にする。その仏像のことは、事前に知識として知っていたとしよう。ところが、その仏像に接することによって、知識がふえるだけでなく、観《み》るという行為《こうい》によって得られた記憶が残る。いわば、①そのことによって、「眼《め》の記憶」とでもいうべきものが残され、その「眼の記憶」が、それ以降の私たちの判断に影響《えいきょう》を与《あた》えるようになる。

[3] 同じように、私たちは、さわることよって得た記憶ももっているし、持ち上げたり背負ったりして得た記憶ももっている。それらを②「手の記憶」、「身体の記憶」と呼んでおけば、そのような記憶をもとおして、私たちは過去の木造建築の文化やその美術を生みだした時代を知り、過去を記憶するのであろう。こうして過去の記憶もまた、知識だけでは手に入れることのできない総合的な記憶として、残されていく。ちょうど、戦中を経験した人々には、知識だけではなく、身体のなかにも戦争の記憶が残されているように。

[4] ところが、ヨーロッパに発生し、その後世界に広がった近代思想は、人間の本質は知性にあると考え、身体とともにある記憶を無視してしまった。そのことに対する③反省は、ヨーロッパでも二十世紀後半に入ると、フランスの哲学《てつがく》者、メルロー・ポンティらの手ですすめられていくことになるけれど、現代人たちは、④知識だけを頼《たよ》りにする記憶のもろさ、弱さに直面することになった。

[5] たとえば、手の記憶とともにある大工の技や農民の技、さまざまな物づくりの技は確かである。私たちはしばしば、高齢《こうれい》者たちがもっている暮らしの技に感心するが、それらは知識を⑤身体の記憶が包むことによって生まれた技である。そして、その身体の記憶のなかには、遠い昔から受け継《つ》がれてきた、歴史の記憶が内蔵されている。つまり、逆からみれば、身体の記憶に包まれることがなくなった知識だけの記憶は、それ自体として弱さをもっているのである。

[6] 現在では、人間の能力や力の低下が問題にされるようになった。知識はある程度もっているのに、歴史が蓄積《ちくせき》してきたものを受け継ぎながら創造的に生きる力が弱ってきている。

7 こうして私たちは、歴史と人間の結びつきを、新しい視点から考察しなければならなくなった。

（内山節《うちやまたかし》『「里」という思想』〈新潮選書〉より）

(1) □A・Bに当てはまる言葉として最も適切なものを次から一つずつ選び、記号で答えなさい。【5点×2】

ア すると　イ だが
ウ だから　エ つまり

A〔　　〕　B〔　　〕

思考 (2) ――線部①「そのこと」とは、具体的にどのようなことを指していますか。文章中の言葉を使って書きなさい。【15点】

〔　　　　〕

(3) ――線部②「『手の記憶』、『身体の記憶』」について、次の問題に答えなさい。

① 「『手の記憶』、『身体の記憶』」とは、どのようなものですか。〔　〕に当てはまる言葉を文章中から書き抜《ぬ》きなさい。【10点】

・〔　　〕することをとおして身体に記憶されたもの。

② 筆者は、記憶とはどのようなものだと述べていますか。〔　〕に当てはまる言葉を文章中から書き抜きなさい。【5点×3】

・記憶とは、〔　　〕だけではなく、〔　　〕に残る記憶をも含《ふく》んだ、〔　　〕なものである。

思考 (4) ――線部③「反省」とありますが、どのようなことに対する反省ですか。文章中の言葉を使って書きなさい。【15点】

〔　　　　〕

(5) ――線部④「知識だけを頼りにする記憶のもろさ、弱さ」とは、どういう弱さですか。〔　〕に当てはまる言葉を文章中から書き抜きなさい。【5点×2】

・〔　　〕から受け継がれてきた〔　　〕が失われているという弱さ。

(6) ――線部⑤「身体の記憶」と対比して書かれている言葉を、文章中から七字で書き抜きなさい。【10点】

□□□□□□□

(7) 筆者は、私たちには今後、どのようなことが必要とされていると述べていますか。それがわかる段落を探し、段落番号で答えなさい。【15点】

〔　　〕

定期テスト予想問題 ②

時間 30分
解答 別冊9ページ

得点 /100

1 【文学的文章】次の文章を読んで、あとの問いに答えなさい。

八歳《さい》の良平《りょうへい》は、工事現場のトロッコに乗りたいとあこがれる。ある日、土工に声をかけると、トロッコに乗せてもらうことができた。最初はうれしさでいっぱいだった良平だが、そのうち、あまりにも遠くまで来すぎたことに気づき、不安を覚え始める。

その坂をむこうへおりきると、またおなじような茶店があった。土工たちがそのなかへはいったあと、良平はトロッコに腰《こし》をかけながら、帰ることばかり気にしていた。①茶店のまえには花のさいた梅に、西日の光が消えかかっている。「もう日が暮れる。」――かれはそう考えると、ぼんやり腰かけてもいられなかった。トロッコの車輪をけってみたり、ひとりでは動かないのを承知しながら、うんうんそれを押《お》してみたり、――そんなことに気持ちをまぎらせていた。

ところが土工たちはでてくると、車の上の枕木《まくらぎ》に手をかけながら、むぞうさにかれにこういった。

「われはもう帰んな。おれたちはきょうはむこう泊《ど》まりだから。」

「あんまり帰りがおそくなるとわれのうちでも心配するずら。」

②良平は一瞬間《しゅんかん》あっけにとられた。もうかれこれ暗くなること、去年の暮れ母と岩村《いわむら》まできたが、きょうの道はその三、四倍あること、それをいまからたったひとり、あるいて帰らなければならないこと、――③そういうことが一時にわかったのである。良平はほとんど泣きそうになった。が、泣いてもしかたがないと思った。泣いている場合ではないとも思った。かれはわかいふたりの土工に、取ってつけたようなおじぎをすると、どんどん線路づたいに走りだした。

良平はしばらく④無我夢中に線路のそばを走りつづけた。そのうちにふところの菓子《かし》づつみが、じゃまになることに気がついたから、それを道ばたへほうりだすついでに、板ぞうりもそこへぬぎすててしまった。すると薄《うす》いたびの裏へじかに小石が食いこんだが、足だけははるかに軽くなった。かれは左に海を感じながら、きゅうな坂道を駆《か》け登った。ときどき涙《なみだ》がこみあげてくると、しぜんに顔がゆがんでくる。――それはむりにがまんしても、鼻だけはたえずくうくう鳴った。

竹やぶのそばを駆けぬけると、夕焼けのした日金山《ひがねやま》の空も、もうほてりが消えかかっていた。良平はいよいよ気が気でなかった。いきと帰りと変わるせいか、けしきのちがうのも不安だった。するとこんどは着物までも、汗《あせ》のぬれとおったのが気になったから、やはりひっしに駆けつづけたなり、羽織《はおり》を道ばたへぬいですてた。

　みかん畑へくるころには、あたりは暗くなる一方だった。「命さえ助かれば――」良平はそう思いながら、すべってもつまずいても走っていった。

（芥川龍之介《あくたがわりゅうのすけ》「トロッコ」『杜子春・トロッコ』〈学習研究社〉より）

(1) ――線部①「茶店のまえには花のさいた梅に、西日の光が消えかかっている。」という情景は、時の経過とともに良平の気持ちも表しています。その気持ちとして最も適切なものを次から一つ選び、記号で答えなさい。【20点】

ア 暗くなっているのに、土工たちが茶店へ入ったまま構ってくれないので、つまらない気持ち。

イ 日が暮れるので、今日はこのまま家へ帰れないのではないかという悲しい気持ち。

ウ 日が暮れるので、早く家に帰らなければというあせる気持ち。

エ 暗くなるのに、自分を放っておく土工たちを恨《うら》む気持ち。

〔　　〕

(2) (1)と同じように、時の経過と良平の気持ちが情景の変化によって表されている文を二つ探し、それぞれの初めの五字を書き抜《ぬ》きなさい。【10点×2】

・□□□□□　・□□□□□

(3) ――線部②「良平は一瞬間あっけにとられた。」とありますが、なぜですか。その理由として最も適切なものを次から一つ選び、記号で答えなさい。【20点】

ア 土工たちも一緒《いっしょ》に帰るものと思っていたのに、そうではないことがわかったから。

イ さっきまでは優しかった土工たちが、急に突《つ》き放すように冷たくなったから。

ウ 土工の話から、今いる場所が、思ったよりも三、四倍、家から遠いことがわかったから。

エ 土工たちとともに自分も泊まると思っていたが、それはできないと言われたから。

〔　　〕

(4) ――線部③「そういうことが一時にわかったのである」とありますが、そこから走りだすまでの良平の気持ちの移り変わりとして最も適切なものを次から一つ選び、記号で答えなさい。【20点】

ア 判断→不安→必死　**イ** 不安→判断→決心

ウ 不安→決心→安心　**エ** 判断→夢中→不安

〔　　〕

(5) ――線部④「無我夢中に線路のそばを走りつづけた」とありますが、走りつづけるなかで良平の気持ちはどのようになっていきますか。次の〔　〕に入る言葉を文章中から書き抜きなさい。【10点×2】

・どんどん〔　　〕が高まり、〔　　〕いいという気持ちにまで追い詰《つ》められていく。

読解問題は客観的に読んで答えよう！

「うーん……。〝このときのヒロキの気持ちにあてはまるのは次のうちどれか〟……。ヒロキの気持ちなんてわからないよー!!」

「翔也《しょうや》くんって、読解問題の登場人物に感情移入するタイプなのね。」

「え？　そんなことないと思いますよ？　うまく感情移入できないから、ヒロキの気持ちがわからないんだと思うんですが……。香織先輩《かおりせんぱい》こそ、小説を読むときは泣いたり笑ったりしてるじゃないですか。」

「私は小説を読むときは、感動したり、腹を立てたり、自分だったらどうするかなとか考えたりして楽しむけれど、読解問題を解くときは感情移入しないようにしてるよ。」

「それって、どういうことですか？」

「国語の読解問題では、文学的文章でも説明的文章でも、**内容やテーマ、作者や筆者の伝えたいことを、客観的に読み取らないといけないの**。さっきの問題でも、ヒロキの気持ちを自分のことのように考えるんじゃなくて、**〝文章に書かれている内容のみから判断して、答える必要がある**〟ってこと。」

「〝自分だったらどう思うか〟じゃなくて〝文章にどういうことが書かれているか〟を基準にするってことですか？」

「そう。**読解問題で問われていることは、文章の中のどこかに必ず書かれている**のよ。」

「読書の楽しみ方と読解問題の解き方は違《ちが》うんだね。」

「なるほど。じゃあ、この問題の場合は……傍線《ぼうせん》部の前と後にこう書かれているから……答えはイかな。」

「その調子！　**説明的文章や随筆《ずいひつ》で筆者の主張が問われたときも同じ**だよ。」

「〝文章の内容をふまえて、あなたの意見を書きなさい〟っていう問題の場合は、客観的に読み取った上で、自分の意見を書いてね。」

「読解問題の解き方が、少しわかったような気がします！」

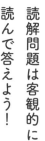

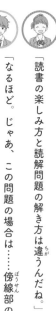

【読解編】

2
章

詩歌

1 詩の形式と表現技法

教科書の要点

詩

◎詩には、**定型詩**・**自由詩**の二つの形式があり、比喩《ひゆ》などの**表現技法**を用いて表される。表現技法に注目することで、**情景**や**作者の心情**、**感動の中心**をとらえることができる。

詩

詩とは、短い言葉や文の中に、作者の感動や深い思いを印象深く表現したものである。詩の形式を理解し、**表現技法**に着目して、**詩の情景や心情**、**感動の中心**をとらえる。

(1) **詩の形式**……各行の音数や各連の行数が決まっている詩を**定型詩**、音数や行数にきまりのない自由な形の詩を**自由詩**という。

(2) **表現技法**……詩の表現の工夫には、主に次のようなものがある。

❶ **比喩《ひゆ》**……あるものの様子をほかのものにたとえることで印象を強める技法。**直喩**・**隠喩《いんゆ》**・**擬人《ぎじん》法**などがある。

❷ **反復**……同じ言葉や文を繰《く》り返すことで、リズムを整えたり印象を強めたりする技法。

❸ **対句**……同じ構成で、よく似た語句や対照的な語句を並べることで、リズムを生んだり印象を強めたりする技法。

❹ **倒置《とうち》**……言葉の並び順を普通《ふつう》とは逆にし、その部分を強調したり味わいを深めたりする技法。

❺ **体言止め**……行の終わりを体言（名詞）で止め、印象を強める技法。

❻ **省略**……言葉を途中《とちゅう》で切り、その後を省略して余韻《よいん》を残す技法。

発展 **用語による詩の分類**

詩を用語によって分類すると、次の二つに分けられる。

- **口語詩**…現代の言葉で書かれた詩。
- **文語詩**…昔の言葉（文語）で書かれた詩。

形式上の分類と組み合わせると、例えば、現代の言葉を用い、自由な形式で書かれた詩を「口語自由詩」という。また、昔の言葉を用い、音数や行数にきまりがある詩を「文語定型詩」という。

くわしく **比喩《ひゆ》の種類**

- **直喩**…「ような」「ようだ」を使う。
  例 りんごのような赤いほお。
- **隠喩《いんゆ》**…「ような」などを使わない。
  例 彼女《かのじょ》は、このクラスの太陽だ。
- **擬人《ぎじん》法**…人間でないものを、人間にたとえて表現する。
  例 風がささやく。

練習

解答 別冊10ページ

1 【詩の形式と表現技法】次の詩を読んで、下の問いに答えなさい。

白い馬　　高田敏子《たかだとしこ》

波のうしろをはしる波……
波のまえをはしる波……
海には　白い馬が群れている

春の朝
白い馬は　陸に駆《か》けあがり
少年たちの姿になってはしりつづける

やがて
その若い光の一列が
みさきのほうへ曲がってゆく

〈高田敏子「白い馬」『高田敏子全詩集』〈花神社〉より〉

読み取りのポイント

詩の表現技法を押《お》さえて、作者の感動をとらえる。

- （第一連）「白い馬」…「波」の隠喩《いんゆ》。
- （第二連）「少年たち」…浜《はま》に打ち寄せ、打ち上げる「波」を擬人《ぎじん》化した擬人法。
- （第三連）「若い光の一列」…みさきに沿って光る「波」の列の隠喩。

⬇

春の海の若々しいイメージを描《えが》いて、明るい生命の喜びを表現している。

---

(1) この詩で対句が用いられている二行を書き抜《ぬ》きなさい。

〔　　〕

ヒント　同じ言葉を並べた部分、対照的な言葉の対応をつかむ。

(2) 「少年たちの姿になってはしりつづける」のように、人でないものを人に見立てて表現する技法を、何といいますか。次から一つ選び、記号で答えなさい。

ア 体言止め
イ 擬人《ぎじん》法
ウ 倒置《とうち》
エ 直喩《ちょくゆ》

〔　　〕

ヒント　「比喩（たとえ）」のうちの一つである。

(3) この詩から感じられるものとして適切なものを、次から一つ選び、記号で答えなさい。

ア 作者の人生に対する強い決意。
イ 過去の出来事をなつかしむ思い。
ウ 恵《めぐ》まれた幸福に対する感謝。
エ 明るい生命感のみずみずしさ。

〔　　〕

ヒント　「波」を、躍動《やくどう》感のある「馬」や「少年たち」にたとえていることから考える。

1 短歌の形式と表現技法

教科書の要点

短歌

◎短歌は、「五・七・五・七・七」の五句三十一音から成る定型詩で、独特の表現形式をもつ。詩と同じように表現技法に注目することで、情景や作者の感動をとらえる。

短歌

「五・七・五・七・七」の五句は、**「初句・二句・三句・四句・結句」**とよばれ、上三句を上の句、下二句を下の句という。

(1) **短歌の形式**……次のような特徴《とくちょう》がある。

❶ **字余り・字足らず**……五句それぞれの音数が、定型よりも多いものを字余り、少ないものを字足らずという。

❷ **句切れ**……意味や調子の切れ目。どこで切れるかによって、初句切れ・二句切れ・三句切れ・四句切れ、句切れがない場合を句切れなしという。

白鳥《しらとり》は（初句・五音）　かなしからずや（二句・七音）　二句切れ／空の青（三句・五音）……上の句（上三句）
海のあを《お》にも（四句・七音）　染まずただよふ《う》（結句・七音）……下の句（下二句）
若山牧水《わかやまぼくすい》

(2) **表現技法**……短歌の表現の工夫には、主に次のようなものがある。

❶ **比喩《ひゆ》**……あるものの様子をほかのものにたとえて印象を強める技法。

❷ **反復**……同じ語句を繰《く》り返し用いて、調子を整える技法。

❸ **倒置《とうち》**……語順を逆にして、強調したり味わいを深めたりする技法。

❹ **体言止め**……歌の終わりを体言（名詞）で止め、印象を強める技法。

くわしく 音の数え方

「平仮名《ひらがな》一文字が一音」が基本。ほかに次のことに注意しよう。

●「ん（撥音《はつおん》）」「っ（促音《そくおん》）」「ー（長音）」は**一音**である。

例 さんま（三音）　そっと（三音）　コート（三音）

●「きゃ・きゅ・きょ」などの拗音《ようおん》は、平仮名二文字で一音である。

例 きんぎょ（三音）　きしゃ（二音）

発展 句切れとは

句切れは意味の切れ目で、文章でいえば、句点（。）のつくところである。また、句切れの部分に作者の感動の中心があることを覚えておくとよい。次のような点に注意して、切れ目を判断する。

●「や」「よ」「たり」「なり」など。

●動詞や形容詞の終止形（言い切りの形）。

●体言（名詞）。

練習

解答 別冊10ページ

1 【短歌の形式と表現技法】次の短歌を読んで、下の問いに答えなさい。

A　みちのくの母のいのちを一目見ん一目みんとぞただにいそげる　斎藤茂吉《さいとうもきち》

B　あたらしく冬きたりけり鞭《むち》のごと幹ひびき合ひ《イ》竹群《たかむら》はあり　宮《みや》　柊二《しゅうじ》

C　遠足の小学生徒有頂天に大手ふりふり往来とほ《オ》る　木下利玄《きのしたりげん》

D　海恋《こひ》《コイ》し潮の遠鳴りかぞへ《エ》ては少女《をとめ》《オトメ》となりし父母《ちちはは》の家　与謝野晶子《よさのあきこ》

E　やは《ワ》らかに柳《やなぎ》あを《オ》める
北上《きたかみ》の岸辺目に見ゆ
泣けとごとくに　石川啄木《いしかわたくぼく》

読み取りのポイント

短歌の形式と表現の工夫を押《お》さえて、作者の感動をとらえる。

A「一目見ん」の「ん」は、「どうしても会うのだ」という意志を表す。「ひとめみん」の五音を繰《く》り返して、命がつきようとしている母に会いたい気持ちを強調した歌。

B「けり」で意味が切れる。「鞭のごと」は「鞭で打つように」の意味。季節の到来《とうらい》の歌。

C　意味の切れ目がない。「往来」は「町中《まちなか》の通り」。子供の楽しげな様子を詠《よ》んだ歌。

D「恋し」で意味が切れる。海辺の父母の家で過ごした少女時代のことを思い出して、なつかしんでいる歌。体言止めが用いられている。

E「泣けとごとくに」は「見ゆ」に係る語だが、語順が逆になっている。「泣けとごとくに」は「泣けとでもいうように」の意味。遠く離《はな》れた土地から故郷を思う歌。

(1) 次の①・②に当てはまる短歌を、A〜Eから一つずつ選び、記号で答えなさい。

①　初句切れの短歌　（　　）

②　字余りの短歌　（　　）

ヒント　①意味の切れ目を探す。②基本の五音が、六音になっている句がある歌を探す。

(2) 次の表現技法が用いられている短歌を、A〜Eからすべて選び、記号で答えなさい。（同じ短歌を何度選んでもよい。）

①　比喩《ひゆ》（直喩）　（　　）

②　倒置《とうち》　（　　）

③　反復　（　　）

ヒント　①現代語の「ように」に当たる語を探す。②短歌を「文」と考えて、語順に注目する。③同じ語句が繰《く》り返されている部分を探す。

(3) A〜Eの短歌の説明として適切なものを、次から一つずつ選び、記号で答えなさい。

ア　かつての暮らしを思い出している。

イ　楽しそうな様子を優しい目で見ている。

ウ　故郷の景色を、ありありと思い浮《う》かべている。

エ　さし迫《せま》った状況《じょうきょう》で、強く願っている。

オ　厳しい季節を迎《むか》えて身を引き締《し》めている。

A（　　）　B（　　）

C（　　）　D（　　）

E（　　）

ヒント　作者の思いが何に向けられているかを考える。

1 俳句の形式と表現技法

教科書の要点

俳句

◎俳句は、**「五・七・五」の三句十七音**から成る定型詩で、「世界で最も短い詩」といわれている。**季語や切れ字**に注目して、情景や作者の感動をとらえる。

俳句 （↓210ページ）

「五・七・五」の三句は、「初句（上五）・二句（中七）・結句（下五）」とよばれる。俳句には、原則として**季語**をよみ込《こ》むきまりがある。

(1) **俳句の形式**……短歌と同じような特徴《とくちょう》がある。

❶ **字余り・字足らず**……三句それぞれの音数が、定型よりも多いものを字余り、少ないものを字足らずという。

❷ **句切れ**……意味の切れ目。どこで切れるかによって、初句切れ・二句切れ・句切れなしという。また、句の途中《とちゅう》で切れるものを中間切れという。

(2) **俳句の表現の特徴**……俳句独特の、次のような特徴がある。

❶ **季語**……**季節を表す言葉**で、一つの俳句の中に一つよみ込むのが原則とされている。

❷ **切れ字**……俳句の意味の切れ目を作り、作者の感動を強めるために用いる。**切れ字**には、**「や・よ・ぞ・かな・けり・なり・たり」**などがある。切れ字があれば、そこが句切れとなる。

初句	二句	結句
遠山《とおやま》に	日の当《あた》りたる	枯野《かれの》かな
五音	七音	五音

↓季語「枯野」で季節は「冬」
↓切れ字→句切れなし

高浜虚子《たかはまきょし》

(3) **表現技法**……比喩《ひゆ》・体言止めなど、短歌と同様の表現技法が用いられる。

くわしく　季語らしい語が二つ以上ある場合は？

中心となる季語を判断し、その句の季語・季節とする。

①俳句の全体が、四季のうち、どの季節と最も関係が深いかを考える。

②どの季語が、句の主題とつながるかを考える。

発展　自由律俳句と無季俳句

俳句は、定型と季語の「有季定型」が基本だが、そうでないものもある。定型でない自由な音律のものを「自由律俳句」、季語のないものを「無季俳句」という。

例　分け入つ《ッ》ても分け入つ《ッ》ても青い山　種田山頭火《たねださんとうか》

右の句は、自由律俳句でもあり、無季俳句でもあるよ。

練習

解答 別冊10ページ

1 【俳句の形式と表現技法】次の俳句を読んで、下の問いに答えなさい。

A 柿《かき》食へ《エ》ば鐘《かね》が鳴るなり法隆寺《ほうりゅうじ》　正岡子規《まさおかしき》

B 流れ行く大根の葉の早さかな　高浜虚子《たかはまきょし》

C 雀《すずめ》らも海かけて飛べ＊吹流し《ふきながし》　石田波郷《いしだはきょう》

＊吹流し…こいのぼり。

D あを《オ》あを《オ》と空を残して蝶《てふ》《チョウ》分《わか》れ　大野林火《おおのりんか》

E 万緑《ばんりょく》《リョク》の中や吾子《あこ》の歯生え初《そ》むる　中村草田男《なかむらくさたお》

F 五月雨《さみだれ》や大河《たいが》を前に家二軒《けん》　与謝蕪村《よさぶそん》

G 山路来てなにやらゆかしすみれ草　松尾芭蕉《まつおばしょう》

読み取りのポイント

俳句の形式と表現の工夫を押《お》さえて、作者の感動をとらえる。

A 季語は「柿（秋）」。「なり」は切れ字。体言止めが用いられている。
B 季語は「大根（冬）」。「かな」は切れ字。「流れ行く」「早さ」に驚《おどろ》いている。
C 季語は「吹流し（夏）」。明るく、生き生きと躍動《やくどう》する情景を描《えが》いている。
D 季語は「蝶（春）」。情景の一部を切り取ったような描き方である。
E 季語は「万緑（夏）」。「や」は切れ字。「生え初むる」は「生え始める」の意味。
F 季語は「五月雨（夏）」。「や」は切れ字。体言止めが用いられている。
G 季語は「すみれ草（春）」。「ゆかし」は「心がひかれる」の意味。

(1) A～Gの俳句について、次の問題に答えなさい。

① 切れ字があって句切れなしの句を、一つ選びなさい。〔　　〕

② 切れ字があって二句切れの句を、一つ選びなさい。〔　　〕

③ 切れ字が二句の途中《とちゅう》にある句を、一つ選びなさい。〔　　〕

ヒント 切れ字がある句は四句ある。切れ字のあるところが句切れとなる。

(2) A～Gの俳句から、次の説明に当てはまるものを一つずつ選び、記号で答えなさい。

① 季節は夏で、さわやかで躍動《やくどう》感のある情景に心を寄せている。〔　　〕

② 季節は春で、ふと見つけたものに心がひかれ、いやされている。〔　　〕

③ 季節は春で、生き物の動きと色彩《しきさい》の鮮《あざ》やかさに心を奪《うば》われている。〔　　〕

ヒント まず季語を確かめて、季節を明らかにする。そして、作者の感動をつかむ。

(3) Bの俳句で、作者の視線は何に向けられていますか。俳句の中から書き抜《ぬ》きなさい。〔　　〕

ヒント 作者の感動の中心は、切れ字を含《ふく》んだ結句「早さかな」にある。作者は何の動きを追って「早さ」を感じ取っているかをとらえる。

定期テスト予想問題

時間 30分
解答 別冊10ページ

得点 ／100

1 【詩】次の詩を読んで、あとの問題に答えなさい。

岩が

吉野《よしの》　弘《ひろし》

岩が　しぶきをあげ
流れに逆らっていた。
岩の横を　川上へ
強靭《きょうじん》な尾《お》をもった魚が　力強く
ひっそりと　泳いですぎた。
逆らうにしても
それぞれに特有な
そして精いっぱいな
仕方があるもの。
魚が岩を憐《あわ》れんだり
岩が魚を卑《いや》しめたりしないのが
いかにも爽《さわ》やかだ。
流れは豊かに
むしろ　卑屈《ひくつ》なものたちを
押《お》し流していた。

（「吉野弘詩集」『現代詩文庫』〈思潮社〉より）

(1) この詩でうたわれているのは、どのような川の様子ですか。最も適切なものを次から一つ選び、記号で答えなさい。【10点】

ア ゆったりと流れる大きな川。
イ 浅くてさらさら流れる川。
ウ 急で勢いよく流れる川。
エ 水かさを増して濁《にご》った川。

〔　　〕

(2) この詩で用いられている表現技法として最も適切なものを次から一つ選び、記号で答えなさい。【10点】

ア 直喩《ちょくゆ》　**イ** 反復
ウ 倒置《とうち》　**エ** 擬人法《ぎじんほう》

〔　　〕

(3) ――線部「卑屈なものたちを／押し流していた」とありますが、反対に「押し流されないもの」として挙げられているものを、詩の中から二つ書き抜《ぬ》きなさい。【5点×2】

〔　　〕・〔　　〕

(4) この詩は何に対する感動をうたっていますか。〔　〕に当てはまる言葉を詩の中から書き抜きなさい。【5点×2】

・それぞれに特有な〔　　〕仕方で、川の流れに〔　　〕ものたちへの感動。

2 【短歌】次の短歌を読んで、あとの問題に答えなさい。

A 草わかば色鉛筆《えんぴつ》の赤き粉《こ》のちるがいとしく
寝《ね》て削《けず》るなり　北原白秋《きたはらはくしゅう》

B くれなゐ《イ》の二尺伸《の》びたる薔薇《ばら》の芽の針やはら《ワ》かに
春雨《はるさめ》のふる　正岡子規《まさおかしき》

C 金色《こんじき》のちひ《イ》さき鳥のかたちして銀杏《いちやう》《イチョウ》ちるなり
夕日の岡《をか》《オカ》に　与謝野晶子《よさのあきこ》

D 最上川《もがみがは》《ガワ》の上空にして残れるはいまだうつくしき
虹《にじ》の断片　斎藤茂吉《さいとうもきち》

(1) 字余りの短歌をA～Dから一つ選び、記号で答えなさい。【5点】〔　　〕

(2) 比喩《ひゆ》と倒置が用いられている短歌をA～Dから一つ選び、記号で答えなさい。【5点】〔　　〕

(3) 次の鑑賞《かんしょう》文に当てはまる短歌をA～Dから一つずつ選び、記号で答えなさい。【5点×2】

① 植物と自然現象との関係を、繊細《せんさい》な感覚でとらえ、作者のみずみずしい感性を感じさせる。〔　　〕

② 色彩《しきさい》の対比が鮮《あざ》やかで、細かいものに対する作者の愛情が感じられる。〔　　〕

3 【俳句】次の俳句を読んで、あとの問題に答えなさい。

A いくたびも雪の深さを尋《たづ》《タズ》ねけり　正岡子規《まさおかしき》

B を《オ》りとりてはらりとおもきすすきかな　飯田蛇笏《いいだだこつ》

C 流れ行く大根の葉の早さかな　高浜虚子《たかはまきょし》

D 赤い椿《つばき》白い椿と落ちにけり　河東碧梧桐《かわひがしへきごとう》

E たんぽぽや日はいつまでも大空に　中村汀女《なかむらていじょ》

F *金剛《こんがう》《コンゴウ》の露《つゆ》ひとつぶや石の上　川端茅舎《かわばたぼうしゃ》

*金剛…金剛石（＝ダイヤモンド）。

(1) A～Fの俳句から、秋の季語を二つ書き抜きなさい。【5点×2】〔　　〕・〔　　〕

(2) A～Fの俳句から、切れ字を三つ書き抜きなさい。(同じ切れ字は一つとして数える。)【5点×3】〔　　〕・〔　　〕・〔　　〕

(3) 字余りの俳句を一つ選び、記号で答えなさい。【5点】〔　　〕

(4) 次の鑑賞文に当てはまる俳句をA～Fから一つずつ選び、記号で答えなさい。【5点×2】

① 見た目にはわからなかった意外な命の重さを感じて詠《よ》んだ句。〔　　〕

② 部屋の中にいて、外の様子を知ることができないもどかしさを詠んだ句。〔　　〕

比較する
Column

観点を決めて比較《ひかく》・分析《ぶんせき》しよう

図表や文章の内容は、複数を比較・分析することで、一つだけではわからなかった特徴《とくちょう》を読み取ることができる。次の四つを、具体的な観点を決めて比較・分析してみよう。

1 グラフを比較する

●二つのグラフを比較《ひかく》し、それぞれのグラフの最大値・最小値などに注目して、数値の違《ちが》いをとらえよう。

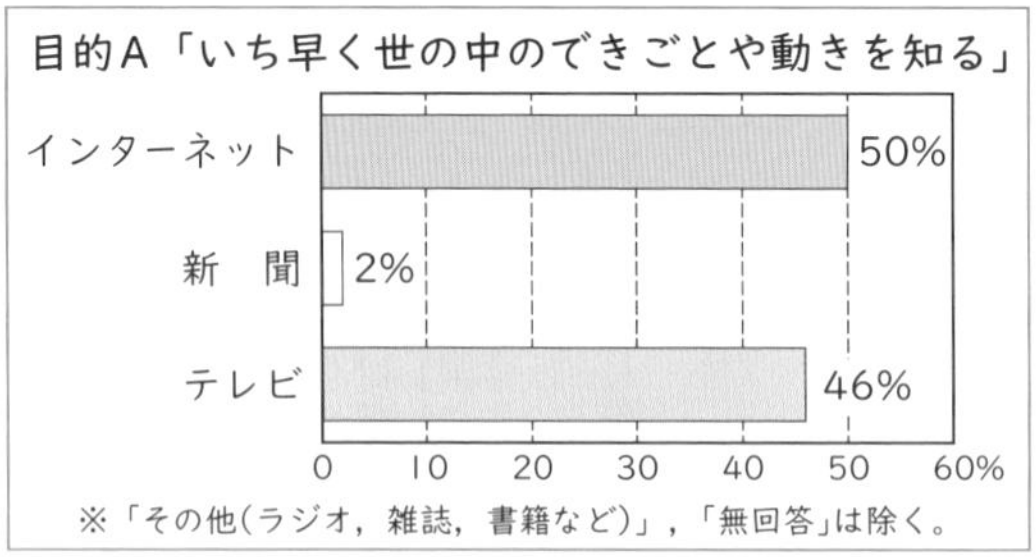

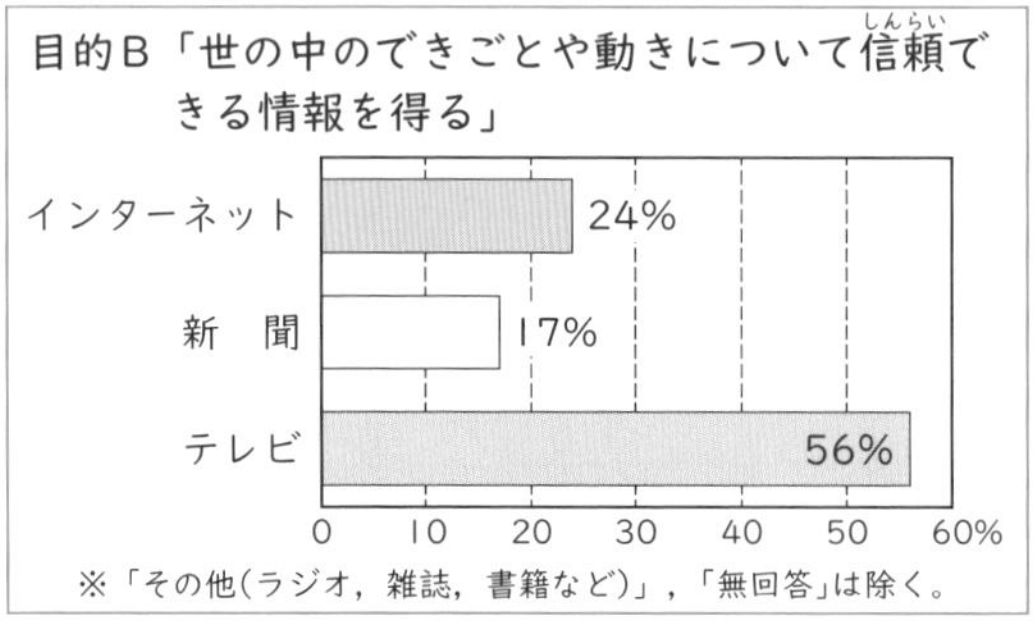

（総務省情報通信政策研究所「令和元年度　情報通信メディアの利用時間と情報行動に関する調査報告書」より作成）

インターネットは、いち早く情報を知るためにはよく利用されているが、信頼できる情報を得るためにはあまり利用されていないことがわかる。

2 ポスターを比較する

●二つのポスターを比較し、それぞれのポスターに記載《きさい》されている情報の違いに注目しよう。

A

B

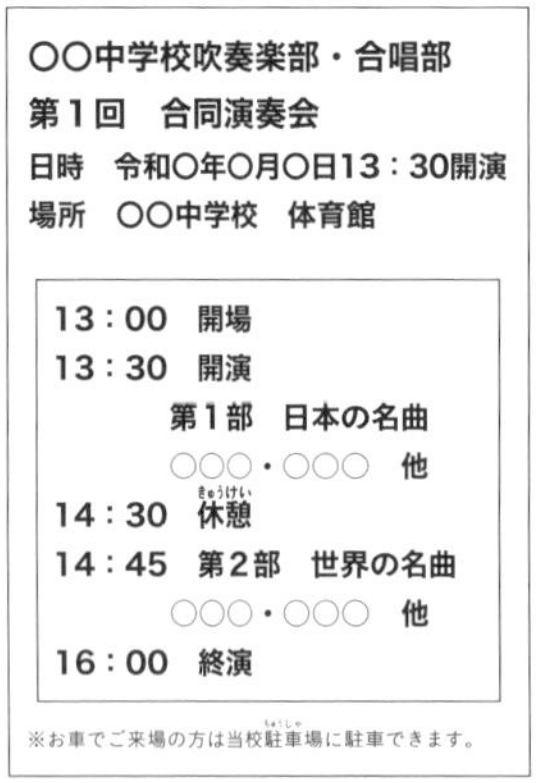

ポスターAは合同演奏会のスローガンとイラストを前面に打ち出しており、ポスターBはタイムスケジュールや駐車場の利用についてくわしく知らせている。

3 新聞の見出しを比較する

●二つの新聞で同じ出来事を扱《あつか》った記事の見出しを比較し、情報の送り手によって、伝える視点に違いがあることをとらえよう。

〈試合結果〉

(勝)ブラックス　2対1　ホワイツ(負)

〈A新聞の見出し〉

ホワイツ、おしくも敗れる

〈B新聞の見出し〉

ブラックス、実力どおりの勝利！

A新聞は「おしくも」とあるように、ホワイツが負けて残念だったという印象を、B新聞は「実力どおりの」とあり、ブラックスが勝つことを期待していた印象を与《あた》える。A新聞はホワイツ、B新聞はブラックスの立場から見た事実を述べていることがわかる。

4 二つの文章を比較する

●二つの案内文の案を比較し、それぞれの案内文に記載されている内容の違いに注目しよう。

A案

私たちの学校では、毎年十月に、高齢者《こうれいしゃ》施設《しせつ》を訪問して交流会を開くというボランティア活動を行っています。昨年も、全学年合わせて五十名が参加してくれました。初めて参加する人でも大丈夫《だいじょうぶ》です。みなさんの参加をお待ちしています。

B案

私たちの学校の伝統的な行事である高齢者施設を訪問する交流会は、地域の高齢者の方々にたいへん喜ばれています。このボランティア活動に参加することは、私たちにとっても地域の行事や歴史などについてのお話を伺《うかが》うことができるよい機会となります。みなさんもぜひ参加してください。

A案は、交流会がいつ行われ、過去にどのくらいの参加人数であったかという、具体的な情報を示している。一方、B案は、交流会が伝統的な行事であり、地域の高齢者の方々から学ぶ機会でもあるという、交流会の意義を示している。

中学生のための勉強・学校生活アドバイス

「この間、中学生になって初めて実力テストを受けたんですけど、文学的文章を解くのに時間がかかって、説明的文章が1問しか解けなかったんです……。」

「私もそうなっちゃったことがあったなー。翔也《しょうや》は、文学的文章よりも説明的文章のほうが得意なのに、もったいないことしたね。」

「苦手な問題には、時間がかかるよね。**テストには、時間制限があるから、時間配分が重要**なの。**テスト問題が配られたら、〝どれくらいの問題量があるのか〟、〝どんな問題が出題されているのか〟を確認する**といいよ。」

「それって、大問1は漢字の読み書き、大問2は文学的文章、大問3は説明的文章、大問4は古文だな、って確認するっていうことですか?」

「そのとおり。まず、だいたいの**問題量と内容を確認して、得意な大問から解く**と、確実に得点できるし、苦手な大問にもじっくり取り組むことができるよね。」

テストを受けるときは、時間配分に注意!

「つい、大問1から順番に解こうとしちゃうけれど、**大問番号の順に解く必要はない**もんね!」

「なるほど!」

「私はさらに、大問の中でも〝この問題は時間がかかりそうだな〟って思う問題があったら、**印を付けておいて、ほかの問題を解き終わったあとに解く**ようにしているよ。」

「そうすれば、〝正解できるはずの問題なのに、時間がなくて解けなかった〟ってこともなくなるね!」

「実力テストや入試問題だけじゃなくて、定期テストを解くときも同じね。**50分のテストだったら、はじめの1~2分で名前を書いて出題内容の確認、35~40分で一通り解き終えて、残りの10分くらいで見直し**をするのがいいよ。」

「早速、次回の定期テストからやってみます!」

「頑張《がんば》れ〜!」

【古典編】

1章

古文

1 古文の世界

「古典」とは、古い時代に書かれた書物のことで、「古文」とは、日本の江戸《えど》時代以前の文や文章のことだよ。

古文に関するQ&A

Q 昔の言葉で書かれたものなら、現代の私たちには関係がないのでは?

A 私たちが「昔話」や小説として楽しんでいるものの中にも、古文がもとになっているものがたくさんあるよ。愉快《ゆかい》な話や、「なるほど」と感心させられる話など、気軽に読めるものもたくさんあるよ。

【古文】

「ただ目鼻《めはな》をば召《め》すとも、この瘤《こぶ》は許し給《たま》ひ《(イ)》候《さぶら》は《(ワ)》ん。年比《としごろ》持ちて候《さぶら》ふ《(ロウ)》物を故なく召されん、条なき事に候《さぶら》ひ《(イ)》なん」と云《い》へ《(エ)》ば、横座《よこざ》の鬼《おに》「かう《(コウ)》惜《を》し《(オ)》み申す物なり。ただそれを取るべし」と云へ《(エ)》ば鬼寄りて「さは取るぞ」とて捻《ねん》ぢ《(ジ)》て引くに、大方痛きことなし。(『宇治拾遺物語《うじしゅういものがたり》』)

【口語訳】

「目や鼻は取ったとしても、このこぶだけは許してください。長い間持っているものを理由もなく取るのは、納得がいきません」と言うと、横にいた鬼が「それほど惜しむものだ。それを取っておこう」と言うと鬼が寄ってきて「では取るぞ」と言ってねじって引っ張ったが、少しも痛くない。

くわしく 「こぶとり爺《じい》さん」の内容

「こぶとり爺さん」は、次のように伝えられている。

頬《ほお》に大きなこぶのあるおじいさんが、山で出会った鬼《おに》の前で舞《まい》を舞《ま》ったところ、鬼に気に入られて、また来る約束の印にこぶを引きちぎられる。

その話を聞いた隣《となり》に住むおじいさんも、頬にあるこぶを取ってしまいたいと思っていた。山に行き、鬼の前で舞を舞ったが、下手だったので、怒《おこ》った鬼に、こぶを返すと言われて両方の頬にこぶがつくはめになった。

教訓として、「人を羨《うらや》んではいけない」と書かれている。

鬼にこぶを取られるおじいさん(国立国会《こくりつこっかい》図《と》書館《しょかん》)

頬《ほお》にあるこぶを鬼に取られる「こぶとり爺《じい》さん」の話は、『宇治拾遺物語』という鎌倉《かまくら》時代に書かれた説話集に載《の》っているんだ。また、「かぐや姫《ひめ》」の話は、平安《へいあん》時代に書かれた『竹取物語《たけとりものがたり》』がもとになっているよ。

Q 現代の文章と違《ちが》っているのはなぜなの？

A 日本語ではあるけれど、年月がたって、仮名遣《かなづか》いや単語、文法が変わっているので、その違いを学ぶ必要があるんだ。

Q 古文を学習するとどんないいことがあるの？

A 古文を学習して昔の人のものの考え方や感じ方を知ることは、現代を考えるときのヒントになるよ。

【古文】

「初心の人、二つの矢を持つことなかれ。後《のち》の矢を頼《たの》みて、初めの矢になほざり(オ)の心あり。毎度、ただ、得失なく、この一矢に定むべしと思へ(エ)。」と言ふ(ウ)。

（兼好法師《けんこうほうし》『徒然草《つれづれぐさ》』）

【口語訳】

「初心者は、二本の矢を持ってはいけない。あとの矢をあてにして、初めの矢を射るときに、おろそかにする心が起こる。毎回、ただ当たり外れを考えることなく、一本の矢で決めようと思いなさい。」と言う。

チャンスが二回あると思うと、心がゆるんでしまうことは現代でもあるよね。

『宇治拾遺物語』の鼻が長い僧〈芥川龍之介『鼻』の典拠のひとつ〉（静嘉堂文庫《せいかどうぶんこ》）

くわしく

古文と現代文の違《ちが》い

①古文特有の仮名の書き方がある
②現代では使われていない語がある
③古文特有の文法がある

参考

古文の作者や主人公たち

- **貴族**…多くの土地や財産をもつ人や、天皇や皇族とのかかわりがあり、政治的・社会的に特権をもつ人たちを「貴族」という。平安《へいあん》時代の文学の中心。
- **武士**…貴族にかわって政治を動かした人たち。戦乱の時代を描《えが》く文学の主人公たち。
- **隠者《いんじゃ》**…仏教の修行をして僧《そう》になり、俗《ぞく》世間を捨てた人たち。都を離《はな》れて質素な家を建てて住んだ。また、旅をする者もいた。平安《へいあん》時代末期以降の文学に登場する。

2 歴史的仮名遣い

教科書の要点

1 歴史的仮名遣《かなづか》い

◎古文で使われている仮名遣いを**歴史的仮名遣い**という。

2 歴史的仮名遣いの読み方の原則

◎歴史的仮名遣いを現代仮名遣いに直して読むときには、読み方の原則に従う。

発展　発音と表記の、時代による変化

「は・ひ・ふ・へ・ほ」は、古い時代にはその仮名《かな》のとおりに発音されていた。平《へい》安《あん》時代中頃《なかごろ》から、語頭以外のハ行の音がワ行の「ワ・ヰ・ウ・ヱ・ヲ」の音に変化した。さらに、「ワ」以外のワ行の音が、ア行の音と同じになった。発音が変わっても、表記はそのまま残ったのである。

1 歴史的仮名遣《かなづか》い

現代仮名遣《かなづか》いに対して、古文で使われている仮名遣いを**歴史的仮名遣い**という。歴史的仮名遣いは、主として平安《へいあん》時代中期以前の表記を基準としている。

2 歴史的仮名遣いの読み方の原則

歴史的仮名遣いで書かれた古文を読むときには、次の原則に従って、現代仮名遣いに直して読む。

(1) 語頭以外の「は・ひ・ふ・へ・ほ」は、「わ・い・う・え・お」と読む。

かは（川）→かわ　おもひ（思ひ）→おもい　いふ（言ふ）→いう

まへ（前）→まえ　おほし（多し）→おおし

(2) ワ行の「ゐ・ゑ・を」は「い・え・お」と読む。

まゐる（参る）→まいる　こゑ（声）→こえ　をとこ（男）→おとこ

(3) 語中の「au・iu・eu・ou」は、「ô・yû・yô・ô」と読む。

まうす(申す)(mau)⬇もうす(mô)
ちうや(昼夜)(tiu)⬇ちゅうや(tyû)
れうり(料理)(reu)⬇りょうり(ryô)
おうず(応ず)(ou)⬇おうず(ô)

(4) 「くわ・ぐわ」は「か・が」と読む。

くわし(菓子)⬇かし　くわげつ(花月)⬇かげつ
ぐわんもん(願文)⬇がんもん

(5) 「ぢ・づ」は「じ・ず」と読む。

なんぢ⬇なんじ　もみぢ⬇もみじ
めづらし⬇めずらし　みづから(自ら)⬇みずから

(6) エ段の音の後に「ふ」が続くときは、二段階で考える。

けふ(今日)⬇けう(keu)⬇きょう(kyô)
てふ(蝶《ちょう》)⬇てう(teu)⬇ちょう(tyô)

(7) 促音《そくおん》・拗音《ようおん》の「つ・や・ゆ・よ」は、古文では小さく書かないが、促音・拗音として読む。

せつく(節句)⬇せっく　きよく(曲)⬇きょく

(8) 助詞の「なむ」や、助動詞の「む」「むず」「けむ」「らむ」などの「む」は「ん」と読む。

あらむ⬇あらん　まつらむ(待つらむ)⬇まつらん

くわしく

仮名をすべて使った「いろは歌」

「いろは歌」は、「いろは仮名四十七文字(古文で使用される仮名)」すべてを一度ずつ使って書かれた歌で、仮名を習うために用いられた。

いろはにほへと　色は匂《にお》えど
ちりぬるを　散りぬるを
わかよたれそ　我《わ》が世誰《たれ》ぞ
つねならむ　常ならん
うゐのおくやま　有為《うい》の奥山《おくやま》
けふこえて　今日《きょう》越《こ》えて
あさきゆめみし　浅き夢見じ
ゑひもせす　酔《え》いもせず

【大意】

どんなに色美しくても、(花は)いつかは散る。この世界でだれが不変でありえようか。(いや、だれも不変でありえない。)深い山のような無常の世の中を今日も越えていくような人生で、浅い夢は見るまい、この世の出来事に心を惑《まど》わされもしない。

テストで注意

「言ふ」の読み方と現代仮名遣《づか》い

「いふ(言ふ)」は、「いふ」→「いう」で「ゆう」と読むが、現代仮名遣いでは「いう(言う)」と書く。発音と表記が異なる例である。

3 古語の特徴

教科書の要点

1 古語の特徴《とくちょう》

◎**古語**には、現代では使われない言葉がある。

2 現代語との違《ちが》い

◎現代語と同じ形や似た形の言葉でも、意味が異なることがある。

1 古語の特徴《とくちょう》

古文で使われている言葉を、**古語**という。古語には、現代では使われない言葉がたくさんある。

● **現代では使われない言葉**

いと＝非常に。／とても。
例 いとうつくしうてゐたり。
〔訳〕とてもかわいらしい(様子で)座っている。

おぼゆ＝思われる。／似る。
例 さすがに恐《おそ》ろしくおぼえて
〔訳〕やはり恐ろしく思われて

さらなり＝言うまでもない。
例 月のころはさらなり、
〔訳〕月の(出ている)頃《ころ》は言うまでもない

つきづきし＝似つかわしい。／ふさわしい。
例 炭もて渡《わた》るもいとつきづきし
〔訳〕炭を持って運ぶのも（冬の朝に）とても似つかわしい

ゆかし＝見たい。聞きたい。知りたい。／心が引かれる。
例 ゆかしかりしかど
〔訳〕知りたかったけれど

くわしく **現代、特別な言い回しをするときにのみ使われる言葉**

現代ではこれらの言葉を日常的に使うことはないが、書き言葉や、特別な言い回しをするときの言葉として使われることがある。

あまた＝数多く。
うし＝つらい。
つとめて＝早朝。
つれづれなり＝することがなくたいくつだ。
つゆ＝［下に打ち消しの語を伴《ともな》って］少しも（〜ない）。
やうやう＝だんだんと。しだいに。
ゆゆし＝恐れおおい。恐ろしい。
すずろなり（そぞろなり）＝なんということもない。

2 現代語との違《ちが》い

現代語と同じ形や似た形の言葉でも、意味が異なっていたり、現代語にない意味で使われていたりする。

(1) 現代語と意味の異なる言葉

- **あやし**
  - 現代語 気味が悪い。疑わしい。
  - 古語 不思議だ。／身分が低い。
- **ありがたし**
  - 現代語 感謝の気持ちでいっぱいだ。
  - 古語 めったにない。／難しい。
- **けしき**
  - 現代語 風景。
  - 古語 様子。／表情。／きざし。
- **ののしる**
  - 現代語 悪口を言う。
  - 古語 大騒《おおさわ》ぎする。／うわさする。

(2) 現代語と共通の意味と、現代語にない意味との両方がある言葉

- **あはれなり**
  - 共通 かわいそうだ。／みじめだ。
  - 古語 しみじみとした趣《おもむき》がある。／いとしい。
- **うつくし**
  - 共通 きれいだ。
  - 古語 いとしい。／かわいい。／立派だ。
- **おどろく**
  - 共通 びっくりする。
  - 古語 はっと気がつく。／目を覚ます。
- **めでたし**
  - 共通 喜ばしい。祝うべきだ。
  - 古語 すばらしい。／立派だ。
- **やがて**
  - 共通 まもなく。
  - 古語 そのまま。／ほかでもなく。
- **をかし**
  - 共通 滑稽《こっけい》である。
  - 古語 趣がある。／かわいい。

参考 「ありがたし」は「めったにない」

古語「ありがたし」は、「有る」ことが「難《かた》い」(「難しい」)、つまり、「めったにない」、という意味。のちに、「めったにない幸運を感謝する」気持ちから、現代語の「ありがたい」の意味で使われるようになった。

発展 意味の変化が起こった理由

言葉が使われていくうちに、新しい意味が加わったり、これまであまり使われなかった意味で使われるようになったりしたことによって、意味の変化が起こった。そして、使われなくなった意味は消えていった。

テストで注意 「けしき」の漢字表記

現代語の「けしき」は「景色」と書くが、古語の「けしき」は「気色」と書く。自然の様子だけでなく、人の様子や表情についても用いる。

テストで注意 多義語

古語にもいくつかの意味をもつ多義語がある。文脈に合う意味をとらえることが大切である。

例 ふみ(文) ①手紙 ②書物 ③学問 ④漢詩

4 古文の特徴

教科書の要点

1 **古文の特徴《とくちょう》**
◎古文には、主語や助詞の省略が多い。解釈《かいしゃく》するときには、言葉を補うとよい。

2 **係り結び**
◎文の途中《とちゅう》に**係りの助詞「ぞ・なむ・や・か・こそ」**があると、文末が決まった活用形になる。これを**係り結び**という。

3 **敬語の使い方**
◎敬語の種類は、**尊敬語・謙譲《けんじょう》語・丁寧《ていねい》語**の三種類で、多用される。

1 古文の特徴《とくちょう》

主語、助詞や述語などの語句が省略されることがある。解釈《かいしゃく》するときには、文のつながりに応じて、言葉を補って考える。

● これを見て、（私は）船より下りて……。（主語の省略。）筒《つつ》の中（が）光りたり。（助詞の省略。）
● 春はあけぼの（がすばらしい）。（助詞「が」、述語「をかし」の省略。）

2 係り結び

係り結びとは、係りの助詞と文の結びの語の関係についてのきまりのこと。

(1) **係りの助詞**……「**ぞ・なむ・や・か・こそ**」を係りの助詞という。書き手や登場人物の感動を**強調**するときや、**疑問・反語《はんご》**を表すときに使う。

(2) **結びの語**……文末の語は通常終止形だが、文中に係りの助詞「**ぞ・なむ・や・か・こそ**」があると、文末の結びの語の活用形が変化する。

参考 **古文を読むときにすること**

①**登場人物**…登場人物を○で囲む。何人出てきているかをつかむ。
②**人物の行動と会話**…人物がどんな行動をして、どんなことを言っているかをつかむ。
③**おおまかな話の流れ**…①・②の作業を踏《ふ》まえて、だいたいの話の内容をつかむ。

くわしく **助詞の省略**

助詞のうち、省略されることが多いのは、「が・は・を」である。

①主語を示す「が・は」の省略。
例 師〈は〉、これを知る。（【訳】先生は、これを見抜《みぬ》く。）

②動作の対象を示す「を」の省略。
例 年ごろ思ひつること〈を〉、果たしはべりぬ。（【訳】長年思っていたことを、果たしました。）

❶「ぞ」「なむ」→強調→連体形

● 雲の中へ立ち上ると[ぞ]、言ひ伝へ[たる]。←「たり」の連体形。

〔訳〕雲の中へ立ち上る（のだ）と、言い伝えられている。

● もと光る竹[なむ]一筋あり[ける]。←「けり」の連体形。〔訳〕根元の光る竹が一本あった。

❷「や」「か」→疑問・反語→連体形

● いづれの山[か]、天に[近き]。←「近し」の連体形。〔訳〕どの山が、天に近いか。**（疑問）**

● 彼《かれ》に劣《おと》るところ[や][ある]。←「あり」の連体形。

〔訳〕彼に劣るところがあるだろうか。いや、ない。**（反語）**

❸「こそ」→強調→已然形《いぜんけい》（エ段の音で終わることが多い。）

● 尊く[こそ]おはし[けれ]。←「けり」の已然形。〔訳〕尊くいらっしゃいました。

3 敬語の使い方

尊敬語・謙譲《けんじょう》語・丁寧《ていねい》語の三種類で、多用される。

(1) **複雑な敬語**……古文の敬語にも尊敬語・謙譲語・丁寧語がある。ただし、現代よりも多くの敬語があり、表現のしかたも複雑である。

(2) **人物の関係に注目**……身分の違《ちが》いなどの登場人物どうしの関係に注目して、どんな敬語が使われているかをとらえる。また、現代の文章と違って、作者が文章中の人物に対して敬語を用いることも多い。

● **尊敬語** かくのたまふ。〔訳〕そうおっしゃる。

● **謙譲語** 東宮《とうぐう》にまゐる。〔訳〕東宮（皇太子の住む御殿《ごてん》）に参上する。

● **丁寧語** 果たしはべりぬ。〔訳〕果たしました。

参考 反語《はんご》

強調する表現法の一つ。はっきりとした結論がありながら、疑問の形をとった表現のこと。「〜だろうか。いや、〜ではない。」という意味を表す。

くわしく 已然《いぜん》形

已然形とは、「すでにそうなっている」ことを表す、古文特有の活用形。

くわしく よく使われる敬語

例

①尊敬語｛おはす（いらっしゃる）／〜たまふ（お〜なさる）

②謙譲《けんじょう》語｛申す（申し上げる）／たてまつる（差し上げる）

③丁寧《ていねい》語｛〜候《さうら》ふ・候《さぶら》ふ（〜ます）／〜侍《はべ》り（〜ます）

参考 古文に敬語が多いわけ

昔は厳しい身分制度があり、相手と自分の関係によって生活の中で言葉遣《づか》いを細かく使い分ける必要があったため、多くの敬語ができた。また、作者が作中の人物の身分関係の上下によって尊敬語や謙譲語を使い分けたため、用法が複雑になった。

5 和歌

教科書の要点

1 和歌とは
◎「日本の歌」ということ。**長歌《ちょうか》**・**短歌《たんか》**などの形式がある。

2 和歌の表現技法
◎独特の技法として、**枕詞《まくらことば》**・**序詞《じょことば》**・**掛詞《かけことば》**などがある。

1 和歌とは

(1) **四つの形式**……和歌には、次のような四つの形式がある。

長歌《ちょうか》	五・七・五・七……と続き、最後は**五・七・七**で終わる。
短歌《たんか》	五・七・五・七・七の、五句三十一音。
旋頭歌《せどうか》	五・七・七・五・七・七の、六句三十八音。
仏足石歌《ぶっそくせきか》	五・七・五・七・七・七の、六句三十八音。

(2) **句切れ**……短歌の中で、意味が切れる部分を**句切れ**という。句切れに感動の中心がある。句切れの位置によって、次の三種類がある。

● **五七調**……二句切れ・四句切れ
「五・七／五・七／七」「五・七・五・七／七」の力強く重々しいリズム。

● **七五調**……初句切れ・三句切れ
「五／七・五／七・七」「五・七・五／七・七」の優美で滑《なめ》らかなリズム。

● **句切れなし**……短歌には句切れのないものもあり、その短歌は「**句切れなし**」という。

くわしく **和歌における「短歌《たんか》」**

長歌《ちょうか》・旋頭歌《せどうか》・仏足石歌《ぶっそくせきか》は、主に『万葉集《まんようしゅう》』に見られる。のちに、短歌が主流になり、和歌といえば短歌を指すようになった。

くわしく **五七調と七五調**

• **五七調**……『万葉集』に多く、万葉調ともいわれる。

例 春過ぎて　夏来《きた》るらし／白《しろ》たへの　衣《ころも》干したり／天《あめ》の香具山《かぐやま》
持統天皇《じとうてんのう》　（二句切れ・四句切れ）

• **七五調**……『古今和歌集《こきんわかしゅう》』や『新古今和歌集《しんこきんわかしゅう》』に多い。

例 見わたせば　花も紅葉《もみぢ》も
なかりけり／浦《うら》の苫屋《とまや》の　秋の夕暮《ゆふぐれ》
藤原定家《ふじわらのさだいえ》　（三句切れ）

2 和歌の表現技法

(1) **枕詞《まくらことば》**……ある特定の語を導き出す言葉。多くは五音。和歌を口語訳する場合、普通《ふつう》、枕詞は訳さない。

ちはやぶる 神《かみ》 世《よ》も聞かず龍田河《たつたがは》(ワ)唐紅《からくれなゐ》(イ)に水くくるとは　在原業平《ありわらのなりひら》

「神」を導き出す枕詞。

(2) **序詞《じょことば》**……ある言葉や句を導くための六音以上の言葉。あとにくる言葉や句は決まっていない。枕詞とは異なり、序詞は一首ごとに作者が自由に創作する。和歌を口語訳する場合、序詞も訳す。

むすぶ手の滴《しづく》(ズ)ににごる山の井《ゐ》(イ)の あかでも 人にわかれぬる哉《かな》　紀貫之《きのつらゆき》

「あかでも」を導く序詞。「満足できないまま」の意味。

(3) **掛詞《かけことば》**……一つの言葉に、同音の複数の言葉の意味をもたせる技法。

山里は冬ぞさびしさまさりける 人目も草もかれぬ とおもへ(エ)ば　源宗于《みなもとのむねゆき》

「人目も離《か》れぬ」は「人の訪れもなくなる」の意味。

「草も枯《か》れぬ」は「草も枯れてしまう」の意味。

(4) **縁語《えんご》**……一首の中に、関係の深い言葉を意識的に詠《よ》み込《こ》む技法。

玉の 緒《を》(オ) よ 絶え なば絶えね ながらへ(エ) ば忍《しの》ぶることの 弱り もぞする　式子内親王《しょくしないしんのう》

「ひも」の意味。「玉の緒」で「私の命」の意味。

「切れる」

「長く続く」

「弱る」

(5) **本歌取り《ほんかどり》**……昔の有名な歌の一部を、趣向《しゅこう》を変えて歌の中に取り入れる技法。もとになる昔の歌を、本歌という。歌の背後に本歌の内容の雰囲気《ふんいき》を重ね合わせることで、歌の奥行《おくゆ》きを深める効果をもつ。（➡238ページ）

くわしく **枕詞《まくらことば》の例**

あしひきの→山・峰《みね》
あらたまの→年・月
あをによし→奈良《なら》
いはばしる→垂水《たるみ》・滝《たき》
くさまくら→旅
からころも→裾《すそ》・袖《そで》・着る
白たへの→衣・袖・雲
たらちねの→母
ぬばたまの→黒・夜・闇《やみ》・髪《かみ》

くわしく **掛詞《かけことば》の例**

例 あき→秋・飽《あ》き
すむ→住む・澄む
まつ→松・待つ

6 古典俳句・川柳

教科書の要点

1 俳諧《はいかい》と俳句

◎江戸時代、**俳諧の連歌**の第一句（**発句**《ほっく》）が単独で作られるようになった。この形式はのちの時代に「**俳句**」とよばれるようになった。

2 江戸《えど》時代の三大俳人

◎**松尾芭蕉**《まつおばしょう》・**与謝蕪村**《よさぶそん》・**小林一茶**《こばやしいっさ》が江戸時代の**三大俳人**。

3 川柳《せんりゅう》

◎川柳とは、俳句と同じ文字数の、**ユーモア**や**風刺**《ふうし》を中心とする短詩のこと。

1 俳諧と俳句

(1) **俳諧《はいかい》の連歌《れんが》と俳句**　「連歌」とは、「五・七・五」と「七・七」の句を交《こう》互《ご》に重ねていく詩歌の形式のこと。室町《むろまち》時代から盛んに作られた滑稽味《こっけいみ》の強い連歌は、「**俳諧の連歌**」（**俳諧**）とよばれる。

江戸《えど》時代になると、その第一句である「**発句**《ほっく》」が独立して作られるようになった。この形式はのちの時代に「**俳句**」とよばれるようになった。

(2) **俳句の特徴**《とくちょう》

❶ **五**（初句）・**七**（二句）・**五**（結句）の三句十七音からなる定型詩。

夏草や（初句）　兵《つはもの》(ワ)どもが（二句）　夢の跡《あと》（結句）

❷ **季語**（季節を表す言葉。「**季題**」ともいう。）を入れて詠《よ》む。

草の戸も住《す》み替《か》は(ワ)る代《よ》ぞ　雛《ひな》（季語。季節は春。）の家

❸ **切れ字**（意味の切れ目を表す言葉）を用いる。「**や・かな・けり**」など。

斧入《をのいれ》(オ)て香《か》におどろくや（切れ字）　冬こだち／道のべの木槿《むくげ》は馬に食は(ワ)れけり（切れ字）

参考　**字余り・字足らず**

「五・七・五」より音数の多いものを字余り、少ないものを字足らずという。

テストで注意　**季語と季節**

季語の季節は、旧暦《きゅうれき》によっている。そのため、現代の季節感と多少ずれているものがある。

俳句の季節	現代の月	注意すべき季語
春	1～3月	雪どけ
夏	4～6月	麦の秋
秋	7～9月	朝顔・天の川
冬	10～12月	小春《こはる》

くわしく　**切れ字**

「切れ字」は、強調や詠嘆《えいたん》を示す言葉。切れ字のある句には、普通《ふつう》、その俳句の感動の中心がある。

2 江戸《えど》時代の三大俳人

時期の異なる三人の俳人、**松尾芭蕉《まつおばしょう》**・**与謝蕪村《よさぶそん》**・**小林一茶《こばやしいっさ》**がいる。

(1) 松尾芭蕉《まつおばしょう》（1644〜1694年）

旅を通して自然の美を追究。「**わび・さび**」とよばれる味わいを大切にして句を作り、それまでの俳諧《はいかい》を「**蕉風《しょうふう》**」とよばれる芸術性の高いものにした。紀行文に『**おくのほそ道**』『野ざらし紀行』などがある。

古池《ふるいけ》や蛙《かは(ワ)づ》飛《とび》こむ水のおと [深い静けさが感じられる、蕉風を代表する句。]

(2) 与謝蕪村《よさぶそん》（1716〜1783年）

画家でもあった蕪村は、絵画的な句や鮮明《せんめい》な印象を与《あた》える句を多く作った。句文集に『**新花摘《しんはなつみ》**』などがある。

菜の花や月は東に日は西に [夕方の菜の花畑の情景を絵画的に詠《よ》んでいる。]

(3) 小林一茶《こばやしいっさ》（1763〜1827年）

日々の生活の中から生まれた感情を素直に詠む、人間味あふれる句を作った。子供や小動物など、弱者への共感を表現した句も多い。『**おらが春**』は、代表的な句文集。

名月をとつ(ツ)てくれろと泣く子かな [無邪気《むじゃき》でほほえましい子供の願いを詠んでいる。]

3 川柳《せんりゅう》

俳句と同じ五・七・五の十七音だが、**ユーモア**と**風刺《ふうし》**が内容の中心。俳句と異なり、季語や切れ字といったきまりごとはない。

本ぶりになつ(ツ)て出てゆく雨やどり
寝《ね》てゐ(イ)ても団扇《うちは(ワ)》のうごく親心《おやごころ》

くわしく 松尾芭蕉《まつおばしょう》の業績

滑稽味《こっけいみ》が強かった「俳諧《はいかい》」を、自然の美や深みのある心情を表現するものとして発展させた。芭蕉の俳句は「蕉風《しょうふう》」とよばれ、俳句を、余情や洗練された美によって、幽玄《ゆうげん》さを表現する芸術作品へと高めた。

くわしく 三大俳人の特徴《とくちょう》

	松尾芭蕉	与謝蕪村《よさぶそん》	小林一茶《こばやしいっさ》
時代	江戸《えど》時代前期（元禄期《げんろくき》）	江戸時代中期（天明期《てんめいき》）	江戸時代後期（化政期《かせいき》）
特徴	「蕉風」とよばれ、ひっそりとしていて、上品で風流な句。	情景が目に浮《う》かぶような、絵画的な句。	生活の中の感情をうたった、庶民《しょみん》的な句。
代表作	『おくのほそ道』	『新花摘《しんはなつみ》』	『おらが春』

くわしく 「俳句」の名称《めいしょう》

「俳句」という名称は、明治《めいじ》時代になって、正岡子規《まさおかしき》が使いだしたといわれている。
（➡192ページ）

参考 柄井川柳《からいせんりゅう》

「川柳」の名称は、江戸時代に川柳の選者として人気のあった柄井川柳の名からきている。柄井川柳は、川柳集の代表作『誹《はい》風柳多留《ふうやなぎだる》』の撰者《せんじゃ》としても有名。

練習

解答 別冊11ページ

1 【歴史的仮名遣い】次の――線部の歴史的仮名遣《かなづか》いを現代仮名遣いに直しなさい。

(1) 飛びちがひたる 〔　〕
(2) あはれなり 〔　〕
(3) やうやう白くなりゆく 〔　〕
(4) 神へまゐるこそ本意《ほい》なれ 〔　〕
(2) その煙《けぶり》、いまだ雲の中へ立ち上るとぞ、言ひ伝へたる。 〔　〕
(3) 聞きしにも過ぎて、尊《たふと》くこそおはしけれ。 〔　〕

2 【古語の意味】次の古語の意味をあとのア〜ウから選び、記号で答えなさい。

(1) いとうつくしうてゐたり。
ア 少し　**イ** 必ず　**ウ** とても 〔　〕

(2) まゐりたる人ごとに山へ登りしは、何事かありけん、ゆかしかりしかど、……
ア 信じたかったけれど
イ 恥《は》ずかしかったけれど
ウ 知りたかったけれど 〔　〕

(3) 雨など降るもをかし。
ア 趣《おもむき》がある　**イ** 笑ってしまう
ウ 変である 〔　〕

3 【係り結び】次の文には、係り結びが使われています。それぞれの文から、係りの助詞を抜《ぬ》き出しなさい。

(1) さぬきのみやつことなむいひける。 〔　〕

4 【句切れ】次の和歌は、何句切れですか。それぞれ漢数字で答えなさい。

(1) 人はいさ　心も知らず　ふるさとは　花ぞ昔の香《か》ににほひける 〔　〕句切れ
(2) さびしさは　その色としも　なかりけり　真木《まき》たつ山の　秋の夕暮《ゆふぐれ》 〔　〕句切れ

5 【切れ字】次の俳句から、切れ字を抜き出しなさい。

(1) 名月をとつてくれろと泣く子かな 〔　〕
(2) 夏草や兵《つはもの》どもが夢の跡《あと》 〔　〕
(3) 道のべの木槿《むくげ》は馬に食はれけり 〔　〕

6 【季語】次の俳句から季語を抜き出し、季語の表す季節を書きなさい。

(1) 荒海《あらうみ》や佐渡《さど》に横たふ天の河《がは》
季語〔　〕　季節〔　〕
(2) 雪とけて村いつぱいの子どもかな
季語〔　〕　季節〔　〕

古典文学史がわかる！

古典文学年表

古典文学史上の重要な作品・人物を年表にまとめました。

時代	成立年	作品名（ジャンル）	作者・編者	主な作品・作者―特色と内容
奈良《なら》時代	712	古事記《こじき》［神話・史書］	太安万侶《おおのやすまろ》	【古事記】稗田阿礼《ひえだのあれ》が暗誦《あんしょう》した伝説や歌謡《かよう》を、太安万侶が記録し、大和朝廷《やまとちょうてい》を中心とした歴史書にまとめたもの。
	713	風土記《ふどき》編さんの勅《ちょく》命《めい》くだる［地誌］		【風土記】日本各地の風土・産物・伝説などを集めた地誌。常陸《ひたち》、播磨《はりま》、出雲《いずも》、豊後《ぶんご》、肥前《ひぜん》の五か国のものが現存。
	720	日本書紀《にほんしょき》［神話・史書］	舎人親王《とねりしんのう》ら	【日本書紀】中国《ちゅうごく》の歴史書にならって日本の歴史を編集したもの。内容は『古事記』と共通する部分も多いが、歴史書として、史実の記録に重点をおいて記されている。
	751	懐風藻《かいふうそう》［漢詩集］		
	759以降	万葉集《まんようしゅう》［歌集］	大伴家持《おおとものやかもち》ら	【万葉集】（→P.236）
平安《へいあん》時代	900頃《ごろ》	竹取物語《たけとりものがたり》［伝奇《でんき》物語］		【竹取物語】（→P.218）
	905頃	古今和歌集《こきんわかしゅう》［歌集］	紀貫之《きのつらゆき》ら	【古今和歌集】（→P.237）

時代	成立年	作品名（ジャンル）	作者・編者
平安《へいあん》時代	935頃《ごろ》	土佐日記《とさにっき》［日記］	紀貫之《きのつらゆき》
	951頃	大和物語《やまとものがたり》［歌物語］	
	956頃	伊勢物語《いせものがたり》［歌物語］	
	974頃	蜻蛉日記《かげろうにっき》［日記］	藤原道綱母《ふじわらのみちつなのはは》
	1001頃	枕草子《まくらのそうし》［随筆《ずいひつ》］	清少納言《せいしょうなごん》
	1008頃	源氏物語《げんじものがたり》［物語］	紫式部《むらさきしきぶ》

主な作品・作者―特色と内容

【土佐日記】

男性である作者が、「女性の書いた平仮名《ひらがな》の日記」の形で書いた、平安時代の日記文学の先駆《さきが》け。

▼55日間の旅を平仮名で記した日記

冒頭《ぼうとう》には、「男もすなる日記《にき》といふ《（ウ）》ものを、女もしてみむ《（ン）》とてするなり」とあり、男性でなく女性が書いたことになっている。当時、日記は男性が漢文で書くものだった。紀貫之は、平仮名で日記を書くために、この形をとったとされる。

【伊勢物語】

和歌を中心とした歌物語。ある「男」（在原業平《ありわらのなりひら》と思われる）の元服《げんぷく》から死までを描《えが》いている。

▼歌物語の代表的な作品

「歌物語」とは、ある和歌がどういう事情や経緯《けいい》で詠《よ》まれたかを短い物語にし、それを集めたもの。

【枕草子】

（→P.222）

【源氏物語】

全54帖《じょう》からなる、平安時代を代表する長編物語。主人公の光源氏《ひかるげんじ》の華《はな》やかな一生が描《えが》かれている。

▼平安文学を代表する長編物語

桐壺帝《きりつぼのみかど》と桐壺更衣《きりつぼのこうい》との間に生まれた光源氏は、輝《かがや》くばかりに美しい男性に成長する。光源氏は数々の女性と恋《こい》をし、宮中で高い位を得て栄華《えいが》を極《きわ》める。しかし、その栄華の世界もやがてかげりを見せ、光源氏の死へと続く。

平安時代《へいあん》

1059頃	堤中《つつみちゅう》納《な》言物語《ごんものがたり》［短編物語集］	
1060頃	更級日《さらしなにっ》記《き》［日記］	菅原孝標女《すがわらのたかすえのむすめ》
1092頃	栄《えい》花《が》物語《ものがたり》［歴史物語］	
1115頃	大鏡《おおかがみ》［歴史物語］	
1120頃	今昔物語集《こんじゃくものがたりしゅう》［説話集］	
1170頃	今鏡《いまかがみ》［歴史物語］	
1190頃	山《さん》家《か》集《しゅう》［歌集］	西行法《さいぎょうほう》師《し》

【堤中納言物語】

風変わりな姫君《ひめぎみ》が虫をかわいがる「虫めづる姫君」など、10編の短編物語からなる。

【更級日記】

作者が13歳《さい》で父の任地上総国《かずさのくに》（現在の千《ち》葉《ば》県）から上京するところから書き起こされた、約40年間の人生の回想記。物語に憧《あこが》れる夢多き少女が、さまざまな現実に直面して大人になり、年老いていく姿が回想的につづられている。

【大鏡】

老人の歴史語りに若侍《わかざむらい》の聞き手が加わって、藤原《ふじわら》氏の栄華が対話形式で語られていく。

▼藤原道長《ふじわらのみちなが》を頂点とした藤原摂関家《せっかんけ》の歴史

藤原兼家《かねいえ》の死後、道隆《みちたか》、道長兄弟の間で藤原氏の権力争いが起こる。初めは不遇《ふぐう》であった道長が、やがて道隆・伊周《これちか》親子を圧倒《あっとう》していく。

【今昔物語集】

インド・中国・日本から集めた説話、全31巻約1000話が収められている。

▼不思議な話を集めた説話集

説話集とは、伝説や昔の出来事などを集めた一種の短編集。各話は、「今は昔」で書き始められている。『今昔物語集』は、芥川龍《あくたがわりゅう》之《の》介《すけ》の『羅生門《らしょうもん》』『鼻《はな》』のように、近代文学の作品の素材にもされている。

【山家集】

西行法師の私《し》家《か》集（個人の和歌集）。約1550首の和歌からなる。

時代	成立年	作品名（ジャンル）	作者・編者	主な作品・作者―特色と内容
鎌倉《かまくら》・室町《むろまち》時代	1205頃《ごろ》	新古今和歌集《しんこきんわかしゅう》〔歌集〕	藤原定家《ふじわらのさだいえ》ら	【新古今和歌集】（→P.238）
	1212	方丈記《ほうじょうき》〔随筆《ずいひつ》〕	鴨長明《かものちょうめい》	【方丈記】火事・飢饉《ききん》・地震《じしん》などの災厄《さいやく》を描《えが》いて、この世の無常を説く随筆。俗世《ぞくせ》を離《はな》れた山中の草庵《そうあん》生活も描かれている。『枕草子《まくらのそうし》』『徒然草《つれづれぐさ》』とあわせて三大随筆とよばれる。
	1221頃	宇治拾遺物語《うじしゅういものがたり》〔説話集〕		【宇治拾遺物語】197話の説話からなる。仏教思想を普及《ふきゅう》させるための仏教説話が多いが、『こぶとり爺《じい》さん』『舌切り雀《すずめ》』などの民話的な話や滑稽《こっけい》な話も収められている。
	1221以前	平家物語《へいけものがたり》〔軍記物語〕		【平家物語】（→P.227）
	1254	古今著聞集《ここんちょもんじゅう》〔説話集〕	橘《たちばなの》 成季《なりすえ》	
	1331頃	徒然草《つれづれぐさ》〔随筆〕	兼好法師《けんこうほうし》	【徒然草】（→P.232）
	1371頃	太平記《たいへいき》〔軍記物語〕		【太平記】鎌倉幕府滅亡《めつぼう》から南北朝の対立に至る約50年間の動乱を描いた軍記物語。
	1400頃	風姿花伝《ふうしかでん》〔能楽書〕	世阿弥《ぜあみ》	【風姿花伝】能の稽古《けいこ》の様子、演技の方法、心得などについて論じた能楽書。『花伝書《かでんしょ》』ともいわれている。
	1623	醒睡笑《せいすいしょう》	安楽庵策伝《あんらくあんさくでん》	

江戸《えど》時代

1688	日本永代蔵《にっぽんえいたいぐら》［浮世草子《うきよぞうし》］	井原西鶴《いはらさいかく》
1692	世間胸算用《せけんむねさんよう》［浮世草子］	井原西鶴
1694頃	おくのほそ道《みち》［俳諧《はいかい》紀行文］	松尾芭蕉《まつおばしょう》
1703	曾根崎心中《そねざきしんじゅう》［浄瑠璃《じょうるり》］	近松門左衛門《ちかまつもんざえもん》
1715	国性爺合戦《こくせんやかっせん》［浄瑠璃］	近松門左衛門
1776	雨月物語《うげつものがたり》［読本《よみほん》］	上田秋成《うえだあきなり》
1797	新花摘《しんはなつみ》［俳諧・俳文《はいぶん》集］	与謝蕪村《よさぶそん》
1798	古事記伝《こじきでん》［古事記注釈書《ちゅうしゃくしょ》］	本居宣長《もとおりのりなが》
1802	東海道中膝栗毛《とうかいどうちゅうひざくりげ》［滑稽本《こっけいぼん》］	十返舎一九《じっぺんしゃいっく》
1814	南総里見八犬伝《なんそうさとみはっけんでん》［読本］	曲亭馬琴《きょくていばきん》
1820	おらが春《はる》［俳諧・俳文集］	小林一茶《こばやしいっさ》

井原西鶴 浮世草子の作者。作品は江戸時代の社会を背景に、恋愛《れんあい》を扱《あつか》った好色物《こうしょくもの》、義理堅《がた》い武士を描いた武家物、町人の生活を描いた町人物など、人々の悲喜劇が鋭《するど》く生き生きと描かれている。

松尾芭蕉 （→P.244）

近松門左衛門 浄瑠璃《じょうるり》・歌舞伎《かぶき》の作者。作品は、歴史や伝説をもとにした時代物《じだいもの》（『国性爺合戦』など）と、町人社会を題材とした世話物《せわもの》（『曾根崎心中』など）に分けられる。

上田秋成 浮世草子・読本の作者。国学や医学を学び、物語のストーリーの面白さをねらった読本にも力を注いだ。『雨月物語』は怪異《かいい》小説の傑作《けっさく》とされる。

与謝蕪村 俳人・画家。絵画的な句の他、近代感覚あふれる句も多い。

本居宣長 国学者。『古事記』の注釈を行い、全44巻の『古事記伝』を完成させた。晩年に書いた随筆『玉勝間《たまかつま》』も有名。

十返舎一九 滑稽本の作者。『東海道中膝栗毛』で、滑稽本の全盛時代を築いた。

曲亭馬琴 読本の作者。滝沢《たきざわ》馬琴ともいう。作品は、正義が悪を滅《ほろ》ぼすという勧善懲悪《かんぜんちょうあく》をテーマとしている。

小林一茶 俳人。俗語《ぞくご》や方言なども使った、素朴《そぼく》で飾《かざ》り気のない句が特色である。

1 竹取物語

教科書の要点

『竹取《たけとり》物語《ものがたり》』とは

◎『竹取物語』は、**平安《へいあん》時代初期**に作られた、**日本最古の物語**。「かぐや姫《ひめ》」の話として知られる。

『竹取《たけとり》物語《ものがたり》』とは

(1) **成立**……**平安《へいあん》時代初期**に作られた、**日本最古の物語**。

(2) **種類**……『竹取物語《たけとりものがたり》』は、伝説などをもとに創作された物語である「**伝《でん》奇《き》物語《ものがたり》**」に分類される。和歌を中心とした「**歌物語**」である『**伊勢《いせ》物語《ものがたり》**』とともに、のちの文学に大きな影響《えいきょう》を与《あた》えた。

(3) **構成**……全体を大きく三部に分けることができる。

❶ **生《お》い立《た》ち**……竹の中から生まれたかぐや姫《ひめ》の不思議な生い立ちと成長。

❷ **かぐや姫への求婚《きゅうこん》**……5人の貴公子がかぐや姫に求婚するが、姫に難題をつきつけられ、みな失敗する。帝《みかど》も姫に恋《こい》をする。

❸ **月の世界へ帰るかぐや姫**……かぐや姫は帝からの求婚も断り、中秋《ちゅうしゅう》の名月の夜、月の世界に帰ってしまう。悲しみにくれる帝は、かぐや姫の残した手紙と「不死の薬」を富士山《ふじさん》の頂上で焼く。

(4) **作者**……**不明**。中国《ちゅうごく》の書物に似た話があることや仏教の知識が織《お》り込《こ》まれていることから、仮名《かな》書きの文章を書ける、教養の高い人物と思われる。

(5) **時代背景**……平安時代初期の出来事が盛り込まれ、実在の人物が登場。

❶ **富士山の噴火《ふんか》**……富士山の頂上から煙《けむり》が立《た》ち昇《のぼ》る場面は、現実の反映。

❷ **実在する人物の名**……貴公子たちの名には実名が含《ふく》まれる。

発展

「物語の出《い》で来《き》はじめの祖《おや》」

平安《へいあん》時代に紫式部《むらさきしきぶ》が書いた『源氏物語《げんじものがたり》』では、「物語の出で来はじめの祖《おや》」と紹介《しょうかい》されている。

くわしく

5人の貴公子

5人の貴公子のうち大納言大伴御行《だいなごんおおとものみゆき》、中《ちゅう》納言石上麿足《なごんいそのかみのまろたり》、右大臣阿倍御主人《うだいじんあべのみうし》は、飛鳥《あすか》時代末期の実在の人物の名。5人の貴公子に出された難題は次のようなものである。

- **くらもちの皇子《みこ》**……蓬莱《ほうらい》の玉の枝。蓬莱山にある金銀、真珠《しんじゅ》でできている木の枝。
- **石作《いしつく》りの皇子**……仏の御石《みいし》の鉢《はち》。釈迦《しゃか》が使ったといわれる、珍《めずら》しい宝石製の鉢。
- **大納言大伴御行**……竜の首に付いている五色《ごしき》に光る玉。
- **中納言石上麿足**……燕《つばくらめ》の子安貝《こやすがい》。つばめが産卵《さんらん》するときにできるとされる宝貝。安産のお守り。
- **右大臣阿倍御主人**……火鼠《ひねずみ》の皮衣《かわぎぬ》。中国《ちゅうごく》の伝説上の動物、火鼠の毛で織った衣服。

「かぐや姫の生い立ち」

日本最古の物語である『竹取物語』の冒頭部分。助詞の省略などに注意して、古文に慣れよう。

＊今は昔、竹取の翁（おきな）といふもの〈が〉＊あり＊けり。野山にまじりて竹を取りつつ、
（のことだが）　　　　　　（よばれる）　　　（そうだ）　　　分け入っ　　　取っ　ては

よろづ（よ）のことに使ひ〈た〉けり。名をば、さぬきのみやつことなむいひ＊ける。
いろいろな　　　　　　　　使った　　　　　　　　　　　　　　　　　いった

（ある日）その竹の中に、もと〈根元が〉＊光る竹〈が光っ〉＊なむ一筋あり＊ける。＊あやしがりて、
　　　　　　　　　　　　　　　　　　　　　ている　一本　あった　　　不思議に思っ

寄りて見るに、筒の中〈が〉光りたり。それを見れば、三寸ばかりなる人、
近寄っ　　と　　　　　光っている　　　見る　　　ほど　である　が

いとうつくしうて〈様子で〉＊ゐたり。
とても　かわいらしい　　　　座っている

「くらもちの皇子」

くらもちの皇子が、かぐや姫に「蓬莱（ほうらい）の玉の枝」を探したときの苦労を語る場面。発言している人物に注意を向けよう。

＊これや〈こそが〉わが求むる山なら＊むと思ひて、＊さすがに恐ろしくおぼえて、山の
（こそが）私の　（探し求める）だろ　うか　思って（うれしいが）　やはり　思われ

めぐりをさしめぐらして、二、三日ばかり、見歩くに、天人のよそほひ〈を〉
周囲　こぎ回らせ　　　　　　　ほど　見回っていると　　　身なり

したる女、山の中より〈から〉いで来て、銀の金鋺（かなまる）を持ちて、水をくみ歩く。
した　　　　　　　　　　出て　　　　　　　　　　　　　　　　　くんで歩いている

これを見て、（私は）船より下りて、「この山の名を何とか＊申す。」と問ふ。
　　　　　　　　　　　　　　　　は　　何というのですか　（う）

女、答へていはく、「これは、蓬莱（ほうらい）の山なり。」と答ふ。これを聞くに、
が　（え）言うことには　　　　　　　　　　　だ　　（とう）　　　聞いて

＊今は昔＝昔話の語りはじめの決まり文句。物語や説話の書き出しに用いる。
＊あり＝存在するという意味を表す。ここは、「いる」と訳す。古語では、物に対しても人に対しても「あり」を使う。
＊なむ……ける＝係り結び。強調を表す。
＊あやしがる＝不思議がる。
＊三寸＝一寸は約3センチメートル。
＊いと＝とても。
＊ゐる＝座る。

＊や……む＝係り結び。疑問を表す。
＊さすがに＝前に述べたこととは反するが、「そうはいってもやはり」という気持ちを表す。
＊おぼゆ＝自然とそのように思う、という気持ちを表す。「思われる」「感じられる」などと訳す。
＊か……申す＝係り結び。疑問を表す。

(私は) うれしきことかぎりなし《この上ない》。

その山、は〉見るに《と》、さらに*《まったく》登るべき《ことができる》やう《(ヨウ)》《方法》が〉なし。その山のそばひら《斜面のすそ》をめぐれば《回ってみると》、世の中《この世》になき《ない》(ような)花の木ども《木々》が〉立てり《立っている》。金《こがね》・銀《しろがね》・瑠璃色《るりいろ》の水、が〉山より《から》流れいでたり*《出ている》。それには《その(流れ)》、色々の玉の橋が〉渡《わた》せり《かかっている》。そのあたりに、照《て》り輝《かかや》く木ども《木々》が〉立てり《立っている》。

(木々の) その中に《で》、この取りて《取っ》まうで《(モウ)》《まいっ》来たりし《た》(の)は、いと《とても》わろかりし*《よくなかった》かども《けれども》、(姫が) のたまひし《(イ)》《おっしゃった(の)と》に違《たが》はましかば《(ワ)》《ちがっていては(いけないだろう)》と、この花を折りて《折っ》まうで《(モウ)》《まいっ》来たる《た》なり《のだ》。

くらもちの皇子と「蓬莱の玉の枝」(国立国会図書館)

*さらに＝ここでは、下に否定の語「なし」があるので、「全然……ない」という意味。

*たり＝動作・作用が続いていること(「……ている」「……てある」)や、動作・作用の結果(「……た」)を表す助動詞。

*わろし＝現代語の「悪い」ほど強い意味でなく、「よくない」「好ましくない」という意味。

「ふじの山」

最後の場面。かぐや姫《ひめ》は月へ帰るときに、帝《みかど》(天皇)に手紙と不死の薬を差し上げた。係り結びに注意して読もう。

(帝は) 御文《おんふみ》《お手紙》と〉、不死の薬の壺《つぼ》を〉並べて、火をつけて燃やすべき《ように(という)》よし《趣旨》を〉仰《おお》せ《(オ)》《命じ》たまふ《(モウ)》《られた》。

そのよし《趣旨》を〉、うけたまはりて《(ワ)》、(使者が)士《つわもの》ども《(ワ)》《兵士たち》を〉あまた*《たくさん》具して《連れ》山へ登り《登っ》ける《た》より《ことから》なむ*《(ン)》、

その山を「ふじの山」*とは名づけける*《たのだった》。

その煙《けぶり》、は〉いまだ《いまだに》雲の中へ立ち上る《(のだ)》とぞ*、言ひ《(イ)》伝へ《(エ)》たる*《(られ)ている》。

*あまた＝数量が多くある様子を表す。「数多く」「たくさん」と訳す。

*なむ……ける *ぞ……たる＝ともに、係り結びで、強調を表す。

*ふじの山＝「士に富む山」(兵士たちのたくさんいる山)という意味で「富士《ふじ》の山」。

練習

解答 別冊11ページ

●【竹取物語】――線部に適する口語訳を、あとのア～ウから選び、記号で答えなさい。

1 かぐや姫《ひめ》の生い立ち／ふじの山

(1) あやしがりて、寄りて見るに、筒《つつ》の中光りたり。

ア 不思議に思って　イ 疑わしいと思って　ウ 面白いと思って　〔　　〕

(2) 三寸ばかりなる人、いとうつくしうてゐたり。

ア 立っていた　イ 座っていた　ウ 寝《ね》ていた　〔　　〕

(3) 士《つはもの》どもあまた具して山へ登りけるよりなむ、……。

ア 少し　イ 数人　ウ たくさん　〔　　〕

2 くらもちの皇子《みこ》

(1) さすがに恐《おそ》ろしくおぼえて、……。

ア 記憶《きおく》して　イ 思われて　ウ 考えて　〔　　〕

(2) その山、見るに、さらに登るべきやうなし。

ア もっと　イ まったく　ウ やっと　〔　　〕

(3) いとわろかりしかども、のたまひしに違《たが》はましかばと、この花を折りてまうで来たるなり。

ア よくなかっ　イ 汚《きたな》かっ　ウ 悪くなかっ　〔　　〕

Column

年中行事

ここでは、かぐや姫が月の世界へ帰って行った旧暦《きゅうれき》八月十五日をはじめ、当時の主な年中行事を紹介《しょうかい》する。

季節	月日(旧暦)	年中行事	内容
春	一月一日	四方拝《しほうはい》	元旦《がんたん》に、天皇が天地四方に向かって、国家の平安を祈《いの》る儀式《ぎしき》。
	三月三日	上巳《じょうし》(桃《もも》の節句)	女児の節句で、ひな祭りのこと。人形《ひとがた》に身の汚《けが》れを移し、川などに流して厄《やく》払《ばら》いをする。
夏	五月五日	端午《たんご》(端午の節句)	男児の節句。軒《のき》に菖蒲《しょうぶ》をさし、武者人形、鯉《こい》のぼりを飾《かざ》る。
秋	七月七日	七夕(乞巧奠《きこうでん》)	牽牛《けんぎゅう》と織女《しょくじょ》を祭る。女子の裁縫《さいほう》や書道などの技芸の上達を祈る。
	八月十五日	中秋観月《ちゅうしゅうかんげつ》	中秋の名月を観賞する催《もよお》し。すすき・団子などを供え月見をする。
	九月九日	重陽《ちょうよう》(菊《きく》の節句)	宮中で菊見の宴《うたげ》を催す。菊の花びらを浮《う》かべた酒を飲み、不老長寿《ちょうじゅ》を願う。
冬	十二月晦日《みそか》	追儺《ついな》(鬼《おに》やらい)	豆まきをして、鬼《おに》(疫病《えきびょう》)を追い払《はら》う風習。
		大祓《おおはらえ》	新年を迎《むか》えるために、一年の汚《けが》れを払い、身を清める。

2 枕草子

教科書の要点

『枕草子《まくらのそうし》』とは

◎『枕草子』は、**平安時代中期**《へいあん》に**清少納言**《せいしょうなごん》が書いた**随筆**《ずいひつ》。「をかし」の文学といわれる。

『枕草子《まくらのそうし》』とは

(1) **成立**……**平安**《へいあん》**時代中期**に**清少納言**《せいしょうなごん》によって書かれた。

(2) **種類**……**随筆**《ずいひつ》という新しい文学の形を生み出し、のちの『徒然草《つれづれぐさ》』にも影響《えいきょう》を与《あた》えた。宮中での見聞、季節の感想、人生観などが、独自の鋭《するど》い感覚と知的で冷静な態度で、簡潔に書かれている。知的で明るい「をかし」の文学といわれる。

(3) **構成**……約300の段で構成され、内容は主に次の三つに分けられる。

❶ **記録的な内容**……宮中や貴族の屋敷《やしき》などでの出来事や見聞を書いたもの。

❷ **「ものづくし」**……「山は」「海は」「にくきもの」「うつくしきもの」など、同じ種類のものを集め、並べあげたもの。

❸ **随想的《ずいそう》なもの**……行事や自然・人間などについての考えを述べたもの。

(4) **作者**……「清少納言」はあだ名で、本名や生没年《せいぼつねん》はわかっていない。父は歌人の清原元輔《きよはらのもとすけ》で、幼い頃《ころ》から和歌や漢詩などに親しみ、深い教養を身につけた。

(5) **時代背景**……平安時代は、優美で繊細《せんさい》な**国風**《こくふう》**文化**が成熟した。仮名《かな》文字が普及《ふきゅう》し、宮中では女性による文学が盛んになった。清少納言は当時政治の実権を握っていた藤原氏に深い教養を評価され、藤原道隆の娘《むすめ》である**中宮定子**《ちゅうぐうていし》に教育係として仕えた。『枕草子』には、中宮定子のすばらしさや宮中の華《はな》やかな様子が多く書かれている。

くわしく

中宮と教育係

藤原氏《ふじわら》は、娘《むすめ》を中宮（天皇の妃《きさき》）にし、その子どもを天皇にすることによって政治の実権を握《にぎ》ろうとした。天皇との関係を深めるためには、妃に深い教養があることが重要だったため、清少納言《せいしょうなごん》のような教育係が天皇の妃に仕えていた。

『源氏物語《げんじものがたり》』の作者紫式部《むらさきしきぶ》も教養を買われ、藤原道長の娘に仕えた。紫式部が宮中に出仕したときには、清少納言はすでに宮中を去っていた。

藤原道隆《みちたか》（兄）―定子《ていし》←清少納言
　　　　　　　　　　　　＝一条天皇《いちじょう》
藤原道長《みちなが》（弟）―彰子《しょうし》←紫式部

発展

紫式部の『源氏物語《げんじものがたり》』

『源氏物語《げんじものがたり》』は、「光君《ひかるのきみ》（光源氏《ひかる》）」を主人公とした日本で初めての長編小説。しみじみとした趣《おもむき》の「あはれ」の文学といわれ、物語文学の完成形といわれる。

『枕草子《まくらのそうし》』とともに、のちの日本文学に大きな影響《えいきょう》を与《あた》えている。

「春はあけぼの」

①作者は四季のどんな情景に心をひかれたのか。
②「をかし」と「あはれなり」の違《ちが》いを味わおう。

春はあけぼの。*やうやう《(ヨウヨウ)》白くなりゆく山ぎは*《(ワ)》、すこしあかりて、

（明け方（がすばらしい）　だんだんと　なって　が　明るくなって）

紫《むらさき》だち たる雲*の ほそくたなびき たる。

（紫がかっ　ている　が　たなびい　ている（のがよい））

夏は夜。月の ころはさらなり、闇《やみ》もなほ《(オ)》、蛍《ほたる》の多く
（（がすばらしい）　が（出ている）　言うまでもない　やみ夜やはり　が）

飛びちがひ《(イ)》 たる。また、ただ一つ二つ など、ほのかにうち光りて
（飛びかっ　ている（のがよい）　（蛍が）　一ぴき二ひき　ほど　光りながら）

行く もを*かし《(オ)》。雨など 降る もをかし《(オ)》。

（（の）　趣がある　が　（の）　趣がある）

秋は夕暮れ。夕日のさして山の端《は》*いと 近《ちか》う《(コウ)》なり たるに、烏《からす》の
（（がすばらしい）　が　に　とても　近く　なっ　た（ころ）　が）

寝《ね》どころへ行くとて、三《み》つ四《よ》つ、二つ三つ など、飛びいそぐ さへ《(エ)》
（ねぐら　帰ろうとして　三羽四羽　二羽三羽　ほど　急いで飛ぶ（様子）までも）

*あはれ《(ワ)》なり。まいて雁《かり》などの つらね たるが、いと小さく
（しみじみとしたものを感じさせる　まして　が　列をなし　ている（の）　とても　（空のかなたに））

見ゆる はいと をかし《(オ)》。日 入りはてて、風の音《おと》、虫の音《ね》など、

（見える　（の）　とても　趣がある　が　すっかりしずんでから（聞く）　は）

はた いふ《(ウ)》べきに あらず。

（また　言いようも　ない（ほど趣がある））

冬はつとめて*。雪の 降り たる はいふ《(ウ)》べきにもあらず、霜《しも》の いと 白き も、

（早朝（がすばらしい）　が　降っ　ている（の）　言うまでもない　が　とても　白い　（の））

***やうやう**＝ここでは、時間の経過とともに物事が進んでいく様子を表す。「だんだんと」「しだいに」などと訳す。

***山ぎは**＝空の、山に接している部分。

***の**＝この「雲のほそくたなびきたる」の「の」は、主語を表す格助詞の「の」で、「が」に置《お》き換《か》えられる。

***をかし**＝興味深い、という気持ちを表す。「趣《おもむき》がある」と訳すことが多い。

***山の端**＝山の、空に接している部分。

***あはれなり**＝しみじみと身にしみる、という気持ちを表す。「しみじみとした趣がある」などと訳す。

***つとめて**＝早朝。

またさらでも《そうでなくても》いと《とても》寒き《(朝)》に、火など《を》いそぎおこして《急いで》、(あちこちの部屋に)炭《を》もて《持って》渡《わた》る《運ぶ(の)》も(冬の朝に)いと《とても》*つきづきし《似つかわしい》。昼になりて、(気温が)ぬるく《暖かく(なり)》(寒さが)ゆるび《ゆるんで》もていけ《でいく》ば《と》、火桶《ひをけ》《(オ)》の火も白き灰がち《灰ばかり》になりてわろし《趣がない》。

〈第1段〉

「九月《ながつき》ばかり」

一晩中雨が降り続いた翌朝の庭を描写《びょうしゃ》した文章を読んで、清《せい》少納言《しょうなごん》がどんな様子に目を向けているかに注目しよう。

*九月《ながつき》ばかり《ごろに》、夜一夜《よひとよ》《一晩中》*降り明かしつる《た》雨の《が》、今朝はやみ《やん》て《で》、朝日《が》いと《とても》けざやかに《あざやかに》差し出で《い》《差し始め》たる《た(時)》に、*前栽《せんざい》の露《つゆ》はこぼる《こぼれる》ばかり《ほどに》ぬれかかりたる《ているの》も、いと《とても》をかし《(オ)》《趣がある》。

*透垣《すいがい》の*羅文《らもん》、*軒《のき》の上などは、かい《掛け》たる《てある》蜘蛛《くも》の巣のこぼれ残り《破れ残っ》たる《ている(ところ)》に、雨《が》のかかり《かかっ》たる《ている(の)》が、*白き玉《(まるで)》を貫《つらぬ》き《貫い》たる《ている》やうなる《(ヨウ)》《である(のは)》*こそ、*いみじう《(ジュウ)》《すばらしく》あはれに《(ワ)》《しみじみと》*をかしけれ《(オ)》《趣深い》。

少し日《が》たけ《高く昇っ》ぬれ《てしまう》ば《と》、萩《はぎ》などの《が》、いと《とても》重げなる《重そうである》に《のに》、露の落つる《が落ちる》に《と》、枝《が》うち《強く》動きて、人も手《を》触《ふ》れぬに《ないのに》、ふと《さっと》上《かみ》ざま《上の方》へ上がり《はね上がった(の)》たるも、*いみじう《(ジュウ)》《すばらしく》をかし《(オ)》《おもしろい》、と言ひ《(イ)》《(私が)言っ》たる《ている》ことども《いろいろなことが》の、人の心には、つゆ《少しも》をかしから《(オ)》《おもしろく》じ《ないだろう》と思ふ《(ウ)》*こそ《(ことが)》、また*をかし《(オ)》けれ《おもしろい》。

〈第125段〉

*つきづきし＝ぴったりと調和がとれている様子を表す。「似つかわしい」「ふさわしい」などと訳す。ここでは、火よ、炭よと活動の始まるのが、冬の早朝の情景にふさわしく思う気持ち。


*九月＝旧暦《きゅうれき》の九月。現代の十月ごろ。現代とは一か月ほどのずれがある。

*降り明かす＝一晩中降って、夜が明ける。

*前栽＝庭先に植えた草木。

*透垣＝板か竹を少し隙間《すきま》をあけて組んで、垣根《かきね》にしたもの。

*羅文＝透垣などの上部に設ける飾り。細い木や竹を二本ずつ菱形《ひしがた》に交差させて組んだもの。

*軒＝屋根の下の端が、建物の外に差し出た部分。

*白き玉＝真珠《しんじゅ》。

*こそ……をかしけれ＝係り結び。強調を表す。

*いみじ＝よい意味でも悪い意味でも、程度がはなはだしいことを言う。よい意味なら「すばらしい」、悪い意味なら「ひどい」となる。

「うつくしきもの」

「ものづくし」の中で有名なものの一つ。かわいらしいものを次々と挙げていく、歯切れのよい文章を読み味わおう。

*うつくしきもの。瓜《うり》に描《か》きたるちごの顔。雀《すずめ》の子の、ねず鳴きするに
かわいらしい　描い　てある　幼児　（がかわいい）　が（人が）ねずみの鳴きまねをすると

踊《をど》《オ》り来る。二つ三つ*ばかりなるちごの、急ぎて
踊るようにしてやってくる（のもかわいい）　二歳か三歳　ぐらい　になる　幼児　が

這《は》ひ《イ》来る*道に、いと小さき塵《ちり》のありけるを、目ざとに見つけて、
這ってくる　途中　とても　ごみが　あっ　た　（の）　目ざとく

いとを《オ》かしげなる指《および》にとらへ《エ》て、大人ごとに見せたる、いとうつくし。
とても　かわいらしげ　である　指　つまんで　ている（のは）　とても　かわいらしい

頭《かしら》は*尼《あま》そぎなるちごの、目に髪《かみ》のおほ《オ》へ《エ》るを*かきは《ワ》やらで、
おかっぱにしている　幼児　が　が　かぶさっ　ている（の）　かきあげも　せずに

うち傾《かたぶ》きて物など見たるも、うつくし。
（首を）少しかしげ　を　ている（の）　かわいらしい

〈第145段〉

*うつくし＝幼い者、小さいものに心ひかれる様子を表す。「かわいらしい」「愛らしい」などと訳す。

*ばかり＝数を表す言葉のあとに付けて、およその範囲《はんい》を示す。「……ほど」「……ぐらい」と訳す。

*道＝途中《とちゅう》。

*尼そぎ＝少女の髪型《かみがた》の一つ。髪の先を肩《かた》のあたりで切りそろえる。

*かきはやらで＝「かく（かきあげる）」＋助詞「は」＋「やらで（やらないで）」。音読するときに、助詞「は」を「ワ」と読むことに注意。

「月のいと明《あ》かきに」

普通《ふつう》なら気がつかないような光景に着目して、比喩《ひゆ》を巧《たく》みに使って表現している。みずみずしい感受性を味わおう。

月のいと明かきに、*川をわたれば牛の歩むままに、水晶《すいさう》《ショウ》などの
とても　明るい（夜）　（牛車で）　が　歩く　につれて　が

われたるや《ヨ》う《ウ》に、水の散りたる*こそ*を《オ》かしけれ。
ている　が　ている（のは）　趣深い

〈第216段〉

*牛車《ぎっしゃ》＝牛に屋根つきの車を引かせた乗り物。平安《へいあん》時代の貴族が利用していた。

*こそ……をかしけれ＝係り結び。強調を表す。

練習

解答 別冊11ページ

●【枕草子】——線部に適する口語訳を、あとのア〜ウから選び、記号で答えなさい。

1 春はあけぼの

(1) やうやう白くなりゆく山ぎは、すこし……。

ア だんだんと　イ よくよく　ウ 次々と　〔　〕

(2) ほのかにうち光りて行くもをかし。

ア 変だ　イ 愉快《ゆかい》だ　ウ 趣《おもむき》がある　〔　〕

2 うつくしきもの

(1) 大人ごとに見せたる、いとうつくし。

ア きれいだ　イ 清潔だ　ウ かわいらしい　〔　〕

3 月のいと明かきに

(1) 牛の歩むままに、水晶《すいさう》などの……。

ア 道のりに　イ につれて　ウ そばで　〔　〕

4 九月《ながつき》ばかり

(1) 朝日いとけざやかに差し出《い》でたるに……。

ア 鮮《あざ》やかに　イ さわやかに　ウ 速やかに　〔　〕

(2) いみじうあはれにをかしけれ。

ア ひどく　イ すばらしく　ウ きっと　〔　〕

Column

陰暦《いんれき》（旧暦）の月の呼び名

春	夏	秋	冬
一月 — 睦月（むつき）　二月 — 如月（きさらぎ）　三月 — 弥生（やよひ《い》）	四月 — 卯月（うづき）　五月 — 皐月（さつき）　六月 — 水無月（みなづき）	七月 — 文月（ふづき・ふみづき）　八月 — 葉月（はづき）　九月 — 長月（ながつき）	十月 — 神無月（かんなづき・かみなづき）　十一月 — 霜月（しもつき）　十二月 — 師走（しは《わ》す）

時刻と方角

一日を十二等分し、それぞれに十二支《じゅうにし》を当てる「定時法」が使われていた。

方角にも十二支が用いられ、北を子として、右回りに丑、寅……と当てられた。

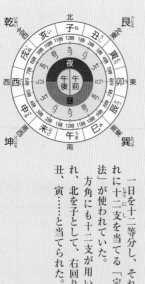

3 平家物語

教科書の要点

『平家物語《へいけものがたり》』とは

◎『平家物語』は、**鎌倉《かまくら》時代前期から中期**に成立した、**平家一門の栄華《えいが》と衰退《すいたい》**を中心に描《えが》く**軍記《ぐんき》物語**。

『平家物語《へいけものがたり》』とは

(1) **成立**……**鎌倉《かまくら》時代前期から中期**に成立した。

(2) **種類**……**軍記物語**に分類される。軍記物語は、合戦を中心に描《えが》いた物語で、**戦記物語**ともいう。

(3) **構成**……全体を大きく三部に分けることができる。

❶ **平家の栄華《えいが》**……平清盛《たいらのきよもり》を頂点として、平家は栄華《えいが》を極めるが、やがて打倒《だとう》平家の機運が高まっていく。

❷ **平家の衰退《すいたい》**……源頼朝《みなもとのよりとも》、木曾義仲《きそよしなか》といった源氏《げんじ》方が活躍《かつやく》し、敗れた平家は京都を追われ、西国《さいごく》へと逃《のが》れた。

❸ **平家の滅亡《めつぼう》**……源義経《みなもとのよしつね》の率いる平家追討《ついとう》軍のために平家は敗戦を重ねた。壇《だん》ノ浦《うら》（今の山口《やまぐち》県下関《しものせき》市）で、ついに平家は滅亡《めつぼう》した。

(4) **作者**……信濃前司行長《しなののぜんじゆきなが》といわれるが、はっきりしない。

(5) **文体**……簡潔で調子のよい響《ひび》きの**和漢混交文**。

(6) **時代背景**……政治の実権が貴族や朝廷《ちょうてい》から武士の平家へ、そして源氏へと移り変わっていった。動乱が続き、飢餓《きが》や疫病《えきびょう》も発生した。激動の世に広まった**無常観《むじょうかん》**が、平家の栄華と滅亡の姿に重ね合わされている。

(7) **平曲《へいきょく》**……琵琶《びわ》の伴奏《ばんそう》で『平家物語《へいけものがたり》』を語る芸能。

くわしく

『平家物語《へいけものがたり》』の作者

内容から、歴史的な知識や深い教養のある人物が原型を作ったと考えられる。その後、何人かの手によって書き加えられ、現在の形になった。

くわしく

「平曲《へいきょく》」は語《かた》り物《もの》

琵琶《びわ》の伴奏《ばんそう》で『平家物語《へいけものがたり》』を語る芸能を「平曲」という。多くは、盲目《もうもく》で僧《そう》（＝法《ほう》師《し》）の姿をした「琵琶法師」によって語られた。平家の亡霊《ぼうれい》に耳《みみ》をむしり取られてしまう「耳なし芳一《ほういち》」という怪談《かいだん》があるが、その話の「芳一」も琵琶法師である。『平《へ》家《け》物語《ものがたり》』は、語り物の「平曲」によって、民衆の間に広まっていった。

「祇《ぎ》園《をん(オン)》精《しやう(ショウ)》舎《じや(ジャ)》」

*祇園精舎《ぎをんしやうじや(オンショウジャ)》の鐘《かね》の声、*諸行無常《しよぎやう(ショギョウ)むじやう(ジョウ)》の響《ひび》きあり。*沙羅双樹《しやら(シャ)さうじゆ(ソウジュ)》の花の色、
音には　がある　は

盛者必衰《じやうしやひつすい(ジョウシャヒッスイ)》の理《ことわり》をあらはす(ワ)。おごれる人も久しからず、
道理　表している　思い上がりわがままにふるまっている　(その権力は)長くは続かず　(それは)

ただ春の夜《よ》の夢のごとし。たけき者もつひ(イ)には滅《ほろ》びぬ、
まるで　夢のよう(にはかないもの)だ　勢いが盛んな　最後に　滅んでしまう(が、それもまた)

ひとへ(エ)に風の前の塵《ちり》に同じ。
全く　と　(ように、吹《ふ》けば飛ぶようなものだ)

『平家物語《へいけものがたり》』の冒頭《ぼうとう》部分。何度も音読して、七五調のリズムや対句《ついく》表現による調子のよさを読み味わおう。

＊祇園精舎＝インドにあった寺の名。
＊諸行無常＝この世のすべてのものは、みな移り変わるもので、同じ状態でとどまることはないこと。
＊沙羅双樹＝釈迦《しゃか》の死の床《とこ》のそばにあった木の名前。釈迦の死を悲しんで、たちまち枯《か》れて白くなってしまったという。
＊ただ……ごとし＝まるで……ようだ。

「扇《あうぎ(オウ)》の的」

ころは二月《にんぐわつ(ガツ)》十八日の*酉《とり》の刻ばかりのことなるに、をり(オ)ふし北風激しくて、磯打《いそう》
時は　午後六時ごろのことだったが　ちょうどそのとき　が

つ波も高かりけり。舟《ふね》は、揺《ゆ》り上げ揺りすゑ漂《ただよ(エ)(エ)》へば、扇《あふぎ(オウ)》もくしに定まらず
高かった　(波に)揺り上げられ揺り落とされ上下に漂うので　さおの先の扇もそれにつれて

ひらめいたり。*沖には平家《へいけ》、舟を一面に並べて見物す。*陸《くが》には源氏《げんじ》、*くつばみを
揺れ動きひらめいている　が　が

並べてこれを見る。いづれ(ズ)もいづれ(ズ)も晴れならずといふ(ウ)ことぞ*なき*。与一《よいち》目をふ
(平家と源氏の)どちらもどちらも晴れがましくないということはない(晴れがましい情景だ)

さいで、

「南無八幡大菩薩《なむはちまんだいぼさつ》、我が国の神明《しんめい》、日光《につくわう(ニッコウ)》の権現《ごんげん》、宇都宮《うつのみや》、那須《なす》の湯泉大明神《ゆぜんだいみやうじん(ミョウ)》、願はく(ワ)

弓の名手那須与一《なすのよいち》の活躍《かつやく》が、臨場感《りんじょうかん》たっぷりに描《えが》かれている。与一の決意や、周囲の人々の心情を読み取ろう。

＊酉の刻＝226ページ参照。
＊沖には平家…見物す。陸には源氏…見る。＝二つの文は対句《ついく》になっている。
＊くつばみ＝馬の口に含《ふく》ませ、手綱《たづな》を付けるための金具。くつわ。
＊ぞ……なき＝係り結び。強調を表す。

発展

神仏への願い

八幡神《はちまんじん》は弓矢の神、菩薩《ぼさつ》は仏教の仏のひとつ。当時は神と仏を同一視して信仰《しんこう》して

は、あの扇の真ん中射《い》させてたばせたまへ《(エ)》《射させてくださいませ》。これを射損ずるものならば《射ることに失敗したのならば》、弓切り折り自害して《弓を切り折って、腹をかき切って》、人に二度面《ふたたびおもて》を向かふ《(コウ)》べからず《人に二度と顔を合わせるつもりはありません》。いま一度《いちど》本国へ迎《むか(エ)》へんと《故郷へ迎えよう》おぼしめさば《お思いでしたら》、この矢はづさせ《(ズ)》たまふ《(モウ)》な《外させないでください》。」と心のうちに祈念《きねん》して《いのり念じて》、目を見開いたれば、風も少し吹《ふ》き弱り、扇も射よげに《射やすそうに》ぞ*なつ《(ナッ)》たり《なっていた》ける*。

与一、*かぶらを取つ《(トッ)》てつがひ《(イ)》《かぶら矢を取って(弓に)つがい》、よつぴい《(ヨッ)》て《引きしぼって》*ひやう《(ヒョウ)》ど放つ。小兵《こひやう(ヒョウ)》といふぢやう《(ウ)(ジョウ)》《とはいいながら》、*十二束三伏《そくみつぶせ》、弓は強し、浦響《うらひび》くほど長鳴りして《浦一帯に鳴り響くほど長いうなりを上げて》、あやまたず《誤りなく》扇の要《かなめ》ぎは《(ワ)》一寸《一寸ほど》ばかりおいて《離れた所を》、*ひいふつ《(フッ)》とぞ*射切つ《(キッ)》たる*《射切った》。かぶらは海へ入りければ《落ち》、扇は空へぞ*上がり《舞い上がった》ける*。しばしは虚空《こくう》にひらめきけるが《しばらくの間は大空にひらひら舞っていたが》、春風に一《ひと》もみ二《ふた》もみもまれて、海へさつ《(サッ)》とぞ*散つ《(チッ)》たりける*《散ったのだった》。夕日のかかやいたるに《夕日にかがやく白い波の上に》、みな紅《ぐれなゐ(イ)》の扇の日出《い》だしたる《真っ赤な扇に金色の太陽をえがいたものが》が、白波の上に漂ひ《(イ)》、浮《う》きぬしづみぬ《(ズ)》揺られければ《浮いたりしずんだりして揺れているので》、沖には平家〈が〉、ふなばたをたたいて感じたり《感嘆し》、陸《くが》には源氏、*えびらをたたいてどよめきけり《はやし立てた》。あまりのおもしろさに、感に堪《た(エ)》へざるにやと《非常に感動したのかと思われて》おぼしくて、舟《ふね》のうちより、

いた。「日光の権現《ごんげん》」「宇都宮《うつのみや》」「那須《なす》の湯泉大明神《ゆぜんだいみょうじん》」は、与一《よいち》の故郷である那須を含む、栃木《とちぎ》県の神社の神々。神仏への信仰を示している。

発展
名誉《めいよ》を重んじる武士

武士にとって最も大切なのは「名誉」である。矢を外したら、名誉が傷つき武士として生きていけないので、自害すると言っているのである。

***ぞ……ける**＝係り結び。強調を表す。

***かぶら**＝鏑矢《かぶらや》。音を立てて飛ぶように作った矢。戦闘《せんとう》用ではなく、武器としての働きはしない。

***ひやう・ひいふつ**＝「ひやう」は「ひゅっ」という弓が矢を放つ音。「ひいふつ」は、矢が風を切って飛び、的に当たった音。矢の様子を表す擬音《ぎおん》を用いて、臨場感《りんじょうかん》をもたせている。

***十二束三伏**＝約1メートル。

***ぞ……たる**＝係り結び。強調を表す。

***ぞ……ける**＝係り結び。強調を表す。

***えびら**＝腰《こし》に負う矢を入れる道具。

発展
磯《いそ》と沖《おき》と浦《うら》

磯…波打ち際。
沖…岸から遠く離《はな》れた水面。
浦…海辺一帯。

年五十ばかりなる《五十歳くらいの》男《をのこ》《(オ)》の、黒革をどし《(オ)》の鎧《よろひ》《(イ)》着て、白柄《しらえ》の長刀《なぎなた》持つ《(モッ)》《持っ》たるが《た(男)が》、扇《あふぎ》《(オウ)》立てた《(の)立てて》りける《あった》所に立つ《(タッ)》て舞《ま》ひ《(イ)》しめたり《舞を舞った》。*伊勢三郎義盛《いせのさぶらうよしもり》《(ロウ)》、与一《よいち》が後ろへ歩ませ寄つ《(ヨッ)》て、《が与一の後ろへ(馬を)歩ませ近寄って》

「*御定《ごぢやう》《(ジョウ)》ぞ、つかまつれ。」《(義経様の)ご命令だ、射なさい》

と言ひ《(イ)》ければ《言ったので》、今度は中差《なかざし》を取つ《(トッ)》てうちくはせ《(ワ)》《しっかりと(弓に)かけ》、よつ《(ヨッ)》ぴいて、しや頸《くび》《(シャ)》の骨を《(男の)首の骨》ひやうふつ《(ヒョウフッ)》と射て、舟底《ふなぞこ》へ逆さまに《真っ逆さまに》射倒《たお》す。平家《へいけ》の方《かた》には音もせず、源氏《げんじ》の方にはまたえびらをたたいてどよめきけり。

「あ、射たり《射た》。」

と言ふ《(ウ)》人もあり、また、

「情けなし《薄情だ》。」

と言ふ《(ウ)》者もあり。

＊伊勢三郎義盛＝義経《よしつね》に仕えている重臣。

＊御定ぞ、つかまつれ＝「御定」は、身分の高い人からの命令。「つかまつれ」は「してさし上げろ」の意味。ここでは、「命令を聞いて、矢で射てさし上げろ」ということ。

Column

武具

平安《へいあん》時代末期から、武具も大きく進歩した。弓矢は武士にとって重要な武具だが、技術的に改良が加えられ、破壊力《はかいりょく》が強くなっていった。

箙《えびら》
矢を収納する道具。矢を差し入れ、腰《こし》に固定して背負った。

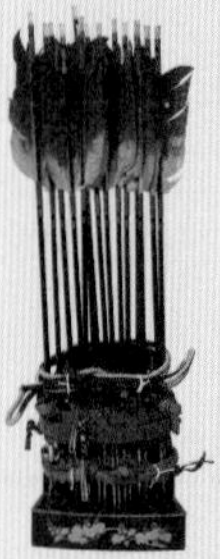

箙（靖國神社遊就館《やすくにじんじゃゆうしゅうかん》）

鎧（武蔵御嶽神社《むさしみたけじんじゃ》）

練習

解答▶別冊11ページ

●【平家物語】――線部に適する口語訳を、あとのア〜ウから選び、記号で答えなさい。

1 祇園精舎《ぎおんしょうじゃ》

(1) おごれる人も久しからず、……。

ア 長く続かない　イ 短くない
ウ 珍《めずら》しい
〔　　〕

(2) ただ春の夜の夢のごとし。

ア おそらく春の夜の夢のようであろう
イ まるで春の夜の夢のようだ
ウ 全く春の夜の夢とは違《ちが》っている
〔　　〕

(3) たけき者もつひには滅《ほろ》びぬ。

ア 多くは　イ すぐには
ウ 最後には
〔　　〕

(4) ひとへに風の前の塵《ちり》に同じ。

ア 全く　イ 弱々しい
ウ やはり
〔　　〕

2 扇《おうぎ》の的《まと》

(1) いづれもいづれも晴れならずといふことぞなき。

ア 晴れやかなわけではない
イ 晴れがましい情景である
ウ 晴れがましい気分ではない
〔　　〕

(2) 人に二度面《ふたたびおもて》を向かふべからず。

ア 顔を合わせるつもりはありません
イ まともに立ち向かってはいけません
ウ 正面から敵対するはずはありません
〔　　〕

(3) あやまたず扇の要《かなめ》ぎは一寸ばかりおいて……。

ア 待つこともなく　イ 言い訳をせず
ウ 誤りなく
〔　　〕

(4) 浮《う》きぬしづみぬ揺《ゆ》られければ、……。

ア 浮いたりしずんだりして
イ 浮いてすぐしずみ
ウ 浮いたまましずまず
〔　　〕

(5) 感に堪《た》へざるにやとおぼしくて、……。

ア あきらめて　イ 思われて
ウ 決めつけて
〔　　〕

(6) 「御定《ごぢやう》ぞ、つかまつれ。」

ア 取りなさい　イ 謝りなさい
ウ 射なさい
〔　　〕

4 徒然草

教科書の要点

『徒然草《つれづれぐさ》』とは

◎『徒然草』は、**鎌倉《かまくら》時代末期**に**兼好法師《けんこうほうし》**によって書かれた、代表的な**随筆《ずいひつ》**。

くわしく **「法師」はお坊《ぼう》さん**

「法師」とはお坊さん（僧《そう》）のこと。仏教の修行をするために、家庭での日常生活や役職・地位などを捨てて家を出ることを「出家」という。

一人前の僧になったあとは、兼好法師《けんこうほうし》のように寺から出る人もいる。

くわしく **兼好法師はどんな人**

兼好法師は出家することで、孤独《こどく》ではあるが自由な生活を得ることができた。その自由の中で『徒然草《つれづれぐさ》』を執筆《しっぴつ》したのである。出家後は歌人として活躍《かつやく》するほか、日本や中国《ちゅうごく》に関する知識を身につけた知識人として知られるようになった。『徒然草』の文章は、深い教養と鋭《するど》い観察眼とに裏づけされた批評精神に貫《つらぬ》かれている。

『徒然草《つれづれぐさ》』とは

(1) **成立**……**鎌倉《かまくら》時代末期**に書かれた。

(2) **種類**……**随筆《ずいひつ》**。自然や人間についてさまざまな考えや感想、見聞がつづられている。

(3) **構成**……序段のほか、２４３段の多種多様な文章からなる。主な話題には、次のようなものがある。

❶ **人生論・教訓・処世・批評など**……人間のありのままの姿を描《えが》く。

例 「高名《かうみやう》の木のぼり」「仁和寺《にんなじ》にある法師」

❷ **自然観照的なもの**……自然のありさまについて、考えを述べる。

例 「花は盛《さか》りに」

(4) **作者**……**兼好法師《けんこうほうし》**。本名は卜部兼好《うらべのかねよし》。30歳《さい》前後で出家して、僧《そう》となる。出家後、兼好法師とよばれる。

(5) **時代背景**……戦乱の絶えない不安定な時代で、鎌倉幕府の滅亡《めつぼう》や朝廷《ちょうてい》の分裂《ぶんれつ》といった混乱が続いていた。

(6) **無常観《むじょうかん》**……「**無常観**」とは、仏教の考え方の一つで、すべてのものは移り変わり、この世に確かなものはなく、人生ははかないものだとする考え方。『徒然草』にもその考え方が反映されている。

兼好法師(東京国立博物館《とうきょうこくりつはくぶつかん》)

「つれづれなるままに」

つれづれなるままに、日暮らし、硯《すずり》に向かひ《(イ)》て、心にうつりゆく＊よしなし事を、
することがなくたいくつな　一日中　向かっ　うかんでは消えていく　とりとめもないこと

そこはかとなく書きつくれば、あやしう《(シュウ)》＊こそ＊ものぐるほしけ《(オ)》れ。
何というあてもなく　書きつけ　ていると　不思議と　狂おしい気分になってくるものだ

〈序段〉

『徒然草』の序段に当たる文章。兼好法師が、『徒然草』を書く心境を述べている。

＊よしなし事＝つまらないこと。何のまとまりもないこと。

＊こそ……ものぐるほしけれ＝係り結び。強調を表す。

「高名《(コウ)かう》の《(ミョウ)みやう》木のぼり」

① 「高名の木のぼり」といわれる男の考えをつかもう。

② その考えを兼好法師はどう評価しているかを読み取ろう。

高名の木のぼりといひ《(イ)》し男《をのこ(オ)》、人をおきてて、高き木にのぼせて梢《こずゑ(エ)》を切らせしに、
木のぼりの名人　(人々が)呼んだが　さしずし　高い　登らせ　た　ところ

いと危く《あやふ(ウ)》見えしほどはいふ《(ウ)》事もなくて、降るる時に、軒長《のきたけ》ばかりになりて、
とても　危険に　た　間　(男が)降りる　(家の)軒の高さくらい　なっ

「あやまちすな。心して降りよ」と言葉をかけ侍り《はべ》しを、「かばかりになりては、
失敗をする　用心し　ろ　まし　た(の)　このくらい(の高さ)なっ　たら

飛び降るとも降りなん。いかにかく言ふ《(ウ)》ぞ」と申し侍りしかば、「その事に候《(ソウロウ)さうらふ》。
飛び降り　ても　降りる　だ　ろう　なぜ　このように　のか　まし　た　ところ　で　ございます

目くるめき、枝あやふき《(ウ)》ほどは、おのれが恐れ《おそ》侍ればば申さず。あやまちは、
目がくらみ　が　折れそうな　間　自分の　ます　ので申し　ません　失敗

やすき所に成りて、必ず仕る《つかまつ》事に候」といふ《(ウ)》。
易しい　なっ　いたす　で　ございます

あやしき下﨟《げらふ(ロウ)》なれども、＊聖人の戒め《いまし》にかなへ《(エ)》り。鞠《まり》も、難き《かた》所を
いやしい　身分の低い者だ　が　数え　合致し　ている蹴鞠　難しい

蹴出し《けいだ》てのち、やすく思へ《(エ)》ば、必ず落つと侍るやらん。
蹴り出し　易しいと　(鞠が地面に)落ちる　いう　ようです

〈第１０９段〉

高名の木のぼり
（東京国立博物館）

くわしく

貴族の遊び「蹴鞠《けまり》」

鹿《しか》の革でできた鞠を数人で蹴り上げ、受け渡《わた》しをし、地面に落とさないようにする遊び。

蹴鞠のようす
（田中家《たなかけ》）

＊聖人＝知識があり、優れた人格を備えて、万人が師とすべき人。

「仁《にん》和《な》寺《じ》にある法師」

①仁和寺の法師の人柄《ひとがら》を読み取ろう。
②話の面白さがどこにあるかをおさえよう。

仁和寺にある法師、年寄るまで*石清水《いはしみづ》を拝まざりければ、*心うく覚えて、
あるとき思ひ《イ》たちて、ただ一人、徒歩《かち》より詣《まう》で《モウ》けり。極楽寺《ごくらくじ》・高良《かうら》などを
拝みて、*かばかりと*心得《こころえ》て帰りにけり。
さて、かたへ《エ》の人にあひ《イ》て、
「年ごろ思ひ《イ》つること、果たしはべりぬ。聞きしにも過ぎて、
尊《たふと》く*こそおはし《ワ》*けれ。そも、*まゐり《イ》たる人ごとに
山へ登りしは、何事*かあり*けん、
*ゆかしかりしかど、
神へまゐる《イ》*こそ*本意《ほい》*なれと思ひ《イ》て、
山までは見ず。」と*ぞ言ひ《イ》*ける。
少しのことにも、先達《せんだち》は*あらまほしきことなり。
〈第52段〉

石清水八幡宮《いわしみずはちまんぐう》の楼門《ろうもん》と廻廊《かいろう》（石清水八幡宮）

*石清水＝石清水八幡宮《いわしみずはちまんぐう》。山の上にある。麓《ふもと》に、極楽寺《ごくらくじ》などがあった。

*心うし＝情けない。残念だ。「心」に、「憂し（つらい）」が付いてできた語。

*かばかり＝「かくばかり」を略した言葉。「これだけ」の意味。

*心得＝わけや事情などを「理解する」という意味。

*こそ……けれ＝係り結び。強調を表す。

*まゐる＝（神社や寺などに）参拝する。

*か……けん＝係り結び。疑問を表す。

*ゆかし＝好奇心《こうきしん》がわいて、強く心が引きつけられる様子を表す。「見たい」「聞きたい」「知りたい」などと訳す。

*こそ……なれ＝係り結び。強調を表す。

*本意＝本来の目的。本来の志。かねてからの願い。

*ぞ……ける＝係り結び。強調を表す。

*あらまほし＝「あり」に、希望を表す助動詞「まほし」が付いた言葉で、「あってほしい」「好ましい」などと訳す。

練習

解答 別冊11ページ

● 【徒然草】——線部に適する口語訳を、あとのア〜ウから選び、記号で答えなさい。

1 高名《こうみょう》の木のぼり

(1) 降るる時に、軒長《のきたけ》ばかりになりて……。

ア ほど　**イ** だけ　**ウ** など　〔　　〕

(2) いかにかく言ふぞ……。

ア すごく　**イ** わざわざ　**ウ** なぜ　〔　　〕

(3) 聖人の戒《いまし》めにかなへり。

ア 上回る　**イ** 一致《いっち》する　**ウ** 教えられる　〔　　〕

2 仁和寺《にんなじ》にある法師

(1) 仁和寺にある法師、年寄るまで石清水《いはしみづ》を拝まざりければ、心うく覚えて、……。

ア 残念に　**イ** 幸福に　**ウ** 退屈《たいくつ》に　〔　　〕

(2) まゐりたる人ごとに山へ登りしは、何事かありけん、ゆかしかりしかど……。

ア なつかしかったけれど　**イ** 知りたかったけれど　**ウ** 変だと思ったけれど　〔　　〕

Column

無常観

鎌倉《かまくら》時代以降、仏教の無常観は、文学をはじめとして日本人のものの考え方に大きな影響《えいきょう》を与《あた》えている。『徒然草《つれづれぐさ》』も例外ではない。

◆無常観とは仏教の基本的な考え

①すべてのものは移り変わり、一定ではない。

②どんなに強大なもの、栄えているものにも必ず終わりがあり、滅《ほろ》びるときが来る。

〔おごれる人も久しからず、ただ春の夜《よ》の夢のごとし。たけき者もつひには滅びぬ、ひとへに風の前の塵《ちり》に同じ。（『平家物語』冒頭《ぼうとう》より）〕

③人生はむなしく、はかないものだ。

④現世の事柄《ことがら》に執着《しゅうちゃく》するのは無意味である。

▼『徒然草』の無常観

「命は人を待つものかは。無常の来《きた》ることは、水火の攻《せ》むるよりもすみやかに、逃《のが》れがたきものを、……。」（『徒然草』第五十九段より）

〔命は、待ってくれるだろうか。（いや、けっして待ってはくれない。）死がやってくることは、水や火が襲《おそ》ってくるのよりもはやくて、逃れることが難しいものであるのに、……。〕

ここに書かれている「無常」は、命というもののはかなさを意味する。『徒然草』では、全体を通じて、権勢や財産に執着するむなしさについて書かれているが、その根底には、このような無常観がある。そして「常なるものは無い」こと、必ず終わりがあるからこそ、限りある世をどのように生きていけばよいか、自由で肯定《こうてい》的な人生観、処世訓などが書かれている。

5 万葉集・古今和歌集・新古今和歌集

教科書の要点

1 『万葉集《まんようしゅう》』とは
◎『万葉集』は、**奈良《なら》時代末期まで**に成立した**現存する最古の歌集**。

2 『古今和歌集《こきんわかしゅう》』とは
◎『古今和歌集』は、**平安《へいあん》時代前期の最初の勅撰《ちょくせん》和歌集**。

3 『新古今和歌集《しんこきんわかしゅう》』とは
◎『新古今和歌集』は、**鎌倉《かまくら》時代**に成立した八番目の**勅撰和歌集**。

1 『万葉集《まんようしゅう》』とは

(1) **成立**……**奈良時代末期まで**に成立した、**現存する最古の歌集**。
(2) **編者**……巻ごとに複数の編者が参加したと思われるが、**大伴家持《おおとものやかもち》**が深くかかわったと考えられる。
(3) **代表歌人**……歌の作風の違《ちが》いなどから、四期に分けられる。

❶ **第一期（672年頃《ごろ》まで）**
舒明天皇《じょめいてんのう》・斉明天皇《さいめいてんのう》・天智天皇《てんじてんのう》・額田王《ぬかたのおおきみ》・有馬皇子《ありまのみこ》など。

❷ **第二期（710年頃まで）**
天武天皇《てんむてんのう》・**持統天皇《じとうてんのう》**・大津皇子《おおつのみこ》・志貴皇子《しきのみこ》・石川郎女《いしかわのいらつめ》・高市黒人《たけちのくろひと》・宮廷《きゅうてい》歌人として知られる**柿本人麻呂《かきのもとのひとまろ》**など、多くの歌人が活躍《かつやく》した。

❸ **第三期（733年頃まで）**
山上憶良《やまのうえのおくら》・**山部赤人《やまべのあかひと》**・大伴旅人《おおとものたびと》・高橋虫麻呂《たかはしのむしまろ》など、個性的歌人の登場。

❹ **第四期（759年頃まで）**
大伴家持・大伴坂上郎女《おおとものさかのうえのいらつめ》・笠郎女《かさのいらつめ》・田辺福麻呂《たなべのさきまろ》など。

くわしく

『万葉集《まんようしゅう》』のキーワード

● **防人歌《さきもりのうた》**……防人とは、諸国から徴兵《ちょうへい》され、北九州《きたきゅうしゅう》の防備に当たった兵士のこと。防人や、その家族などが詠《よ》んだ歌。

● **東歌《あずまうた》**……当時都があった奈良《なら》から見て、東にある国を東国《とうごく》と呼んだ。東歌とは、東国で詠まれた歌や、東国風の歌のことを指す。

(4) **幅《はば》ひろい階層の歌**……**防人《さきもりの》歌**・**東歌《あずまうた》**といった、庶民《しょみん》の詠《よ》んだ歌も収める。

(5) **構成**……**約4500首**が**20巻**に収められている。歌体（和歌の形式）は**長歌《ちょうか》**・**短歌《たんか》**・**旋頭歌《せどうか》**・**仏足石歌《ぶっそくせきか》**の四種類。（⬇208ページ）

(6) **表記**……**万葉仮名《まんようがな》**などで書かれている。

(7) **歌風**……おおらかで率直、力強い。五七調が多い。

2 『古今和歌集《こきんわかしゅう》』とは

(1) **成立**……**醍醐天皇《だいごてんのう》**の命令で作られた**最初の勅撰《ちょくせん》和歌集**（天皇や上皇、法皇の命令で作られた和歌集）。平安《へいあん》時代前期の905年頃に完成したといわれる。

(2) **撰者《せんじゃ》**……紀友則《きのとものり》・**紀貫之《きのつらゆき》**・凡河内躬恒《おおしこうちのみつね》・壬生忠岑《みぶのただみね》。

(3) **代表歌人**…撰者のほかに、**六歌仙《ろっかせん》**とよばれる僧正遍昭《そうじょうへんじょう》・**在原業平《ありわらのなりひら》**・文《ふん》屋康秀《やのやすひで》・喜撰法師《きせんほうし》・**小野小町《おののこまち》**・大伴黒主《おおとものくろぬし》がいる。ほかに、**藤原敏行《ふじわらのとしゆき》**など。

(4) **構成**……**約1100首**が**20巻**に収められている。ほとんどが**短歌**。

(5) **歌風**……知的で機知に富んでおり、優美・繊細《せんさい》。七五調が多い。

● **万葉仮名《まんようがな》**……万葉仮名とは、日本語を、漢字の音訓を借りて表す方法。

例 多麻河伯尓　左良須弖豆久利
たまがはに　さらすてづくり
佐良左良尓　奈仁曽許能児乃
さらさらに　なにそこのこの
己許太可奈之伎
ここだかなしき

多摩《たま》川にさらす手織りの布がさらさらというように、さらにさらに、どうしてこの娘《むすめ》がこんなにもいとしいのか。

3 『新《しん》古《こ》今《きん》和《わ》歌《か》集《しゅう》』とは

(1) **成立**……**後《ご》鳥《と》羽《ば》上皇《じょうこう》**の命令によって作られた八番目の勅撰《ちょくせん》和歌集。鎌《かま》倉《くら》時代前期の1205年頃《ごろ》にほぼできあがり、その後、長期にわたって改《かい》訂《てい》された。

(2) **撰者**《せんじゃ》……**藤原定家**《ふじわらのさだいえ》・藤原有家《ふじわらのありいえ》・藤原家隆《ふじわらのいえたか》・藤原雅経《ふじわらのまさつね》・源通具《みなもとのみちとも》・**寂蓮法師**《じゃくれんほうし》。

(3) **代表歌人**…撰者のほかに、**西行法師**《さいぎょうほうし》・慈円《じえん》・藤原良経《ふじわらのよしつね》・藤原俊成《ふじわらのとしなり》・**式《しょく》子内親王**《しないしんのう》・後鳥羽上皇・藤原俊成女《ふじわらのとしなりのむすめ》など。

(4) **構成**……**約2000首**が**20巻**に収められている。すべて**短歌**。

(5) **歌風**……感覚的で象徴《しょうちょう》的な表現を用いる。言外の味わいである余情を尊び、はかりしれない余情を感じさせる幽玄《ゆうげん》の境地を重んじる。七五調が多い。

	万葉集	古今和歌集	新古今和歌集
成立	奈良時代末頃まで	平安時代初期	鎌倉時代初期
構成	20巻 約4000首	20巻 約1100首	20巻 約2000首
歌体	長歌・短歌・旋頭歌・仏足石歌	ほとんど短歌	すべて短歌
歌風	おおらかで、 率直・素朴な力強い歌風	知的・観念的であり、 優美・繊細	感覚的・象徴的 余情を尊び、幽玄の境地を重んじる
調子	五七調が多い	七五調が多い	七五調が多い
技法	枕詞・序詞・反復・対句	掛詞・縁語	掛詞・縁語・本歌取り

くわしく

本歌取《ほんかど》りと『新古今和歌集』

本歌取りとは、昔の有名な歌の一部を、趣向《しゅこう》を変えて歌の中に取り入れる技法。もとになる昔の歌を、本歌という。歌の背後に本歌の内容の雰囲気《ふんいき》を重ね合わせて、歌の奥行《おくゆ》きを深める効果をもつ。

本歌取りが技法として多く用いられているのは、『新古今和歌集』である。当時すでに古典となっていた『万葉集《まんようしゅう》』や『古今和歌集』に登場する和歌が、本歌として用いられた。

例 春の夜《よ》の夢のうき橋とだえして
峰《みね》にわかるる横雲の空　藤原定家《ふじわらのさだいえ》

【大意】 春の短い夜のはかない夢が中断され、見上げた空では横にたなびく雲が峰から離《はな》れてゆく。

本歌 風吹《ふ》けば峰にわかるる白雲の
たえてつれなき君が心か　壬生忠岑《みぶのただみね》

【大意】 離れていく白雲のようにとだえた、あなたの無常な心ですね。

例の藤原定家の歌は『新古今和歌集』のもの。壬生忠岑の歌は『古今和歌集』のものである。本歌は恋《こい》の歌であるが、定家の歌は、夢が中断された春の明け方の夢幻《むげん》的な情景を、本歌の恋の中断のイメージに重ねて、余情のある幽玄《ゆうげん》な情景として表現している。

『万葉集《まんようしゅう》』

―は五・七・五・七・七の音数の切れ目、‖は意味の切れ目である句切れを表しています。

①五七調の力強いリズムをとらえよう。
②おおらかで、のびのびしたうたいぶりを味わおう。

春過ぎて―夏来《きた》るらし‖*白たへ《(エ)》の―衣干《ころもほ》したり‖天《あめ》の*香具山《かぐやま》

持統天皇《じとうてんのう》

春が過ぎて、夏が来たらしい。夏のよそおいである、真っ白な衣が干してある。あの天の香具山に。

父母《ちちはは》が―*頭《かしら》かき撫《な》で―*幸《さ》くあれて―言ひ《(イ)》し*言葉《けとば》ぜ―忘れかねつる

防人歌《さきもりのうた》

父母が頭をなでて、無事でいなさい、と言った言葉が忘れることができない。

新《あらた》しき―年の初めの―*初春《はつはる》の―今日《けふ(キョウ)》降る雪の―*いやしけ*吉事《よごと》

大伴家持《おおとものやかもち》

新しい年の初めの、正月の今日降る雪のように、もっと積み重なれ、喜ばしいことよ。

◎**持統天皇**（645～702年）
第四十一代の女性の天皇。歌人としても活躍《かつやく》。

***白たへ**＝白い布。「白たへの」は、「衣」に係る枕詞《まくらことば》としても用いられる。

***香具山**＝奈良《なら》県橿原《かしはら》市にある山。耳成《みみなし》山、畝傍《うねび》山とともに、大和《やまと》三山の一つ。

***頭かき撫で**＝防人《さきもり》の任務に出発するときに、父母が作者の頭をなでたことを表す。

***幸くあれて**＝「幸《さき》くあれと」の東国《とうごく》方言。

***言葉ぜ**＝「言葉《ことば》ぞ」の東国方言。防人を務めた人々には、東国出身者が多かった。

◎**大伴家持**（718頃《ごろ》～785年）
奈良時代後期の歌人。『万葉集《まんようしゅう》』の編纂《へんさん》に深くかかわった。『万葉集』には、最多の470余首が採られている。

***初春**＝旧暦《きゅうれき》では、一月から「春」になるとした。

***いやしけ**＝もっと積もれ。

***吉事**＝よいこと。喜ばしいこと。

天地《あめつち》の　*分かれし時ゆ　*神《かむ》さびて　高く貴《たふと（トウ）》き　*駿河《するが》なる
富士の高嶺《たかね》を　*天《あま》の原　振《ふ》り放《さ》け見れば　渡《わた》る日の　*影《かげ》も隠《かく》らひ（イ）
照る月の　光も見えず　白雲《しらくも》も　*い行《ゆ》きはばかり
*時じくそ　雪は降りける　語り継《つ》ぎ　言ひ継ぎ行かむ
富士の高嶺は

山部赤人《やまべのあかひと》

天地が分かれたときから、神々《こうごう》しく高く貴い、駿河の国にある　富士の高嶺を　広々とした大空に　振《ふ》り仰《あお》いで遠く見やると、空を渡る太陽の姿も隠れ、照る月の光も見えず、白雲もはばまれて行き滞《とどこお》り、絶え間なく雪は降っている。語り継ぎ、言い継いでいこう、この富士の高嶺は。

*反歌《はんか》

*田子《たご》の浦《うら》ゆ—*うち出《い》でて見れば—真白《ましろ》にそ—富士の高嶺《たかね》に—雪は降りける

田子の浦を通って出て見ると、おお、なんと真っ白に富士の高嶺に雪が降っていることだ。

◎**山部赤人《やまべのあかひと》**（生没年未詳《せいぼつねんみしょう》）奈良《なら》時代前期の歌人。

***分かれし時ゆ**＝分かれた時から。「ゆ」は、ここでは時間的な「から」の意味。

***神さびて**＝神々《こうごう》しい様子を呈《てい》する。

***駿河なる**＝「駿河」は、今の静岡県《しずおか》の一部。「なる」は「〜にある」の意味。

***天の原**＝広々とした大空。

***影も隠らひ**＝「影」は「姿」の意味。「隠らふ」は「隠れる」。

***い行きはばかり**＝「い」は接頭語で、下の動詞の意味を強める。「行きはばかる」は「はばまれて行くことが難しい」の意味。

***時じくそ**＝「時じく」は「常に。絶え間なく」の意味。「そ」は係助詞の「ぞ」と同じ。この時代は「そ」と発音していた。

***反歌**＝長歌のあとに添《そ》えられ、長歌の意味を要約したり、補足したりする。

***田子の浦ゆ**＝田子《たご》の浦《うら》を通って。「ゆ」はここでは空間的な「から」の意味。田子の浦から、ということ。「田子の浦」は、今の静岡県にあった海岸。現在の田子の浦の西にあった。

***うち出でて見れば**＝「うち」は接頭語で、下の動詞の意味を強める。「出《い》づ」は「出る」の意味。「出でて見れば」で、視界の開けた所へ出て見ると、という意味。

『古《こ》今《きん》和《わ》歌《か》集《しゅう》』

いろいろな技法を駆使《くし》した表現に注目し、優美で知的な歌風を味わおう。

人はいさ｜心も知らず‖＊ふるさとは｜＊花ぞ昔の｜香《か》ににほ《（オ）》ひ《（イ）》ける

紀貫之《きのつらゆき》

人の心は変わりやすいものですから、あなたの心は、さあ、どう変わってしまったか知りません。しかし、昔なじみのなつかしい土地では、梅の花が昔のままによい香《かお》りを放っていることですよ。

秋来《き》ぬと｜目には＊さやかに｜見えねども｜風の音にぞ｜＊おどろかれぬる

藤原敏行《ふじわらのとしゆき》

秋が来たと、目にははっきり見えないけれど、風の音を聞いて、はっとするほどに秋の訪れが感じられることよ。

うたたねに｜恋《こひ（イ）》しき人を｜見てしより｜＊夢てふ《（チョウ）》物は｜＊頼《たの》みそめてき

小野小町《おののこまち》

うとうとと寝《ね》てしまったうたた寝の夢に恋しい人を見てからは、あてにならないといわれる夢というものでも、頼《たよ》りに思い始めるようになった。

◎**紀貫之**（872?〜945年?）
平安《へいあん》時代初期の歌人。『古今和歌集《こきんわかしゅう》』の撰者《せんじゃ》の一人。
＊**ふるさと**＝ここでは、かつて来たことのある所、という意味。
＊**花**＝ここでは、梅の花のこと。

◎**藤原敏行**（?〜901年?）
平安時代前期の歌人。書家。
＊**さやかに**＝はっきりと。
＊**おどろく**＝はっと気づく。

◎**小野小町**（生没年未詳）
平安時代前期の女性歌人。六歌仙《ろっかせん》のうちの一人。
＊**〜てふ物**＝〜というもの。
＊**頼《たの》みそめてき**＝頼りに思い始めるようになった。「そめてき」は「……し始めるようになってしまった」の意味。
※この時代には、相手が自分のことを思っているから夢に現れると考えた。男女が自由に会うことが難しい時代だったので、夢というものを頼《たよ》りにしたのである。

『新《しん》古《こ》今《きん》和《わ》歌《か》集《しゅう》』

①七五調の滑《なめ》らかな響《ひび》きをとらえよう。
②余情に込《こ》められた雰《ふん》囲《い》気《き》を感じ取り、静寂《せいじゃく》な幽玄《ゆうげん》の美を味わおう。

*玉の緒《を(オ)》よ｜絶えなば絶えね‖ながらへ《(エ)》ば｜忍《しの》ぶることの｜弱*りもぞする

式子内親王《しょくしないしんのう》

私の命よ、絶えるならば絶えてしまえ。このまま生きながらえていたならば、人に知られまいと自分の心の中だけに恋心《こいごころ》を秘めている力が、弱ってしまうと困るから。

道の辺《べ》に｜清水《しみづ(ズ)》流るる｜*柳《やなぎ》かげ‖しばしとてこそ｜立ちどまりつれ

西行法師《さいぎょうほうし》

道のほとりに清水が流れている、柳の木陰《こかげ》。ほんのしばらくの間と思って、立ち止まったのに、あまりに涼《すず》しいので長い時間を過ごしてしまったことだよ。

さびしさは｜*その色としも｜なかりけり‖*真木《まき》たつ山の｜秋の夕暮《ゆふぐれ(ウ)》

寂蓮法師《じゃくれんほうし》

寂《さび》しさは、とりたててその色がそうだということもないのだった。なんとなく寂しさが漂《ただよ》うものだよ。杉《すぎ》や檜《ひのき》が群生している山の秋の夕暮れは。

◎**式子内親王**（1149〜1201年）「しきしないしんのう」とも読む。平安《へいあん》時代末期〜鎌倉《かまくら》時代前期の女性歌人。

＊**玉の緒**＝命。

＊**弱りもぞする**＝弱って、秘めておくことができなくなると困る。

※「絶え」「ながらへ」「弱り」は「緒」の縁語《えんご》。（「緒」は「糸・ひも」の意味。）

◎**西行法師**（1118〜1190年）平安時代末期の歌人。出家して後、旅をしながら歌を詠《よ》んだ。

＊**柳かげ**＝柳の木陰《こかげ》。

◎**寂蓮法師**（1139頃《ごろ》〜1202年）平安時代末期〜鎌倉時代前期の歌人。藤《ふじ》原俊成《わらのとしなり》の養子となったが、のちに出家した。

＊**その色としも**＝とりたてて、その色がそうだ。紅葉などの、はっきり秋を感じさせる色だ、ということ。

＊**真木**＝杉《すぎ》や檜《ひのき》などの針葉樹。紅葉しない。

※**三夕《さんせき》の歌**……上の寂蓮法師の歌、208ページの「見わたせば花も紅葉《もみぢ(ジ)》もなかりけり浦《うら》の苫屋《とまや》の秋の夕暮《ゆふぐれ(ユウ)》」（藤原定家《ふじわらのさだいえ》）、「心なき身にもあはれ《(ワ)》は知られけりしぎ立つ沢《さは(ワ)》の秋の夕暮」（西行法師）を合わせて「三夕の歌」という。

練習

1 【和歌集】次の説明に合う和歌集の名前を、あとのア～ウから選び、記号で答えなさい。

(1) 平安《へいあん》時代に作られた、最初の勅撰《ちょくせん》和歌集。撰者は、紀貫之《きのつらゆき》など。知的で優美な歌風。〔　〕

(2) 鎌倉《かまくら》時代にできた、八番目の勅撰和歌集。撰者は、藤原定家《ふじわらのさだいえ》など。余情・幽玄《ゆうげん》の境地を尊重した。〔　〕

(3) 現存する最古の和歌集。大伴家持《おおとものやかもち》が編集にかかわったといわれる。率直で力強く、素朴《そぼく》な歌風。〔　〕

ア 万葉集　**イ** 古今和歌集　**ウ** 新古今和歌集

2 【和歌の内容】次の和歌の内容に合うものを、あとのア～ウから選び、記号で答えなさい。

解答▶別冊11ページ

(1) 秋来《き》ぬと目にはさやかに見えねども風の音にぞおどろかれぬる〔　〕

(2) うたたねに恋《こひ》しき人を見てしより夢てふ物は頼《たの》みそめてき〔　〕

(3) さびしさはその色としもなかりけり真木《まき》たつ山の秋の夕暮《ゆふぐれ》〔　〕

ア 果たせない思いを頼《たよ》りないものに託《たく》している。

イ 思わぬところに秋の風情《ふぜい》を感じた詠嘆《えいたん》を詠《よ》んでいる。

ウ かすかな秋の気配を、聴覚《ちょうかく》に訴《うった》える形で詠んでいる。

Column

和歌に登場する動植物

あしひきの山鳥の尾を《(オ)》のしだり尾の
　長々し夜《よ》をひとりかも寝《ね》む《(ン)》
　　柿本人麻呂《かきのもとのひとまろ》『拾遺和歌集《しゅういわかしゅう》』

山鳥の尾のように長い長い夜を、独りで寂《さび》しく寝ることだなあ。

ほととぎす鳴くや五月《さつき》のあやめ草《ぐさ》
　あやめも知らぬ恋《こひ(イ)》もするかな
　　よみ人知らず『古今和歌集《こきんわかしゅう》』

ほととぎすが鳴いているよ。五月のあやめ草ではないが、理性を失った恋をすることだよ。

やまどり

あやめ（しょうぶ）

かくとだにえやはいぶきのさしも草《ぐさ》
　さしも知らじな燃ゆる思ひ《(イ)》を
　　藤原実方《ふじわらのさねかた》『後拾遺和歌集《ごしゅういわかしゅう》』

こんなにあなたに恋していることさえ言えないのですから、伊吹山《いぶきやま》のさしも草のように燃える恋心をあなたは知らないでしょうね。

名にし負《お》は《(ワ)》ばいざこと問は《(ワ)》む《(ン)》都鳥《みやこどり》
　わが思ふ《(ウ)》人はありやなしやと
　　在原業平《ありわらのなりひら》『古今和歌集』

「都」をその名にもつのなら尋《たず》ねよう、都鳥よ。私が恋しく思っているあの人が、無事でいるかどうかと。

さしも草（よもぎ）

みやこどり（ゆりかもめ）

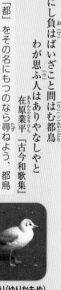

6 おくのほそ道《みち》

教科書の要点

『おくのほそ道《みち》』とは

◎『おくのほそ道』は、**江戸《えど》時代前期**の、**松尾芭蕉《まつおばしょう》**による**俳諧紀行文《はいかいきこうぶん》**。

『おくのほそ道《みち》』とは

(1) **成立**……『おくのほそ道』は元禄《げんろく》3（1690）年頃《ごろ》から元禄7（1694）年までに**松尾芭蕉《まつおばしょう》**によって書かれた。

(2) **内容**……旅を記録した**俳諧《はいかい》紀行文**。門人の**河合曾良《かわいそら》**と江戸《えど》を出発し、奥羽《おうう》・北陸を経て美濃国大垣《みののくにおおがき》（今の岐阜《ぎふ》県大垣市）に至る約2400キロメートル、150日を超《こ》える旅の体験や見聞をつづる。

(3) **文体**……漢文調の文章と和文の混じった**和漢混交文**の間に、俳句が織り込《こ》まれている。古歌や漢詩の引用など、古典を踏《ふ》まえた表現が多い。

(4) **構成**……人生と旅についての考えを述べる「出発」の部分のあと、松島《まつしま》、平泉《ひらいずみ》などの奥州路《おうしゅうじ》から、北陸を経て美濃国大垣に至る旅程に沿って書かれる。

❶ **出発**……人生の本質は旅であるという芭蕉の考えが示される。

❷ **平泉**……かつて栄華《えいが》を誇《ほこ》った奥州藤原《ふじわら》氏の跡地《あとち》を訪れ、源義経《みなもとのよしつね》と家臣たちが戦った地が草むらになっているのを見る。

❸ **大垣**……到着《とうちゃく》を迎《むか》えた人たちと別れて、舟《ふね》に乗って伊勢神宮《いせじんぐう》を目指す。

(5) **作者**……**松尾芭蕉**。伊賀国上野《いがのくにうえの》（今の三重《みえ》県伊賀《いが》市）に生まれ、三十代半ばで江戸に出る。滑稽《こっけい》を楽しむ遊びだった俳諧《はいかい》を芸術の域まで高めた。

(6) **時代背景**……徳川《とくがわ》幕府による政権が軌道《きどう》に乗り、平和で安定した時代が続いた。町人の経済力が高まって文化の発展につながった。

くわしく

「おくのほそ道《みち》」の旅程

・江戸を出発＝元禄《げんろく》2（1689）年三月。
・白河《しらかわ》の関《せき》（今の福島《ふくしま》県）＝四月下旬《げじゅん》。
・松島《まつしま》（今の宮城《みやぎ》県）＝五月上旬。
・平泉《ひらいずみ》（今の岩手《いわて》県）＝五月中旬。
・立石寺《りっしゃくじ》（今の山形《やまがた》県）＝五月下旬。
・最上川《もがみがわ》（今の山形県）＝六月上旬。
・出雲崎《いずもざき》（今の新潟《にいがた》県）＝七月上旬。
・小松《こまつ》（今の石川《いしかわ》県）＝七月下旬。
・大垣《おおがき》（今の岐阜《ぎふ》県）＝八月下旬。

発展

芭蕉《ばしょう》の紀行文と歌枕《うたまくら》

『おくのほそ道』以前に、芭蕉は『野《の》ざらし紀行《きこう》』『鹿島紀行《かしまきこう》』『笈《おい》の小文《こぶみ》』『更科《さらしな》紀行《きこう》』などの紀行文を書いている。

『おくのほそ道』では、旅で死んだ歌人を敬慕《けいぼ》し、彼《かれ》らが訪れた歌枕《うたまくら》（昔から和歌の題材として詠《よ》まれた名所）を訪ねることで、昔の詩人の詩心を探った。

「月日は」

①読点で区切りながら、文の内容を読み取ろう。
②季語と切れ字に注意して、俳句の意味を読み取ろう。

月日は百代《はくたい》の過客《くわかく》《（カ）》にして、行きかふ《（コウ）》年もまた旅人なり。
永遠に旅を続ける旅人のようなもので　やってきては去ってゆく年もまた旅人である

舟《ふね》の上に生涯《しやうがい》《（ショウ）》を浮《う》かべ、馬の口〉とらへ《（エ）》て老いを迎《むか》ふる《（コウ）》者は、
一生を舟の上で暮らす船頭や　くつわを〉取って　（馬子など）

日々旅にして旅をすみかとす。*古人も多く旅に死せるあり。
毎日が旅であって　旅そのものを自分のすみかにしている　旅の途中で死んだ人は多い

*予もいづれ《（ズ）》の年よりか、片雲《へんうん》の風にさそはれ《（ワ）》て、漂泊《へうはく》《（ヒョウ）》の思ひ《（イ）》やまず、
私もいつのころからか　ちぎれ雲が風にさそわれる（ように）　あてのない旅（に出たい）という

海浜《かいひん》にさすらへ《（エ）》て、去年《こぞ》の秋、江上《かうしやう》《（コウ）（ショウ）》の破屋《はをく》《（オ）》に蜘蛛《くも》の古巣を
（近年はあちこちの）海岸をさすらい歩き　川のほとりのあばらやに（帰り）

はらひ《（イ）》て、*やや年も暮れ、*春立てる霞《かすみ》の空に、*白河《しらかは》《（ワ）》の関《せき》を〉越《こ》えむと、
やがて　新春になって　霞の立ち込める空の下で　よう

そぞろ神の物につきて心をくるはせ《（ワ）》、道祖神《だうそじん》《（ドウ）》の
（心をまどわす）そぞろ神が　とりついて　心をおかしくさせ　（通行の安全を守る）道祖神が

まねきにあひ《（イ）》て、取るもの手につかず、股引《ももひき》の破れをつづり、
招いているようで　何も　つくろい

笠《かさ》の緒《を》《（オ）》〉付けかへ《（エ）》て、*三里に灸《きう》《（キュウ）》〉すゆるより、松島《まつしま》の月〉まづ《（ズ）》
ひもを　をすえると　（の美しさなど）が　まっ先に

心にかかりて、住める*かたは人に譲《ゆづ》《（ズ）》り、杉風《さんぷう》が別墅《べつしよ》《（ベッショ）》に移るに、
気になって　今まで住んでいたいおり　（弟子の一人である）杉風の別荘に移るに当たって

草の戸も住み替《か》は《（ワ）》る代《よ》ぞ雛《ひな》の家
元の草庵にも、新しい住人が越してきて、私の住んでいたころのわびしさとは違い、はなやかにひな人形などをかざっている。

*表八句《おもてはちく》を庵《あん》の柱に懸《か》け置《お》く。
（門出の記念に）　かけておいた

***古人**＝昔の人。ここでは、李《り》白《はく》・杜《と》甫《ほ》（ともに中国唐代《とうだい》の詩人。⬇265ページ）・西行《さいぎょう》といった、人生の大半を旅に費やして詩作に励《はげ》んだ先人たちのこと。

***予**＝自分のことをいう語。「私《わたくし》」・「自分」の意味。

***やや**＝程度がしだいに増していくさまを表す。「しだいに」「だんだんと」「やがて」などと訳す。

***春立てる霞の空**＝「立てる」は掛詞《かけことば》（⬇209ページ）で、「春が立つ（＝立春）」と、「霞が立ち込《こ》める」の両方の意味を表している。

***白河の関**＝東北地方への関所。

***三里**＝膝下《ひざした》の外側のくぼんだ所。

***かた**＝漢字では「方」と書く。ここでは、「所」「場所」「地点」などの意味。「住めるかた」で、「住んでいる場所（＝住居）」となり、ここでは、深川《ふかがわ》の芭《ば》蕉《しょう》庵《あん》を指している。

***表八句**＝俳諧《はいかい》で、百句の連句を二つ折りにした紙四枚に書くとき、一枚目の紙の表に記す八句のこと。

「平《ひら》泉《いづみ(ず)》」

①情景を読み取ろう。
②二つの俳句の内容に注目しよう。

＊三代の栄《え》耀《えう(ヨウ)》一《いつ(イッ)》睡《すい》＊のうちにして、大門《だいもん》の跡《あと》は一里こなたにあり。
（栄華は短い時間の中ではかなく消え　ほども手前）

＊秀衡《ひでひら》が跡《あと》は田野《でんや》になりて、金鶏山《きんけいざん》のみ〈が〉形を残す。まづ高館《たかだち(ズ)》＊に登れば、
（秀衡の屋敷の　登って（眼下をながめると））

北上川《きたかみがは(ワ)》南部より流るる大河なり。衣川《ころもがは(ワ)》は、和泉《いづみ(ズ)》が城《じやう(ジョウ)》を巡《めぐ》りて、
（北上川（が見えるが、この川は）南部地方から　周って流れ）

高館の下にて大河に落ち入る。泰衡《やすひら》らが〈の〉旧跡《きうせき(キュウ)》は、衣《ころも》が関《せき》を
（北上川に合流している）

隔《へだ》てて南部口《なんぶぐち》をさし固め、夷《えぞ》を防ぐとみえたり。
（南部地方との出入り口をおさえ　夷の侵入を防ぐように見える）

＊さても義臣すぐつて《グッ》この城にこもり、功名一時《こうみやういちじ(ミョウ)》のくさむらとなる。
（それにしても（義経が）忠臣を選んでこの（高館の）城にこもって戦い　功名を立てたがそれも一時で跡はただ草むらとなっている）

「国破れて山河あり、＊城春にして草青みたり。」
（国は破れほろびても山河は昔のままにあり　城は荒れ果てても春が来て草木は青々としている）

と笠《かさ》〈を〉打《う》ち敷《し》きて、時の移るまで涙《なみだ》を落としはべりぬ。
（敷いて腰を下ろし　いつまでも　落としたことでございました）

夏草や＊兵《つはもの(ワ)》どもが夢の跡

辺りはただ、夏草が茂っている。功名を夢見て武士たちが戦ったことも一時の夢と消えてしまった、その跡であることよ。自然はいつも変わらないが、人の世は移り変わっていくものだなあ。

卯《う》の花に＊兼房《かねふさ》見ゆる白毛《しらが》かな＊　曾良《そら》

真っ白に咲いている卯の花を見ると、白髪をふり乱して奮戦している兼房の悲壮な姿が浮かんでくることだ。

＊**三代の栄耀**＝藤原清衡《ふじわらのきよひら》・基衡《もとひら》・秀衡《ひでひら》の三代の栄華《えいが》。

＊**一睡のうちにして**＝「短い時間の中で、（栄華は）はかなく消え果て」ということ。栄華のはかなさをいうたとえ。

＊**秀衡が跡**＝「秀衡の（館の）跡」の意味。この助詞「が」は、下に体言（名詞）が結び付いて所属を表し、「……の」と訳す。245ページ「杉風《さんぷう》が別墅《べつしょ》」の「が」も、同じ働き。

＊**高館**＝源義経《みなもとのよしつね》の館の跡。

＊**さても**＝話を変えるときや、新たに話を切り出すときに用いる語。「それにしても」「ところで」などと訳す。ここでは、俳句につながる内容に話題を変えるために用いている。

＊**国破れて……**＝杜甫《とほ》の「春望《しゅんぼう》」という詩による。

＊**や・かな**＝俳句の中で用いられる、「や」「かな」「ぞ」などを「切れ字」といい、俳句の感動の中心を表すことが多い。

＊**兼房**＝源義経の家臣の一人。

練習

解答▶別冊11ページ

● 【おくのほそ道】1・2の問いについて、それぞれあとから答えを選び、記号で答えなさい。

1 月日は

(1)「月日は百代《はくたい》の過客《くわかく》にして」の「百代の過客」の意味は、次のうちのどれですか。

ア 百歳《さい》を過ぎた老人。
イ 長い間泊《と》まっている客。
ウ 永遠に旅を続ける旅人。

〔　　〕

(2)「草の戸も住み替《か》はる代《よ》ぞ雛《ひな》の家」の季語が示す季節は、いつですか。

ア 春　イ 夏　ウ 秋　エ 冬

〔　　〕

2 平泉《ひらいずみ》

(1)「功名一時《こうみやういちじ》のくさむらとなる。」の意味は、次のうちのどれですか。

ア 功名を立てようと、一時草むらに隠《かく》れていた。
イ 功名を立てたが、一時は草むらとなっていた。
ウ 功名を立てたが一時で、跡《あと》は草むらとなっている。

〔　　〕

(2)「夏草や兵《つはもの》どもが夢の跡」の切れ字は、次のうちのどれですか。

ア や　イ ども　ウ が

〔　　〕

Column 季語

俳句には、一句の中に必ず季語を詠《よ》み込《こ》むというきまりがあり、これは現代の俳句にも脈々と受け継《つ》がれている。ここでは古典俳句でもよく使われていた季語を紹介《しょうかい》する。季語の季節と現代の季節とは多少のずれがあるので注意しよう。

春の季語（現代の一・二・三月頃《ごろ》）	仔猫《こねこ》　猫《ねこ》の恋《こい》　蛙《かわず》　鶯《うぐいす》　燕《つばめ》　雀《すずめ》の子《こ》　蝶《ちょう》　蛤《はまぐり》　梅《うめ》　椿《つばき》　桜《さくら》　沈丁花《じんちょうげ》　馬酔木《あしび》　若草《わかくさ》　菜《な》の花《はな》　柳《やなぎ》　蒲公英《たんぽぽ》　霞《かすみ》　雛《ひな》　春雷《しゅんらい》　春雨《はるさめ》　春風《はるかぜ》　風光《かぜひか》る　梅見《うめみ》
夏の季語（現代の四・五・六月頃）	雨蛙《あまがえる》　金魚《きんぎょ》　蛍《ほたる》　蟬《せみ》　蠅《はえ》　蛇《へび》　時鳥《ほととぎす》　青葉《あおば》　若葉《わかば》　牡丹《ぼたん》　茨《いばら》　紫陽花《あじさい》　桐《きり》の花《はな》　梅雨《つゆ》　夕立《ゆうだち》　雷《かみなり》　夕焼《ゆうやけ》　浴衣《ゆかた》　梅干《うめぼし》　涼風《りょうふう》　団扇《うちわ》　風鈴《ふうりん》　滝《たき》
秋の季語（現代の七・八・九月頃）	名月《めいげつ》　天《あま》の川《がわ》　残暑《ざんしょ》　野分《のわき》　稲妻《いなずま》　月見《つきみ》　紅葉狩《もみじがり》　七夕《たなばた》　蜻蛉《とんぼ》　鰯《いわし》　雁《かり》　啄木鳥《きつつき》　葡萄《ぶどう》　紅葉《もみじ》　朝顔《あさがお》　西瓜《すいか》　無花果《いちじく》　萩《はぎ》　桐一葉《きりひとは》　芒《すすき》　撫子《なでしこ》
冬の季語（現代の十・十一・十二月頃）	枯野《かれの》　霜柱《しもばしら》　凩《こがらし》　雪《ゆき》　水仙《すいせん》　山茶花《さざんか》　落葉《おちば》　都鳥《みやこどり》　熊《くま》　狐《きつね》　千鳥《ちどり》　たき火《び》　大根《だいこん》　葱《ねぎ》
新年（正月）	初春《はつはる》　若水《わかみず》　門松《かどまつ》　若菜《わかな》　松《まつ》の内《うち》　伊勢海老《いせえび》

定期テスト予想問題 ①

時間 30分
解答 別冊12ページ

得点　　/100

1 【竹取物語《たけとりものがたり》】次の文章を読んで、あとの問いに答えなさい。

これやわが求むる山ならむと①思ひて、②さすがに恐《おそ》ろしくおぼえて、山のめぐりをさしめぐらして、二、三日ばかり、見歩《みあり》くに、天人のよそほひしたる女、山の中よりいで来て、銀《しろかね》の金鋺《かなまる》を持ちて、水をくみ歩く。これを見て、船より下りて、「③この山の名を何とか申す。」と問ふ。④女、答へていはく、「これは、蓬莱《ほうらい》の山なり。」と答ふ。これを聞くに、⑤うれしきことかぎりなし。

（『竹取物語《たけとりものがたり》』より）

(1) 〰〰線部a〜cの読み方を、現代仮名遣《かなづか》いで、すべて平仮名《ひらがな》で書きなさい。【4点×3】

a〔　　〕　b〔　　〕　c〔　　〕

(2) ——線部①「思ひて」とありますが、思ったことが書かれた部分を文章中から抜《ぬ》き出しなさい。【10点】

〔　　〕

(3) ——線部②・③の口語訳として適切なものを、それぞれ次から一つ選び、記号で答えなさい。【6点×2】

② さすがに恐ろしくおぼえて

ア ずいぶん恐ろしく見えるので
イ かなり恐ろしそうな山だと記憶《きおく》して
ウ 思ったとおり恐ろしくてたまらず
エ やはり恐ろしく思われて

③ この山の名を何とか申す

ア この山の名は、何回申し上げようか。
イ この山の名は、だれに申し上げようか。
ウ この山の名は、何というのですか。
エ この山の名は、なんとか知りたいです。

②〔　　〕　③〔　　〕

(4) ——線部④「女」とは、どんな女ですか。文章中から十一字で抜き出しなさい。【10点】

□□□□□□□□□□□

(5) ——線部⑤「うれしきことかぎりなし」の理由として適切なものを次から一つ選び、記号で答えなさい。【10点】

ア 珍《めずら》しい名前の山に来ていたことがわかったから。
イ 探していた山にたどり着いたことがわかったから。
ウ 出会った女が、自分の問いに答えてくれたから。
エ 聞いていた話がうそだったことがわかったから。

〔　　〕

2 【枕草子《まくらのそうし》】次の文章を読んで、あとの問いに答えなさい。

春はあけぼの。[a]やうやう白くなりゆく山ぎは、すこしあかりて、紫《むらさき》だちたる雲のほそくたなびきたる。

夏は夜。月のころは[b]さらなり、闇《やみ》もなほ、蛍《ほたる》の多く飛びちがひたる。また、ただ一つ二つなど、ほのかにうち光りて行くもをかし。雨など降るも［　　］。

秋は夕暮れ。夕日のさして[c]山の端《は》いと近うなりたるに、烏《からす》の寝《ね》どころへ行くとて、三《み》つ四《よ》つ、二つ三つなど、飛びいそぐさへあはれなり。まいて雁《かり》などのつらねたるが、いと小さく見ゆるはいとをかし。日入りはてて、風の音《おと》、虫の音《ね》など、はたいふべきにあらず。

冬は[d]つとめて。雪の降りたるはいふべきにもあらず、霜《しも》のいと白きも、またさらでもいと寒きに、火などいそぎおこして、炭もて渡《わた》るもいとつきづきし。昼になりて、ぬるくゆるびもていけば、火桶《ひをけ》の火も白き灰がちになりてわろし。

（清少納言《せいしょうなごん》『枕草子《まくらのそうし》』より）

(1) 〰〰線部a～dの語句の意味として適切なものを、それぞれ次から一つ選び、記号で答えなさい。【4点×4】

a やうやう
ア つぎつぎと　イ だんだんと
ウ なかなかに　エ よくよくは

b さらなり
ア 言うまでもない　イ それほどでもない
ウ よくわからない　エ なくなってしまう

c 山の端
ア 山の、ふもとに近い部分。
イ 空と山の間の部分。
ウ 山の、空に接している部分。
エ 山が空を隠《かく》している部分。

d つとめて
ア 深夜　イ 早朝　ウ 昼間　エ 夕方

a〔　　〕 b〔　　〕 c〔　　〕 d〔　　〕

(2) この文章で、作者は春のすばらしさとして、どんな様子を述べていますか。適切なものを次から一つ選び、記号で答えなさい。【10点】

ア しだいに生き生きとしてくる山の木々の様子。
イ しだいに色づいていく山の木の葉の様子。
ウ しだいに昇《のぼ》って輝《かがや》く太陽の様子。
エ しだいに明るくなっていく空の様子。

〔　　〕

(3) ［　　］に当てはまる言葉を、文章中から三字で抜き出しなさい。【10点】

［　　　］

(4) ――線部「いとつきづきし」の口語訳として適切なものを次から一つ選び、記号で答えなさい。【10点】

ア 冬の寒い朝には、ごく当然のことだ。
イ 冬の朝はたいそう寒いので、とてもつらい。
ウ 実に冬の早朝にふさわしい。
エ ますます冬の寒さが感じられる。

〔　　〕

定期テスト予想問題 ②

時間 30分
解答 別冊12ページ
得点 /100

1 【平家物語《へいけものがたり》】次の文章を読んで、あとの問いに答えなさい。

与一《よいち》、かぶらを取ってaつがひ、bよつぴいてひやうど放つ。小兵《こひやう》とcいふぢやう、十二束三伏《そくみつぶせ》、弓は強し、浦響《うらひび》く ほど長鳴りして、①あやまたず扇《あふぎ》の要《かなめ》ぎは②一寸ばかりおいて、ひいふっとぞ③射切ったる。かぶらは海へ入りければ、扇は空へぞ上がりける。しばしは虚空《こくう》にひらめきけるが、春風に一《ひと》もみ二《ふた》もみもまれて、海へさっとぞ④散ったりける。夕日のかかやいたるに、みな紅《ぐれなゐ》の扇の日出《い》だしたるが、白波の上に漂《ただよ》ひ、浮《う》きぬしづみぬ⑤揺《ゆ》られければ、沖には平家《へいけ》、ふなばたをたたいて感じたり、陸《くが》には源氏《げんじ》、えびらをたたいてどよめきけり。

（『平家物語《へいけものがたり》』より）

(1) 〰〰線部a～cの読み方を、現代仮名遣《かなづか》いで、平仮名で書きなさい。【2点×3】

a〔　　〕　b〔　　〕

c〔　　〕

(2) ——線部①・②の口語訳として適切なものを、それぞれ次から一つ選び、記号で答えなさい。【3点×2】

① あやまたず

ア あっという間に　**イ** まっすぐに

ウ 誤りなく　**エ** 待たずに

〔　　〕

② 一寸ばかりおいて

ア 一寸の狂《くる》いもなく

イ 一寸ほど離《はな》れた所を

ウ ちょっとねらいが外れて

エ ちょっと時間をおいて

〔　　〕

(3) ——線部③・④の主語を文章中から、③は三字、④は一字で抜《ぬ》き出しなさい。【3点×2】

③ □□□　④ □

(4) ‖線部「かぶらは……上がりける」には、対句《ついく》が用いられています。同じように対句が用いられている部分を探し、初めと終わりの四字を抜き出しなさい（句読点は字数に含《ふく》めません）。【完答10点】

□□□□～□□□□

(5) この文章に用いられている擬声語《ぎせいご》を二つ、三字と四字で抜き出しなさい。【5点×2】

□□□・□□□□

2 【徒然草《つれづれぐさ》】次の文章を読んで、あとの問いに答えなさい。

仁和寺《にんなじ》にある法師、年寄るまで石清水《いはしみづ》を拝まざりければ、①心うく覚えて、あるとき思ひたちて、ただ一人、徒《か》歩《ち》より詣《まう》でけり。極楽寺《ごくらくじ》・高良《かうら》などを拝みて、かばかりと心得《こころえ》て②帰りにけり。

さて、かたへの人にあひて、「③年ごろ思ひつること、果たしはべりぬ。聞きしにも過ぎて、尊《たふと》くこそおはし(a)けれ。そも、④まゐりたる人ごとに山へ登りしは、何事かあり(b)けん、⑤ゆかしかりしかど、神へまゐるこそ本意《ほい》なれと思ひて、山までは見ず。」とぞ言ひ(c)ける。

少しのことにも、先達《せんだち》はあらまほしきことなり。

（兼好法師《けんこうほうし》『徒然草《つれづれぐさ》』より）

(1) 〰〰線部a〜cの単語の活用形を、係り結びの法則に注意して書きなさい。【3点×3】

a（　　）　b（　　）　c（　　）

(2) ——線部①・⑤の口語訳として適切なものを、それぞれ次から一つ選び、記号で答えなさい。【4点×2】

① 心うく覚えて

ア 面白く感じて　イ 楽しみに待ちわびて

ウ 残念に思って　エ 心を入れ替《か》えて

⑤ ゆかしかりしかど

ア 知りたかったが　イ 行く気はなかったが

ウ 楽しかったが　エ 疑わしかったが

①（　　）　⑤（　　）

(3) ——線部②「帰りにけり」の主語にあたる人物を、文章中から抜《ぬ》き出しなさい。【9点】

（　　）

(4) ——線部③「年ごろ思ひつること」とは、具体的にはどのようなことですか。現代語で答えなさい。【9点】

（　　）

(5) ——線部④「まゐりたる人ごとに山へ登りしは」について、人々が山に登っていった目的を、次から一つ選び、記号で答えなさい。【9点】

ア 天の神に少しでも近づくという目的。

イ 山の上にある石清水に参拝するという目的。

ウ 山頂から下の景色を見下ろすという目的。

エ 有名な山に登るという目的。

（　　）

(6) 法師が山に登らなかった理由を、文章中から十五字以内で抜き出しなさい。【9点】

(7) この文章には法師の失敗談が書かれていますが、作者は、どういうことが失敗の原因だと考えていますか。適切なものを次から一つ選び、記号で答えなさい。【9点】

ア 法師が他の参拝者を見下したこと。

イ 法師が無理をしてたくさんの寺社に参拝したこと。

ウ 誤って別の神社に参拝したこと。

エ 参拝のための案内役がいなかったこと。

（　　）

定期テスト予想問題③

時間 30分
解答 別冊12ページ

得点　／100

1 【和歌《わか》】次の和歌を読んで、あとの問いに答えなさい。

A 多摩川《たまがは》にさらす手作りさらさらに何そこの児《こ》のここだ愛《かな》しき　東歌《あずまうた》

B 人はいさ心も知らずふるさとは花ぞ昔の香《か》ににほひける　紀貫之《きのつらゆき》

C 秋来《き》ぬと目にはさやかに見えねども①風の音にぞおどろかれぬる　藤原敏行《ふじわらのとしゆき》

D 道の辺《べ》に清水《しみづ》流るる柳《やなぎ》かげしばしとてこそ立ちどまりつれ　西行法師《さいぎょうほうし》

E さびしさはその色としも②なかりけり真木《まき》たつ山の秋の夕暮《ゆふぐれ》　寂蓮法師《じゃくれんほうし》

(1) Aの和歌から、序詞《じょことば》を抜《ぬ》き出しなさい。【8点】

〔　　〕

(2) Bの和歌に込《こ》められた作者の心情として適切なものを次から一つ選び、記号で答えなさい。【8点】

ア 花の香りも、人の心も、変わりやすいものだ。
イ 花の香りと違《ちが》い、人の心は変わりやすいものだ。
ウ 人の心も花の香りのように昔から変わらないものだ。
エ 人の心と違い、花の香りは変わりやすいものだ。

〔　　〕

(3) ――線部①「風の音にぞおどろかれぬる」とありますが、風の音にどんなことを気づかされたと詠《よ》んでいるのですか。四字以内の現代語で答えなさい。【8点】

□□□□

(4) Dの和歌に込められている言外の意味として適切なものを次から一つ選び、記号で答えなさい。【8点】

ア あまりに美しいので思わず目を奪《うば》われてしまった。
イ あまりに涼《すず》しいので思わず時を過ごしてしまった。
ウ あまりに恋《こい》しいので思わず涙《なみだ》を流してしまった。
エ あまりに苦しいので思わず音を上げてしまった。

〔　　〕

(5) ――線部②「なかりけり」の意味として適切なものを次から一つ選び、記号で答えなさい。【8点】

ア ないはずがない
イ ないだろう
ウ ないことであるよ
エ ないのだろうか

〔　　〕

2 【おくのほそ道《みち》】次の文章を読んで、あとの問いに答えなさい。

①月日は百代《はくたい》の過客《くわかく》にして、行きかふ年もまた旅人なり。②舟《ふね》の上に生涯《しやうがい》を浮《う》かべ、馬の口とらへて老いを迎《むか》ふる者は、日々旅にして旅をすみかとす。古人も多く旅に死せるあり。予《よ》もいづれの年よりか、片雲《へんうん》の風にさそはれて、③漂泊《へうはく》の思ひやまず、海浜《かいひん》にさすらへて、去年《こぞ》の秋、江上《かうしやう》の破屋《はをく》に蜘蛛《くも》の古巣をはらひて、やや年も暮れ、④春立てる霞《かすみ》の空に、白河《しらかは》の関越《せきこ》えむと、そぞろ神の物につきて心をくるはせ、道祖神《だうそじん》のまねきにあひて、取るもの手につかず、股引《ももひき》の破れをつづり、笠《かさ》の緒《を》付けかへて、三里に灸《きう》すゆるより、松島《まつしま》の月まづ心にかかりて、住めるかたは人に譲《ゆづ》り、杉風《さんぷう》が別墅《べつしよ》に⑤移るに、

⑥草の戸も住み替《か》はる代《よ》ぞ雛《ひな》の家

表八句《おもてはちく》を庵《あん》の柱に懸《か》け置《お》く。

（松尾芭蕉《まつおばしょう》『おくのほそ道』より）

(1) ——線部①・②に共通して用いられている表現技法を、次から一つ選び、記号で答えなさい。【8点】

ア 対句《ついく**》　**イ** 倒置《とうち》

ウ 反復　**エ** 擬人法《ぎじんほう》

〔　　〕

(2) ——線部③「漂泊の思ひやまず」は、旅に出たいという強い気持ちを表しますが、同様の気持ちを表現している部分を、文章中から三十八字で抜《ぬ》き出しなさい。【8点】

(3) ——線部④「立てる」には二つの意味をもたせる技法が用いられていますが、このような技法を何といいますか。次から一つ選び、記号で答えなさい。【8点】

ア 枕詞《まくらことば》　**イ** 掛詞《かけことば》

ウ 縁語《えんご》　**エ** 季語

〔　　〕

(4) ——線部⑤「移る」とありますが、だれが「移る」のですか。文章中から抜き出しなさい。【8点】

〔　　〕

(5) ——線部⑥「草の戸」と同じ意味を表す五字以内の言葉を、俳句以外の文章中から、三つ抜き出しなさい。【4点×3】

(6) 「草の戸も…」の俳句の季語と季節を答えなさい。【4点×2】

季語〔　　〕　季節〔　　〕

(7) この文章の前半からは、これから旅に出る作者がどんな気持ちでいることが読み取れますか。適切なものを次から一つ選び、記号で答えなさい。【8点】

ア 旅先で死んでもかまわないという気持ち。

イ 孤独《こどく》な一生を送ろうという気持ち。

ウ 目的地に着けないかもしれないという気持ち。

エ 今回の旅を最後の旅にしようという気持ち。

〔　　〕

中学生のための勉強・学校生活アドバイス

「古典って、〝〜かな〟〝〜けり〟とか聞きなれない言葉ばかりで、苦手なんですよね……。どうやって勉強したらいいですか？」

「まずは**歴史的仮名遣《かなづか》いや訓読のきまりなどの基礎《きそ》知識をつけることが大事**なんだけど、そのためにも**原文を音読するのがオススメ**だよ。」

「音読ですか〜。読んでいるうちに、どこを読んでいるのかわからなくなってくるんですよね……。」

「内容も言葉もわからない状態だと、そうなるよね。まずは、内容をある程度知っている『竹取物語《たけとりものがたり》』冒頭《ぼうとう》の音読練習をしてみたらどう？　**慣れるまでは、読んでいるところを指でなぞりながら読む**と迷子になりにくいよ。」

「えーっと、〝今は昔、竹取の翁《おきな》というものありけり〟」

「そうそう。最初はつかえて上手に読めないかもしれないけれど、何度も読むことでだんだんすらすらと読めるようになるから。」

「音読をすると、〝いふもの〟って書いて〝イウモノ〟って読むことも確認できるのよね。」

古典は、原文を繰《く》り返し音読しよう！

「おお〜。なるほど！」

「ほかには、五音・七音の繰り返しでリズムがいい、俳句や短歌も練習しやすいよ。授業中に先生が音読したり音声を流したりすると思うから、**先生がどこで区切って、どういう読み方をしているか、しっかりと聞いておく**といいよ。」

「**口（読む）と目（見る）と耳（聞く）をフル活用して勉強する**ことが、古典ができるようになるコツね。**授業で習ったあとと、テスト前は音読練習が必須《ひっす》！**」

「フル活用か〜。授業で聞いたことを忘れないうちに、音読練習をしてみようかな。」

「音読に慣れたら、問題集に挑戦《ちょうせん》して、さらに力をつけてね。」

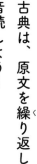

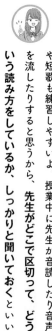

【古典編】

2章

漢文

1 漢文の特徴

教科書の要点

1 **漢文とは**
◎中国の文語文法にもとづいて書かれた文章のこと。

2 **訓読とは**
◎漢文を、**訓点**《くんてん》（**句読点**《くとうてん》・**送り仮名**《がな》・**返り点**）を補い、日本語の文法に従って読むこと。

1 漢文とは

漢文とは、漢字のみを使用し、中国の文語文法にもとづいて書かれた文章のこと。日本の言語や文字に大きな影響《えいきょう》を与《あた》えた。

2 訓読とは

漢文の原文（**白文**《はくぶん》）は、語順が日本語と異なることがある。日本語の文法に従って読むために、**訓点**《くんてん》（**句読点**《くとうてん》・**送り仮名**《がな》・**返り点**）を補う。訓点を補って読むことを**訓読**《くんどく》といい、その文を**訓読文**という。訓読文は、「～曰《い(ワ)》はく、…なりと。」「また～ずや。」などのように、独特のリズムを感じさせ、歯切れが良く、格調高い。

(1) **送り仮名**……日本語の助詞・助動詞・用言の活用語尾《ごび》などを、漢字の右下に片仮名で補ったもの。歴史的仮名遣《づか》いを用いる。

●吾《わガ》 盾《たて》 之《の》 堅《かたキコト》　●或《あるヒト》 曰《いハク(ワ)》

(2) **返り点**……漢文を日本語の文法に従って読むための語順を示す符号《ふごう》。**レ**《れ》**点**《てん》、**一**《いち》**・二点**《にてん》、**上**《じょう》**・下点**《げてん》などがある。

❶ **レ点**……下の一字から、すぐ上の一字に返ることを示す。あとで読む

くわしく

白文《はくぶん》**とは**

漢文の漢字だけで書かれた原文を**白文**という。白文・訓読《くんどく》文・書き下《くだ》し文の例は次のとおり。

例 **白文**――学　而　時　習　之

訓読文――学　而《ビテ》　時《ニ》　習《フ》レ　之《ヲ》

書き下し文――学びて時に之《これ》を習ふ

参考

漢字の振《ふ》り仮名《がな》も歴史的仮名遣《づか》いが用いられる。

ほうの字の左下に「レ」を付ける。

1 花ハ 3 欲スレ 2 然エント（花《はな》は然《も》えんと欲《ほつ》《（ホツ）》す）
←この番号の順に読む。

3 無レキ 2 不ざレル 1 陥サ 4 也なり（陥《とお》《（トオ）》さざる無《な》きなり）

❷ 一・二点……下の字から、二字以上隔《へだ》てた上の字へ返ることを示す。下の字の左下に「一」を、返っていく上の字の左下に「二」を付ける。

3 思フ二 1 故 2 郷ヲ一（故郷《こきやう》《（キョウ）》を思《おも》ふ《（ウ）》）

1 故 2 人 3 西ノカタ 7 辞シ二 4 黄 5 鶴 6 楼ヲ一（故人《こじん》西《にし》のかた黄鶴楼《くわうかくろう》《（コウ）》を辞《じ》し）

❸ 上・下点……一・二点を付けた部分を挟《はさ》んで、「上《じょう》」から「下《げ》」に返ることを示す。下の字に「上」を、返っていく上の字に「下」を付ける。

6 有リ下 1 朋 4 自リ二 2 遠 3 方一 5 来タル上（朋遠方《ともゑんぱう》《（エンポウ）》より来《き》たる有《あ》り）
※上・下点の他に「中点」がある場合もある。

(3) 書き下《くだ》し文……訓読文を、送り仮名・返り点に従って、日本語の語順で**漢字仮名交じり文**に書き直したもの。

❶ 日本語の助詞・助動詞に当たる漢字は平仮名にする。

春 眠 不ずレ 覚エレ 暁ヲ ➡ 春眠暁《しゅんみんあかつき》《（シュン）》を覚《おぼ》えず
（不：助動詞「ず」）

❷ 訓読しない字（**置き字**）は、書き下し文には書かない。

学ビテ 而 時ニ 習フレ 之ヲ ➡ 学《まな》びて時《とき》に之《これ》を習《なら》ふ《（ウ）》
（而：置き字）

くわしく

レ点と組み合わせた返り点

レ点と他の返り点を組み合わせた符号《ふごう》も用いられる。

- **レ点**（いちれてん）……**レ点＋一点**
 レ点にしたがって読んでから、一点→二点の順に読む。

例 4 従ヒテ二 1 心ノ 3 所レ二 2 欲スル（心《こころ》の欲《ほつ》《（ホツ）》する所《ところ》に従《したが》ひ《（イ）》て）

- **上レ点**（じょうれてん）……**レ点＋上点**
 レ点にしたがって読んでから、上点→下点（または上点→中点《ちゅうてん》→下点）の順に読む。

くわしく

置き字

「学ビテ 而 時ニ 習フレ 之ヲ」の「而」は接続の働きをする字だが、訓読する場合は読まない。その代わり、「学」の活用語尾「び」のあとに、接続助詞の「て」を補う。

このように、訓読するときに読まない字を「置き字」という。**例** 於・于・焉

書き下し文では、送り仮名は歴史的仮名遣いのまま平仮名にするよ。

2 漢詩の形式と表現技法

教科書の要点

1 **漢詩とは**
◎主に中国の、古い時代の詩のこと。

2 **漢詩の形式**
◎代表的な形式には、**絶句《ぜっく》**と**律詩《りっし》**がある。

3 **漢詩の表現技法**
◎代表的な技法には、**対句《ついく》**や**押韻《おういん》**がある。

1 漢詩とは

主に中国の、古い時代の詩のことを**漢詩**という。

2 漢詩の形式

(1) 絶句《ぜっく》……**四句**から成る詩。一句が五字の**五言《ごごん》絶句**と、一句が七字の**七《しち》言《ごん》絶句**とがある。起・承・転・結の構成をとる。

〈絶句の構成と役割〉

起句《きく》（第一句）＝まず、情景をうたい起こす。
承句《しょうく》（第二句）＝起句を承《う》けて、発展させる。
転句《てんく》（第三句）＝趣向《しゅこう》を一転して変化させる。
結句《けっく》（第四句）＝全体をまとめて結ぶ。

(2) 律詩《りっし》……**八句**から成る詩。一句が五字の**五言律詩**と、一句が七字の**七言律詩**とがある。二句ずつ起・承・転・結の構成をとる。

〈律詩の構成と役割〉

首聯《しゅれん》（第一・二句）＝絶句の「起」の役割。
頷聯《がんれん》（第三・四句）＝絶句の「承」の役割。

くわしく　漢詩の構成の具体例

春暁　孟浩然

春眠不《ず》レ覚エレ暁ヲ　—**起句《きく》**
処処聞ク二啼鳥ヲ一　—**承句《しょうく》**
夜来風雨ノ声　—**転句《てんく》**
花落ツルコト知ル多少　—**結句《けっく》**

春望　杜甫

国破レテ山河在リ
城春ニシテ草木深シ　—**首聯《しゅれん》**
感ジテハレ時ニ花ニモ濺ギレ涙ヲ
恨ンデハレ別レヲ鳥ニモ驚カスレ心ヲ　—**頷聯《がんれん》**
烽火連ナリ二三月ニ一
家書抵ル二万金ニ一　—**頸聯《けいれん》**
白頭搔ケバ更ニ短ク
渾ベテ欲スレ不《ざ》ラントレ勝ヘレ簪ニ　—**尾聯《びれん》**

（➡265ページ）

〈律詩の構成

頸聯《けいれん》（第五・六句）＝絶句の「転」の役割。
尾聯《びれん》（第七・八句）＝絶句の「結」の役割。

3 漢詩の表現技法

(1) **対句《ついく》**……用語・組み立てが対応する二つの句を並べることにより、意味を強め、イメージを豊かにする技法。特に律詩には、第三・四句、第五・六句をそれぞれ対句にするという原則がある。

対句

風物	色彩《しきさい》	風物	色彩
江《かう》ハ	碧《みどり》ニシテ	鳥ハ	逾《いよい》ヨ白ク
⇔	⇔	⇔	⇔
山ハ	青クシテ	花ハ	欲レス然《も》エント

※句全体も、句の中の各語も、互《たが》いに対応している。（⬇266ページ）

(2) **押韻《おういん》**……同一の韻（音と響《ひび》き）あるいは類似の韻をもつ字を、一定の箇《か》所《しょ》に使うこと。使う箇所は、漢詩の形式によって原則決まっている。
例えば「春望」では、「心」と「金」はともに「.in」という韻をもっている。

● **漢詩の種類と押韻の原則**（●が押韻する箇所。）

五言絶句
○○○○○
○○○○●
○○○○○
○○○○●

七言絶句
○○○○○○●
○○○○○○●
○○○○○○○
○○○○○○●

五言律詩
○○○○○
○○○○●
○○○○○
○○○○●
○○○○○
○○○○●
○○○○○
○○○○●

七言律詩
○○○○○○●
○○○○○○●
○○○○○○○
○○○○○○●
○○○○○○○
○○○○○○●
○○○○○○○
○○○○○○●

くわしく

対句《ついく》と押韻《おういん》の具体例

春望　杜甫

国破レテ山河在リ
城春ニシテ草木深シ ― シン sin
（対句）
感ジテハレ時ニ花ニモ濺ギレ涙ヲ
恨ンデハレ別レヲ鳥ニモ驚カスレ心ヲ ― シン sin
（対句）
烽火連ナリ三月ニ
家書抵ル万金ニ ― キン kin
（対句）
白頭搔ケバ更ニ短ク
渾ベテ欲スレ不ざラントレ勝ヘレ簪ニ ― シン sin

※第三・四句、第五・六句だけでなく第一・二句も対句になっている

絶句《ぜっく》　杜甫

江碧鳥逾白
山青花欲然 ― ネン nen
（対句）
今春看又過
何日是帰年 ― ネン nen

※第一・二句が対句になっている
（⬇266ページ）

漢字の音読みが韻のヒントだよ。

練習

解答 別冊13ページ

1 【訓読】(1)・(2)の文の種類を、あとのア〜ウから選び、記号で答えなさい。

(1) 学 而 不 思 則 罔　〔　　〕

(2) 学びて思はざれば則ち罔し。　〔　　〕

ア 書き下し文　イ 訓読文　ウ 白文

2 【返り点】漢文を返り点に従って読む順番を、□の中に数字で書きなさい。

例 [2]レ [1] [3]。

(1) □レ □レ □レ □。

(2) □二 □レ □ □一レ □。

(3) □下 □ □二 □ □一 □上、

3 【送り仮名と返り点】次の漢文が「故郷を思ふ。」と読むことができるように、送り仮名と返り点を書き入れなさい。

〔思 故 郷 。〕

4 【書き下し文】次の漢文を書き下し文に直しなさい。

山ハ青クシテ花ハ欲スレ然エントス。

〔　　　　〕

5 【漢詩の形式】次の説明に合う漢詩の形式を、あとのア〜エから選び、記号で答えなさい。

(1) 八句から成り、一句が七字。　〔　　〕

(2) 八句から成り、一句が五字。　〔　　〕

(3) 四句から成り、一句が七字。　〔　　〕

(4) 四句から成り、一句が五字。　〔　　〕

ア 五言絶句　イ 五言律詩

ウ 七言絶句　エ 七言律詩

6 【漢詩の表現技法】用語・組み立てが対応する二つの句を並べる漢詩の技法を、次のア〜ウから選び、記号で答えなさい。

ア 倒置《とうち》　イ 押韻《おういん》　ウ 対句

7 【漢詩の形式・表現技法】上の漢詩について、下の問いに答えなさい。

春《(シュン)しゅん》眠《みん》不《ず》レ覚《エ》レ暁《(おかつき)ヲ》

処《(ショ)しょ》処《(ショ)しょ》聞《ク》二啼《てい》鳥《(チョウ)てうヲ》一

夜来風雨《ノ》声《(コエ)こゑ》

花落《ツルコト》知《ル》多《た》少《(ショウ)せう》

(1) 形式を答えなさい。　〔　　〕

(2) この詩の構成を「起・□・□・□」と表したときの□に合う語句をそれぞれ漢字一字で答えなさい。

起・□・□・□

(3) 「暁」以外の押韻している字をすべて書き抜《ぬ》きなさい。

〔　　〕

1 故事成語

教科書の要点

故事成語とは

◎中国の古典からできた言葉を**故事成語**という。

故事成語とは

中国の古典からできた言葉を**故事成語**という。

【代表的な故事成語】

石《いし》に漱《くちすす》ぎ流《なが》れに枕《まくら》す（漱石枕流《そうせきちんりゅう》）

負《お》け惜しみが強いこと。こじつけて言い逃《のが》れること。

〔「石に枕し、流れに漱ぐ（自然の中で自由に生きる、の意）」と言うべきところを逆に言い、間違《まちが》いを指摘《してき》されたのに、「石で歯を磨《みが》き、流れで耳を洗うのだ」とこじつけた人の話から。〕

画竜点睛《がりょうてんせい》

物事を完成させるために最後に加える、大切な仕上げ。

〔絵の名人が最後に竜《りゅう》の瞳《ひとみ》を描《か》き入れると、たちまち竜が空へ昇《のぼ》っていったという話から。「睛」の字に注意。〕

蛍雪《けいせつ》の功《こう》

苦労して学問に励《はげ》み、それが報われること。

〔貧しさのため、蛍《ほたる》の光や雪明かりで勉強した人たちが、後に出世したことから。〕

塞翁《さいおう》が馬《うま》

人の幸・不幸は、予測できないものだということ。

〔塞《とりで》の近くに住む老人が馬に逃《に》げられた。馬は別の良馬を連れて戻《もど》ったが、その馬に乗った息子《むすこ》が落馬し、骨折した。間もなく戦争が起こり若者の多くは戦死したが、骨折した息子は徴兵《ちょうへい》されずに助かったという話から。〕

助長《じょちょう》

手助けをして、かえって悪い結果を招いてしまうこと。現在では、成長や発展を助ける意味にも用いる。

〔自分の田の苗《なえ》の生長を促《うなが》そうと引っ張り、苗を枯《か》らしてしまった人の話から。〕

蛇足《だそく》

よけいな付け足し。あっても役に立たないもの。

〔蛇《へび》の絵を描く競争で、いちばん早く描いた人が余裕《よゆう》を示そうと、蛇にはない足まで描き足したため、負けになったという話から。〕

大器晩成《たいきばんせい》

大人物は早くからは目立たないが、年を取ってから大成するということ。

〔大きな鐘《かね》や器は、簡単に作ることはできない。大きな才能もそれと同じで、完成までに年月がかかることから。〕

虎《とら》の威《い》を借《か》る狐《きつね》

自分には力がないのに、強い人の力や勢いを頼《たよ》って威張《いば》る人のたとえ。

〔狐が、虎をだまして自分の後ろに付いて歩かせ、周りの獣《けもの》たちを恐《おそ》れさせたという話から。〕

「矛盾《むじゅん(ジュン)》」

出典『韓非子《かんぴし》』

楚人《そひと》に《楚の国の人で》、盾《たて》と矛《ほこ》とを鬻《ひさ》ぐ《売る》者有り《がいた》。之《これ》《(その人が)盾》を誉《ほ》めて*曰《い(ワ)》はく《言うことには》、「吾《わ》が盾の堅《かた》きこと、*能《よ》く陥《とほ(トオ)》すもの《(これを)突き通せる》莫《な》きなり《はない》。」と。又《また》、其《そ》の矛を誉めて曰《(ワ)》はく《言うことには》、「吾が矛の利なる《鋭い》こと、物に於《お》いて《どんなものでも》陥さざる《突き通せないもの》無きなり《はない》。」と。或《ある》ひと《(そこで)》曰《(ワ)》はく《が言うことには》、「*子《し》《あなた》の矛を以《もつ(モッ)》て、子の盾を陥さば《突き通したら》*何如《いかん》《どうなるか》。」と。其の人応《こた(ウ)》ふること《は答える》*能《あた(ワ)》はざるなり《ができなかったのである》。

矛《ほこ》(槍《やり》のような武器)と盾《たて》(槍などの攻撃《こうげき》から身を守るための武具)を売る人の売り言葉を元にした話。


*曰はく＝言うことには。

*能く〜＝〜できる。

*子＝広く二人称《ににんしょう》として用いられる。「あなた」「きみ」と訳す。

*何如＝どうなるか。

*能ふ＝できる。


◉「矛盾《むじゅん》」の意味＝言動などのつじつまが合わないこと。

「推敲《すいこう(コウ)》」

出典『唐詩紀事《とうしきじ》』

*賈島《かとう(トウ)》挙《きよ(キョ)》に《は科挙の試験のために》赴《おもむ》きて京《けい》に至《いた》り《都にやってきて》、驢《ろ》に騎《の》りて詩を賦《ふ》し《ろばに乗りながら詩を作っていると》、「僧《そう》は推す月下《げつか(ゲッ)》の門」の句を得たり《考えついた》。推を《「推す」を》改めて*敲《かう(コウ)》と作《な》さんと欲《ほつ(ホッ)》す《「敲く」という語にしようとした》。*手を引きて推敲《すいかう(コウ)》の勢《せい》を作すも《手まねをして推したり敲いたりのしぐさをしてみたが》、未《いま》だ決《けつ(ケッ)》せず。覚えず《うっかり》*大尹《たいゐん(イン)》*韓愈《かんゆ》に衝《あた》る《韓愈の行列に突き当たった》。乃《すなは(スナワ)》ち《そこで》具《つぶさ》に言《(ウ)》ふ《(賈島は韓愈に事情を)》。愈《ゆ》曰《い(ワ)》はく、「敲の字佳《よ》し《「敲く」の語のほうがよい》。」と。遂《つひ(ツイ)》に*轡《くつわ》を並べて詩を論ず《詩について論じ合った》。

詩の一句を「門を推す」とすべきか「門を敲《たた》く」とすべきか悩《なや》みつつ、ろばに乗る人の様子を思い浮《う》かべてみよう。


*賈島＝中唐《ちゅうとう》の詩人。

*敲＝「敲《たた》く」の意。

*手を引きて＝手まねをして。

*大尹＝首都の長官。

*韓愈＝中唐の詩人・文章家。役人でもあった。

*轡を並べて＝轡は、馬やろばの口にくわえさせる金具。「轡を並べて」は、ここではろばを隣《となり》どうしに並べることを指す。


◉「推敲《すいこう》」の意味＝詩や文章を作るとき、よりよくしようと何度も表現を練り直すこと。

練習

解答 別冊13ページ

1 【矛《む》盾《じゅん(ジュン)》】 次の――線部の現代語訳として合うものを、それぞれあとのア～ウから選び、記号で答えなさい。

(1) 子《し》の矛《ほこ》を以《もっ(モッ)》て……。　〔　　〕

ア あなた　**イ** 子供　**ウ** 私

(2) 子の盾《たて》を陥《とほ(トオ)》さば何如《いかん》。　〔　　〕

ア いけない　**イ** よい　**ウ** どうなるか

(3) 其《そ》の人応《こた(ウ)》ふること能《あた(ワ)》はざるなり。　〔　　〕

ア できた　**イ** できない　**ウ** できそうだ

2 【推《すい》敲《かう(コウ)》】 次の各問いに答えなさい。

(1) 「未だ決せず」（まだ決まらない）の読み方を、現代仮名《かな》遣《づか》いを使い、平仮名で答えなさい。

〔　　　　〕

(2) 「愈《ゆ》曰《い(ワ)》はく、『敲《かう(コウ)》の字佳《よ》し。』と。」の――線部を現代語訳しなさい。

〔　　　　〕

(3) 故事成語「推敲」の意味を簡潔に答えなさい。

〔　　　　〕

Column

故事成語の背景

「矛盾」「漁夫《ぎょふ》(父)の利《り》」「五十歩百歩《ごじっぽひゃっぽ》」「虎《とら》の威《い》を借《か》る狐《きつね》」などの故事成語は、**中国《ちゅうごく》の古典やたとえ話から生まれた言葉**というだけでなく、その背景には**中国の政治・思想**などが深くかかわっていることも心に留めておきましょう。

特に、中国がいくつかの国に分かれて争っていた春秋《しゅんじゅう》戦国時代には、多くの思想家が自分の論をわかりやすく伝えるために、故事成語の元になっているたとえ話をよく使ったのです。

●故事の由来

「五十歩百歩」は、梁《りょう》の恵王《けいおう》が、善政を行う自国とそうでない隣《りん》国《ごく》とで人口が変わらない理由を孟子《もうし》に尋《たず》ねたときの、孟子の答えに使われたたとえ話に由来しています。

「戦場で五十歩退却《たいきゃく》した者が、百歩退却した者を笑うのはどうか」と王に問い、王が自慢《じまん》する善政も、これと同じだと説いたのです。

「漁夫(父)の利」は、趙《ちょう》という国が燕《えん》という国を攻《せ》めようとしたとき、燕の代理人である蘇代《そだい》が、趙の国王に、貝とシギが争っていると、漁夫が来て二つとも手に入れてしまったというたとえ話をした故事に由来しています。蘇代は、貝とシギに趙と燕を、漁夫に強国の秦《しん》をたとえ、争いの無益さや危険性を説いたのです。

2 漢詩

教科書の要点

1 漢詩の最盛期

◎中国《ちゅうごく》の**唐**《とう》の時代、特に国力が最盛期を迎《むか》えた、皇帝《こうてい》・玄宗《げんそう》の時代（8世紀）に、漢詩も最盛期を迎えた。

2 代表的な唐の詩人

◎**孟浩然**《もうこうねん》、**杜甫**《とほ》、**李白**《りはく》などがいる。

1 漢詩の最盛期

中国《ちゅうごく》の**唐**《とう》の時代（618～907年）は、文学史上、「詩の時代」といわれる。多くの詩人が登場し、詩の改革・発展に尽《つ》くした。それまでに成立していた、句数や押韻《おういん》などについてのきまりがゆるやかな「古体詩《こたいし》」とよばれる形式に対し、句数を制限して押韻・対句《ついく》などの修辞を重んじた、絶句《ぜっく》・律《りつ》詩《し》などの「近体詩《きんたいし》」という形式が完成した。

特に皇帝《こうてい》の玄宗《げんそう》の時代（8世紀）には、**孟浩然**《もうこうねん》・**杜甫**《とほ》・**李白**《りはく》など、多くの優れた詩人たちが、自然や社会・人生・人物などをテーマに多種多様な詩を作った。

2 代表的な唐の詩人

(1) **孟浩然**（689～740年）……官職に就くことができず、各地を旅したり、郷里で暮らしたりしながら、自然の世界をうたった。五言詩《ごごんし》が得意で、自然派詩人として知られる。「**春暁**《しゅんぎょう》」の作者。

孟浩然
（個人蔵）

くわしく **時代背景――唐《とう》の混乱**

玄宗皇帝《げんそうこうてい》は30年以上の治世に飽《あ》き、美女楊貴妃《ようきひ》を愛して、次第に政治を顧《かえり》みなくなっていった。やがて社会不安が広がり、ついには安禄山《あんろくざん》の乱（安史《あんし》の乱）が起き、破《は》壊《かい》と混乱の世となってしまった。

発展 **唐の漢詩の四つの時期と、代表的詩人**

一般《いっぱん》に、唐の漢詩は四期に区分される。

①初唐（618～712年）……王勃《おうぼつ》・楊《よう》炯《けい》など
②盛唐（713～765年）……孟浩然《もうこうねん》・杜甫《とほ》・李白《りはく》・王維《おうい》など
③中唐（766～835年）……白居易《はくきょい》（白楽天《はくらくてん》）・韓愈《かんゆ》・柳宗元《りゅうそうげん》など
④晩唐（836～907年）……杜牧《とぼく》など

参考 **「科挙《かきょ》」とは**

高級役人になるための試験。古典の教養や詩作などが試された。

(2) **杜甫**（712～770年）……中国を代表する詩人で、「**詩聖**《しせい》」とよばれる。科挙《かきょ》を何度か受験したが合格しなかった。44歳《さい》のとき、安禄山《あんろくざん》の乱（安史《あんし》の乱）をきっかけに官吏《かんり》となるが、すぐに左遷《させん》され、以後は流浪《るろう》の生涯《しょうがい》を送った。詩の作風は写実的で、社会の矛盾《むじゅん》や人生の苦しみ、悩《なや》みをうたった。「**絶句**」「**春望**《しゅんぼう》」の作者。

(3) **李白**（701～762年）……酒と自然と自由な生活を愛し、放浪《ほうろう》の中で詩を作った。明るく雄大《ゆうだい》な詩の作風から「**詩仙**《しせん》」とよばれる。「**黄鶴楼**《こうかくろう》**にて孟浩然の広陵**《こうりょう》**に之**《ゆ》**くを送る**」の作者。

杜甫
（個人蔵）

李白

李白は40歳頃《さいごろ》に宮廷《きゅうてい》詩人として玄宗皇帝に仕えたんだけど、自由奔《ほん》放《ぼう》な性格が災いして追放され、その後は放浪《ほうろう》の生活を送ったんだよ。

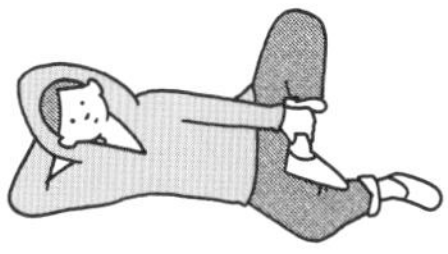

「春《しゅん》《(シュン)》暁《げう》《(ギョウ)》」　孟浩然《まうかうねん》《(モウ)(コウ)》

春眠不《ず》レ覚エレ暁ヲ（1 2 5 4 3）
処処聞ク二啼鳥ヲ一（1 2 5 3 4）
夜来風雨ノ声（1 2 3 4 5）
花落ツルコト知ル多少（1 2 3 4 5）

春眠暁を覚えず《しゅんみんあかつきをおぼえず》
春のねむりは、うとうとと気持ちよく、夜が明けたのも気がつかなかった。

処処啼鳥を聞く《しょしょていてうをきく》
あちらこちらで鳥のさえずる声が聞こえる。

夜来風雨の声《やらいふううのこゑ》
昨夜は、風や雨の音がしていたが、

花落つること知る多少《はなおつることしるたせう》
さきほこっていた花は、どれほど散ってしまったことだろう（たくさん散っただろう）。

寝床《ねどこ》にいて、春の朝ののどかさを味わいながら、行く春を惜《お》しむ気持ちをうたっている。

【形式】 **五言絶句**《ごごんぜっく》

【技法】 **押韻**《おういん》＝「暁」「鳥」「少」
五言絶句は、第二・四句の句末で韻を踏《ふ》むきまりがあるが、「春暁《しゅんぎょう》」では「暁《ぎょう》」「鳥《ちょう》」「少《しょう》」と、第一句の「暁」も韻を踏んでいる。日本語と中国語では発音が違《ちが》う場合もあるが、その漢字を音で読むと、だいたい似た響《ひび》きをもっていることがわかる。

「絶句《ぜっく(ゼッ)》」

杜甫《とほ》

江ハ碧ニシテ鳥ハ逾ヨ白ク
山ハ青クシテ花ハ欲レス然エント
今春看ス又過グ
何レノ日カ是レ帰年ナラン

江《かう(コウ)》は碧《みどり》にして鳥《とり》は逾《いよい》よ白《しろ》く
長江の流れの深緑に、水辺に遊ぶ鳥の白さがいっそうきわ立ち、

山《やま》は青《あを(アオ)》くして花《はな》は然《も》えんと欲《ほっ(ホッ)》す
山の青々とした新緑に映えて、花は今にも燃え出しそう（に赤い）。

今春《こんしゅん(シュン)》看《み》す又《また》過《す》ぐ
今年の春も、見ている間に過ぎてゆく。

何《いづ(イズ)》れの日《ひ》か是《こ》れ帰年《きねん》ならん
いったい、いつになれば故郷に帰れる日が来るのだろうか。

南国の美しい春の景色に、ただ過ぎていく歳月《さいげつ》を思い、老いへの焦《あせ》りと望郷の思いをうたっている。

【形式】 五言絶句《ごごんぜっく》

【技法】 押韻《おういん》＝「然《ねん》」「年《ねん》」
対句《ついく》＝二つの句の形式や内容を対応させて、意味を強め、イメージを豊かにし、暗示性をもたせる技法。

	江《かう》ハ	碧ニシテ	鳥ハ	逾《いよい》ヨ白ク
	風物	色彩《しきさい》	風物	色彩
	山ハ	青クシテ	花ハ	欲レス然エント

※句全体も、句の中の各語も、互《たが》いに対応している。

「黄《くわう(コウ)》鶴《かく》楼《ろう》にて孟《まう(モウ)》浩《かう(コウ)》然《ねん》の広陵《くわうりよう(コウリョウ)》に之《ゆ》くを送る」

李白《りはく》

故人西ノカタ辞シ二黄鶴楼ヲ一
煙花三月下ル二揚州ニ一
孤帆ノ遠影碧空ニ尽キ
唯ダ見ル長江ノ天際ニ流ルルヲ

故人西《こじんにし》のかた黄鶴楼《くわうかくろう(コウ)》を辞《じ》し
古くからの友人（孟浩然）が、ここ西の地にある黄鶴楼に別れを告げ、

煙花《えんくわ(カ)》三月《さんぐわつ(ガツ)》揚州《やうしう(ヨウシュウ)》に下《くだ》る
花が一面にさき、春がすみの立つ三月に、揚州へと長江を下っていく。

孤帆《こはん》の遠影《ゑんえい(エン)》碧空《へきくう》に尽《つ》き
黄鶴楼の楼上から見ると、遠くにぽつんと見えるほの姿も青空の中に消えていき、

唯《た》だ見《み》る長江《ちやうかう(チョウコウ)》の天際《てんさい》に流《なが》るるを
私が見るものは、長江が天の果てまで流れゆく風景ばかりである。

春に旅立ってゆく友との別れの悲しさを、雄大《ゆうだい》な風景に重ねてうたっている。

【形式】 七言絶句《しちごん》

【技法】 押韻《おういん》＝「楼《ろう》」「州《しゅう》」「流《りゅう》」。七言絶句では、第一・二・四句の句末で韻を踏《ふ》むきまりがある。

練習

解答 別冊14ページ

1

春《しゆん(シュン)》暁《げう(ギョウ)》　孟《まう(モウ)》浩《かう(コウ)》然《ねん》

春《しゆん(シュン)》眠《みん》不《ず》レ覚エレ暁《あかつき》ヲ
処《しよ(ショ)》処《しよ(ショ)》聞啼《てい》鳥《てう》
夜来風雨ノ声《こゑ(コエ)》
花落ツルコト知ル多《た》少《せう(ショウ)》

2

絶《ぜつ(ゼッ)》句《く》　杜《と》甫《ほ》

江《かう(コウ)》ハ碧《みどり》ニシテ鳥ハ逾《いよい》ヨ白ク
山ハ青《あを(アオ)》クシテ花ハ欲《ほつ(ホッ)》スレ然《も》エント
今《こん》春《しゆん(シュン)》看《みすみ》ス又《また》過グ
何《いづ(イズ)》レノ日カ是《こ》レ帰《き》年《ねん》ナラン

3

黄《くわう(コウ)》鶴《かく》楼《ろう》にて孟浩然の広《くわう(コウ)》陵《りよう(リョウ)》に之《ゆ》くを送る　李《り》白《はく》

故人西ノカタ辞シ二黄鶴楼ヲ一
煙《えん》花《くわ(カ)》三《さん》月《ぐわつ(ガツ)》下ル二揚《やう(ヨウ)》州《しう(シュウ)》ニ一
孤《こ》帆《はん》ノ遠《ゑん(エン)》影《えい》碧《へき》空《くう》ニ尽《つ》キ
唯《た》ダ見ル長《ちやう(チョウ)》江《かう(コウ)》ノ天《てん》際《さい》ニ流ルルヲ

【春暁】次の各問いに答えなさい。

(1) ――線部「不覚暁」を現代語訳しなさい。

〔　　　　〕

(2) ――線部「聞啼鳥」に送り仮名と返り点を付けて、「啼鳥を聞く」と訓読できるようにしなさい。

〔 聞　啼　鳥 〕

【絶句】次の各問いに答えなさい。

(1) 第一句と対句になっている句を選び、記号で答えなさい。

ア 第二句　**イ** 第三句　**ウ** 第四句　〔　　〕

(2) ――線部「何日是帰年」に表れている作者の思いを、次から選び、記号で答えなさい。

ア 老いへの焦《あせ》り　**イ** 故郷への思い
ウ 戦乱の苦しみ　〔　　〕

【黄鶴楼にて……】次の各問いに答えなさい。

(1) この詩の形式を答えなさい。〔　　〕

(2) ――線部「故人」、「辞」の意味を、次からそれぞれ選び、記号で答えなさい。

①「故人」　〔　　〕

ア お年寄り　**イ** 古い友人　**ウ** 昔の人

②「辞」　〔　　〕

ア やめる　**イ** ことわる　**ウ** 別れを告げる

3 論語

教科書の要点

『論語《ろんご》』とは

◎古代中国《ちゅうごく》の思想家・**孔子《こうし》と、その弟子たちの言行を記録したもの**で、孔子の説いた、人としての生き方・理想の政治などが書かれている。

『論語《ろんご》』とは

(1) **孔子《こうし》と弟子たちの言行録**……『論語《ろんご》』は孔子が直接書いたものではなく、孔子の死後、弟子たちが孔子の言葉や行動、孔子と弟子たちとの問答を記録したものである。

(2) **内容**……約500の短い章で構成される。孔子の思想である「**仁《じん》**」（深い思いやり）と「**礼**」（社会的な作法・きまり）についての考えが、さまざまな言葉を通して説かれている。

(3) **孔子**（前551?～前479年）……今から2500年以上前の中国《ちゅうごく》の思想家。**儒家《じゅか》**の始祖で「聖人」と仰《あお》がれた。生まれは小国の魯《ろ》で、50歳頃《さいごろ》に魯の政治家になるが、政争に敗れて失脚《しっきゃく》する。その後、弟子たちとともに諸国を旅して理想の政治を説いて回るが、その思想は受け入れられなかった。

❶ **時代背景**……中国の春秋《しゅんじゅう》時代の末期で、周《しゅう》という王朝の権威《けんい》が弱まり、多くの国が並び立ち、互《たが》いに争っていた。

❷ **孔子の求めたもの**……戦乱の時代の中で、人の生き方を正し、平和な社会が実現することを目指した。

孔子

発展

孔子《こうし》の弟子は「3000人」

中国《ちゅうごく》の歴史書『史記《しき》』では、孔子はおよそ3000人の弟子を育成し、その教えを究めた者は72人いた、と伝えられている。孔子は、多くの弟子たちに見守られながら、70歳《さい》過ぎに亡《な》くなった。

発展

現代に生きている『論語《ろんご》』の言葉

孔子の思想は儒教《じゅきょう》とよばれ、人間の生き方や道徳の基本となるものとして、後の世に大きな影響《えいきょう》を与《あた》えた。

儒教は、日本にも古くから伝わり、特に江戸《えど》時代には幕府によって重んじられ、日本人のものの考え方や見方に影響を与えた。『論語』にある「温故知新《おんこちしん》」「巧言令色《こうげんれいしょく》」などの言葉は、現代も私たちの暮らしの中に生き続けている。

「学びて時に之《これ》を習ふ(ウ)」〈学而《がくじ》〉

学問をすること・学友と語り合うことの真の喜び、「君子《くんし》」とはどういう人物であるかを説く。

子曰《ハク》、「学《ビテ》而*時《ニ》習《フ》レ之《ヲ》、
不《ず》*二亦説《バシカラ》一乎《や》。
有《リ》下朋*自《より》二遠方一来《タル》上、
不《ず》二亦楽《シカラ》一乎《や》。
人*不《ず》レ知《ラ》而不《ず》レ慍*《ミ》、
不《ず》二亦君*子《ナラ》一乎《や》。」

子曰《しい》はく(ワ)、「学《まな》びて時《とき》に之《これ》を習《なら》ふ(ウ)、
先生がおっしゃるには、「教わったことをくり返し復習する、
亦説《またよろこ》ばしからずや。
なんとうれしいことではないか。
朋遠方《ともえんぽう》(エンボウ)より来《き》たる有《あ》り、
友人が遠くから訪ねて来て(学問の話をすることは)、
亦楽《またたの》しからずや。
なんと楽しいことではないか。
人《ひと》知《し》らずして慍《うら》みず、
世間の人々が自分を理解してくれなくても不満をもたない、
亦君子《またくんし》ならずや。」と。
それでこそ君子ではないか。」と。

＊**而**＝接続の働きをする置き字（⬇257ページ）。
＊**不亦説乎**＝「不亦～乎」は反語を表し、「また～ずや」と読む。「なんと～ではないか」と相手の同意を求める言い方。
＊**朋**＝同じ先生のもとで学ぶ友のこと。ここでは、志を同じくする友という意味も含《ふく》んでいる。
＊**人不知**＝「人」は世間の人々、また、君主など政治を行う者のこと。「不知」は、自分の学問を認めて重要な地位に取り立ててもらえないということ。
＊**慍**＝心に不満をもつこと。
＊**君子**＝徳を積んだ人格者。

「故《ふる》きを温めて新しきを知れば」〈為政《いせい》(イ)〉

どういう人物ならば師と仰《あお》ぐに値するのかを、学問に対する具体的な態度を挙げて説く。

子曰《ハク》、「温《メテ》*レ故《キヲ》而知《レバ》*レ新《シキヲ》、
可《ベシ》二以《テ》*為《タル》レ師《ト》矣*。」

子曰《しい》はく(ワ)、「故《ふる》きを温《あたた》めて新《あたら》しきを知《し》れば、
先生がおっしゃるには、「過去の学説などをくり返し研究して新しい意義をさとることができるようになれば、
以《もっ》(モ)て師《し》たるべし。」と。
(そのことによって)人の師である資格ができる。」と。

＊**温故**＝過去の学説などを、繰《く》り返し研究すること。「温」は「温《たず》ねて」と読むこともある。
＊**知新**＝新しい意義や道理をさとることができるようになる。
＊**以為師**＝人の師である資格がある。
＊**矣**＝詠嘆《えいたん》や強意などを表す置き字。

「学びて思は《（ワ）》ざれば則《すなは（スナワ）》ち罔《くら》し」〈為《ゐ（イ）》政《せい》〉

知識を得るだけでなく考えてみること、考えるだけでなく知識を得ること、両方の大切さを説く。

子曰《ハク》、「学《ビテ》而不《ざレバ》レ思《ハ》則《チ》罔《シ》。
思《ヒテ》而不《ざレバ》レ学《バ》則《チ》殆《シト》。」

子《し》曰《い》は《（ワ）》く、「学《まな》びて思《おも》は《（ワ）》ざれば
先生がおっしゃるには、「学問をする（知識を得る）ばかりで思索することがなければ

則《すなは（スナワ）》ち罔《くら》し。
物事の道理が明らかにならない。

思《おも》ひ《（イ）》て学《まな》ばざれば
思索するばかりで学問をすることがなければ

則《すなは（スナワ）》ち殆《あやふ（アヤウ）》し。」と。
（独断におちいり）危険である。」と。

＊**学而不思**＝学問をする（知識を得る）ばかりで、思索《しさく》することがない。
＊**則**＝「〜ならば・〜すればそのときは」というように、前後をつなぐ。
＊**罔**＝物事の道理が明らかにならない。
＊**思而不学**＝思索するばかりで、学問をすることがない。
＊**殆**＝（独断におちいり）危険である。

「之《これ》を知る者は、之を好む者に如《し》かず」〈雍《よう》也《や》〉

それを知るだけの者は好む者に及《およ》ばず、好む者は楽しむ者に及ばない――学問は楽しむことがいちばんだと説く。

子曰《ハク》、「知《ル》レ之《ヲ》者《ハ》、
不《ず》レ如《カ》二好《ム》レ之《ヲ》者《ニ》一。
好《ム》レ之《ヲ》者《ハ》、
不《ずト》レ如《カ》二楽《シム》レ之《ヲ》者《ニ》一。」

子《し》曰《い》は《（ワ）》く、「之《これ》を知《し》る者《もの》は、
先生がおっしゃるには、「あることを知っている者は、

之《これ》を好《この》む者《もの》に如《し》かず。
そのことを好む者にはおよばない。

之《これ》を好《この》む者《もの》は、
そのことを好む者は、

之《これ》を楽《たの》しむ者《もの》に如《し》かず。」と。
そのことを楽しむ者にはおよばない。」と。

＊**知之者**＝あることを知っている者。
＊**不如**＝「AはBに如《し》かず」の形で、AはBにおよばない、の意。
＊**好之者**＝そのことを好む者。
＊**楽之者**＝そのことを楽しむ者。

練習

解答 別冊14ページ

● 『論語《ろんご》』の言葉について、次の各問いに答えなさい。

1 【学びて時に之《これ》を習ふ《(ウ)》】

(1) 「子曰《しい》はく」の「子」は、『論語』では誰《だれ》のことを指しますか。ア～ウから選び、記号で答えなさい。

ア 子供　イ 孔子《こうし》の弟子たち　ウ 孔子

（　　）

(2) 「君子《くんし》」とはどのような人のことをいいますか。ア～ウから選び、記号で答えなさい。

ア 戦場で活躍《かつやく》したリーダー。

イ 国の統治者。

ウ 学識・人格ともに優れた人物。

（　　）

2 【故《ふる》きを温めて新しきを知れば】

(1) 「故きを温めて」とはどういう意味ですか。次の文の□に合うように答えなさい。

□を、繰《く》り返し研究して。

［　　］

(2) 「可《ベシ》二 以《もつテ》 為《タル》レ 師 矣。」を書き下し文にしなさい。

※（「矣」は読まない。）

［　　］

3 【学びて思は《(ワ)》ざれば則《すなは(スナワ)》ち罔《くら》し】

(1) 「罔し」とはどういう意味ですか。ア～ウから選び、記号で答えなさい。

ア 物事の道理が明らかにならない。

イ 独断に陥《おちい》り危険である。

ウ 陰気《いんき》である。

（　　）

(2) 「思《ヒテ》 而 不《ざレバ》レ 学《バ》 則《チ》 殆《あやふシ》」を書き下し文にするとき、書かない字はどれですか。その一字を抜《ぬ》き出しなさい。

（　　）

4 【之を知る者は、之を好む者に如《し》かず】

(1) 「之を好む者に如かず」を現代語訳しなさい。

［　　］

(2) 「之を楽しむ者に如かず」と読むことができるように、送り仮名と返り点を書き入れなさい。

［ 不　如　楽　之　者 ］

定期テスト予想問題

時間 40分
解答 別冊14ページ

得点　／100

1 【漢詩】次の漢詩を読んで、あとの問いに答えなさい。

A　黄鶴楼《くわうかくろう》にて孟浩然《まうかうねん》の広陵《くわうりよう》に之《ゆ》くを送る　李白《りはく》

①故人西のかた黄鶴楼を辞し
煙花三月揚州《えんくわさんぐわつやうしう》に下る
孤帆《こはん》の遠影碧空《ゑんえいへきくう》に尽《つ》き
唯《た》だ見る長江《ちやうかう》の天際《てんさい》に流るるを

故人西ノカタ辞シ二黄鶴楼ヲ一
煙花三月下ル二揚州ニ一
孤帆ノ遠影碧空ニ尽キ
唯ダ見ル長江ノ天際ニ流ルルヲ

B　春暁《しゆんげう》　孟浩然

［　　　　　　］
処処啼鳥《しよしよていてう》を聞く
夜来風雨の声《こゑ》
②花落つること知る多少《たせう》

春眠不ずレ覚エレ暁ヲ
処処聞ク二啼鳥ヲ一
夜来風雨ノ声
花落ツルコト知ル多少

(1) 漢詩A・Bの形式を、それぞれ次から一つ選び、記号で答えなさい。【3点×2】

ア 五言絶句　**イ** 七言絶句
ウ 五言律詩　**エ** 七言律詩

A〔　　〕　B〔　　〕

(2) ——線部①「故人」とは誰《だれ》のことですか。名前を書きなさい。【8点】

〔　　〕

(3) Aの漢詩で、色彩《しきさい》が鮮《あざ》やかにうたわれているのは第何句ですか。漢数字で答えなさい。【8点】

第〔　　〕句

(4) Aの漢詩で、押韻《おういん》している語をすべて抜《ぬ》き出しなさい。【8点】

〔　　〕

(5) Bの漢詩の［　］に入る、第一句の書き下し文を書きなさい。【10点】

〔　　〕

(6) ——線部②「花落つること知る多少」の意味として適切なものを、次から一つ選び、記号で答えなさい。【10点】

ア 花も多少は散ってしまったことだろう。
イ 花が散ってしまったことを知っている。
ウ 花が散ったことをどうやって知るのだろうか。
エ 花はたくさん散ってしまったことだろう。

〔　　〕

2 【論語】次の漢文を読んで、あとの問いに答えなさい。

A

子①曰《ハク》、「学《ビテ》而a時《ニ》習《フ》レ之《ヲ》、②不亦説乎《や》。有《リ》下朋自《より》二遠方一来《タル》上、不《ず》二亦楽《シカラ》一乎。人不《シテ》レ知《ラ》而不レ慍《ミ》、不二亦君子《ナラ》一乎《ト》。」

子《し》曰《い》はく、「学びて時に之《これ》を習ふ、亦《また》説《よろこ》ばしからずや。朋《とも》遠方《えんぽう》より来たる有り、亦楽しからずや。③人知らずして慍《うら》みず、亦君子ならずや。」と。（『論語』より）

B

子曰《ハク》、「温《メテ》レ故《キヲ》而知《レバ》レ新《シキヲ》、可《ベシト》二以《テ》為《たル》一レ師矣b。」

子④曰はく、「故《ふる》きを温めて新しきを知れば、⑤以《もっ》て師たるべし。」と。（『論語』より）

C

子曰《ハク》、「知《ル》レ之《ヲ》者《ハ》、不《ず》レ如《カ》二好《ム》レ之《ヲ》者《ニ》一。好《ム》レ之《ヲ》者《ハ》、不《ずト》レ如《カ》二楽《シム》レ之《ヲ》者《ニ》一。」

子曰はく、「⑥之《これ》を知《し》る者《もの》は、⑦之《これ》を好《この》む者《もの》に如《し》かず。之《これ》を好《この》む者《もの》は、⑧之《これ》を楽《たの》しむ者《もの》に如《し》かず。」と。（『論語』より）

(1) ――線部①「子」とは誰《だれ》のことですか。人物名を漢字二字で答えなさい。【6点】〔　　〕

(2) ═線部a「而」、b「矣」のように、書き下し文にしたときに書かない字を、何といいますか。【6点】〔　　〕

(3) ――線部②「不亦説乎」に、書き下し文に合うように返り点と送り仮名《がな》を付けなさい。【10点】

〔不　亦　説　乎〕

(4) ――線部③「人知らずして慍みず」の意味として適切なものを、次から一つ選び、記号で答えなさい。【6点】

ア 世間に認められて、誰からも恨《うら》まれない。
イ 世間に知られず、誰とも交流しない。
ウ 世間に認められなくても、不満を抱《いだ》かない。
エ 世間を知らず、家族や友人とだけ交流する。

〔　　〕

(5) ――線部④「曰はく」の現代語訳として適切なものを、次から一つ選び、記号で答えなさい。【6点】

ア 質問して　イ おっしゃるには
ウ 命令して　エ 大きな声で言うには

〔　　〕

(6) ――線部⑤「以て師たるべし」を、次の言葉に続けて現代語訳しなさい。【10点】

＊そのことによって

〔　　〕

(7) ――線部⑥「之を知る者」、⑦「之を好む者」、⑧「之を楽しむ者」を、優れている順に並べて、記号で答えなさい。【6点】

〔　　→　　→　　〕

考える
Column

古典文学から生きる上での教訓を学ぼう

古典文学には、昔の人々の考えや行動が書かれている。これらの考えや行動からどのような教訓を得られるか考えてみよう。

1 話のあらすじを知ろう

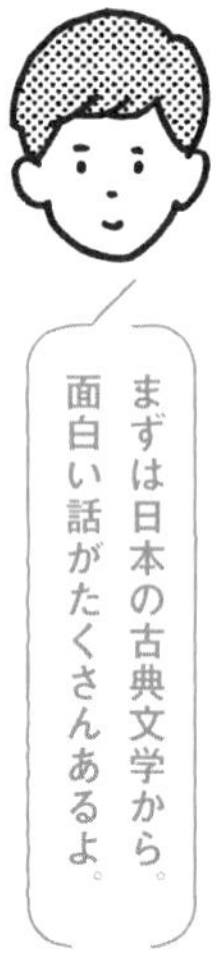
まずは日本の古典文学から。
面白い話がたくさんあるよ。

1 「高名《かうみやう(コウ)(ミョウ)》の木のぼり」（『徒然草《つれづれぐさ》』より）

木のぼり名人とよばれる男は、木にのぼっていた弟子が、高いところにいる間は何も言わず、飛び降りられるくらいの高さになったときに注意を促《うなが》した。

2 「仁和寺《にんなじ》にある法師」（『徒然草』より）

仁和寺の法師が、初めて石清水八幡宮《いわしみずはちまんぐう》に一人で参拝した。しかし、境内の様子を知らなかったので、山頂にある本殿《ほんでん》に参拝しないまま帰ってきてしまった。

3 「ある人、弓射ること習ふ《(ウ)》に」（『徒然草』より）

弓を習い始めた人が、「初心者は次の矢をあてにして、最初の矢をいい加減に射るから、矢を二本持つな」と師匠《ししょう》から言われる。

4 「筑紫《つくし》に、なにがしの押領使《あふりやうし(オウ)(リョウ)》」（『徒然草』より）

大根を薬と思って朝晩食べていた筑紫の役人の屋敷《やしき》が敵に襲《おそ》われたとき、二人の武士が現れて追い返してくれた。誰《だれ》かと尋《たず》ねると、いつも食べてもらっている大根だと答える。

5 「児《ちご》のそら寝《ね》」（『宇治拾遺物語《うじしゅういものがたり》』より）

比叡山《ひえいざん》の延暦寺《えんりゃくじ》で、僧《そう》たちが夜、ぼた餅《もち》を作り始めた。寺に住む幼い子は、期待していることを気づかれないようにと寝たふりをして待っていた。声をかけられても、返事をせずにしばらく我慢《がまん》していたところ、僧たちが食べ始めてしまったので慌《あわ》てて返事をして、笑われてしまった。

6 「雀報恩《すずめほうおん》の事」（『宇治拾遺物語』より）

ある老婆《ろうば》が、石を投げられてけがをした雀を介抱《かいほう》してやった。元気になった雀がひさごの種を落としていったので、種からひょうたんを育てると、中から山のように米が出てきた。

故事成語の元になった中国《ちゅうごく》の話の中にも、教訓が含まれているよ。

7 **「蛇足《だそく》」**（『戦国策《せんごくさく》』より）
酒を独り占《じ》めするために、地面に蛇《へび》の絵を早く描《か》き上げる競争が行われた。最初に描き上げた人が、足だって描けると描き足したところ、それは蛇ではないと言われて、二番目に描き上げた人に酒を奪《うば》われてしまう。

8 **「漁父《ぎょふ》（夫）の利《り》」**（『戦国策』より）
貝の肉をつつこうとした鳥が、貝にくちばしを挟《はさ》まれて、両者とも互《たが》いに譲《ゆず》らないでいるうちに、どちらも漁師に捕《つか》まってしまった。

9 **「守株《しゅしゅ》」**（『韓非子《かんぴし》』より）
畑を耕している人が、切り株にぶつかって死んだうさぎを手に入れた。これに味をしめたその人は、畑を耕すのをやめて、再びうさぎが切り株にぶつかるのを待ち続けたので、国中の笑い者になってしまった。

10 **「助長《じょちょう》」**（『孟子《もうし》』より）
苗《なえ》が生長しないのを心配して、苗を引っ張った人がいた。疲《つか》れて帰ってきてそのことを家族に話したので、子供が見に行ってみると、苗はすべて枯《か》れてしまっていた。

2 教訓を考えてみよう

1～**10**からどのような教訓を得られるか考えよう。

ア　小さな親切をすると、大きな恩返しを受けることがある。
イ　争っていると周りが見えなくなり、危険が及《およ》ぶことがある。
ウ　余計なことをしたことで、かえって損をすることがある。
エ　どんなものでも一心に信じることで、報われるものだ。
オ　過去のよいことや古いやりかたにこだわると、進歩しない。
カ　どんな人にも、無意識のうちに怠《なま》ける心があるものだ。
キ　無理に成長させようとすることは、かえって害になる。
ク　自分の欲求や気持ちに素直に従わずに、やせ我慢《がまん》をしていると、チャンスを逃《のが》してしまうこともある。
ケ　大変なときは気を引き締《し》めているが、容易なところにくると気が抜《ぬ》けて失敗するものだ。
コ　わからないときは独り合点しないで人に聞くべきだし、物事には案内人が必要なものだ。

解答　**1**ケ　**2**コ　**3**カ　**4**エ　**5**ク　**6**ア　**7**ウ　**8**イ　**9**オ　**10**キ

入試レベル問題

解答 別冊15～16ページ

1 次の文章を読んで、あとの問いに答えなさい。

オオバコは、道ばたやグラウンドなど踏《ふ》まれるところに生える雑草の代表である。

このオオバコの種子は、紙おむつに似た化学構造の①ゼリー状の物質を持っていて、雨が降って水に濡《ぬ》れると[a]膨張して粘着《ねんちゃく》する。その粘着物質で人間の靴《くつ》や、自動車のタイヤにくっついて運ばれていくのである。もともとオオバコの種子が持つ粘着物質は、乾燥《かんそう》などから種子を保護するためのものであると考えられている。しかし結果的に、この粘着物質が機能して、オオバコは分布を広げていくのである。

舗装《ほそう》されていない道路では、どこまでも、轍《わだち》に沿ってオオバコが生えているのをよく見かける。オオバコは学名を「プランターゴ」と言う。これはラテン語で、「足の裏で運ぶ」という意味である。また、漢名では「車前草」と言う。これも道に沿ってどこまでも生えていることに由来している。こんなに道に沿って生えているのは、人や車がオオバコの種子を運んでいるからなのだ。

こうなると、オオバコにとって踏まれることは、耐《た》えることでも、[b]克服すべきことでもない。踏まれなければ困るほどまでに、踏まれることを利用しているのである。道のオオバコは、みんな踏んでもらいたいと思っているはずである。まさに②逆境をプラスに変えているのだ。

このように人に踏まれて増えていくという雑草もある。人が集まる都会に生える雑草には、種子がでこぼこしていて、靴底に付きやすい構造をしているものも多い。私たちもまた、こうして知らぬ間に雑草の種子散布に協力しているのである。

植物は、こうして工夫を重ねて種子を移動させている。しかし、そもそもどうして種子を遠くへ運ばなければならないのだろうか。種子を移動させる理由の一つは分布を広げるためである。

それでは、どうして分布を広げなければならないのだろうか。親の植物が種子をつけるまで生育したということは、少なくとも生存できない場所ではないだろう。わざわざ別の場所に種子が移動したとしても、その場所で無事に生育できる可能性は小さい。そんな一か八かのために、種子をたくさん作って、散布するよりも、子孫たちも、その場所で幸せに[c]クらした方が良いのではないだろうか。

植物は、大いなる野望や冒険《ぼうけん》心を抱《いだ》いて種子を旅立たせるわけではない。

環境《かんきょう》は常に変化をする。植物の生える場所に安住の地はない。常に新たな場所を求め続けなければならないのだ。そして、分布を広げることを怠《おこた》った植物は、おそらくは滅《ほろ》び、分布を広げようとした植物だけが、生き残ってきたのである。それが、現在のすべての植物たちが種子散布をする理由である。

常に挑戦《ちょうせん》し続けなければいけないということなのだ。

何かをするということは、失敗することである。

たとえば、旅に出れば、バスに乗り遅《おく》れたり、道を間《ま》違《ちが》えたり、忘れ物をしたりする。部屋の中にいれば、何も失敗することはないが、それでは面白くない。旅に出て失敗しても、後になってみれば良い思い出だ。

チャレンジすることは、失敗することである。しかし、チャレンジすることで変わることができる。

「Challenge & Change（チャレンジしてチェンジする）」である。

雑草だって、スマートに成功しているわけではない。道ばたで泥臭《どろくさ》く挑戦しているdスガタを見てほしい。

さらに、種子がさまざまな工夫で移動をする理由は、他にもある。それは、親植物からできるだけ離《はな》れるためなのである。

親植物の近くに種子が落ちた場合、最も脅威《きょうい》となる存在は親植物である。親植物が葉を繁《しげ》らせれば、そこは日《ひ》陰《かげ》になり、やっと芽生えた種子は十分に育つことはできない。また、水や養分も親植物に奪《うば》われてしまう。あるいは、親植物から分泌《ぶんぴつ》される化学物質が、小さな芽生えの生育を抑《おさ》えてしまうこともあるだろう。

残念ながら、親植物と子どもの種子とが必要以上に一《いっ》緒《しょ》にいることは、むしろ弊害《へいがい》の方が大きいのだ。そこで植物は、大切な子どもたちを親植物から離れた見知らぬ土地へ旅立たせるのである。まさに「　　」、③植物にとっても大切なのは親離れ、子離れなのである。

（『雑草はなぜそこに生えているのか』稲垣栄洋〈筑摩書房〉より）

(1) ═線部a「膨張」、b「克服」の読み仮名《がな》を平仮名で書きなさい。また、═線部c「ク（らした）」、d「スガタ」を漢字に直して書きなさい。

a〔　　〕　b〔　　〕

c〔　　〕　d〔　　〕

(2) 文章中の　　には、ことわざが入る。当てはまることわざとして適切なものを次から一つ選び、記号で答えなさい。

ア　まかぬ種は生えぬ

イ　かわいい子には旅をさせよ

ウ　待てば海路の日和《ひより》あり

エ　井の中の蛙《かわず》大海を知らず

〔　　〕

(3) ――線部①「ゼリー状の物質」について、この物質の機能を次のようにまとめた。　　Ⅰ・Ⅱに当てはまる言葉を、Ⅰは七字で、Ⅱは八字で文章中から書き抜《ぬ》きなさい。

この物質は、もともとは　Ⅰ　ためのものだが、オオバコが　Ⅱ　ためにも機能している。

Ⅰ〔　　　　　　　〕

Ⅱ〔　　　　　　　　〕

(4) ――線部②「逆境をプラスに変えている」とあるが、これはオオバコの種子の、どういうことを表現したものか。具体的に説明したものとして適切なものを次から一つ選び、記号で答えなさい。

ア 人間の靴《くつ》や自動車のタイヤにくっつくという困難を乗り越《こ》えて、道ばたで生きていくということ。

イ 動物から食べられることを避《さ》けるため、種子にとっての悪い環境《かんきょう》を選んで生育しているということ。

ウ 踏《ふ》まれることで強化される性質を生かすため、踏まれやすい場所に種子を拡散しているということ。

エ 人や車に踏まれるという不運に思われることを利用して、種子を運んでもらっているということ。

〔　　〕

(5) ――線部③「植物にとっても大切なのは親離《おやばな》れ、子離れなのである」とあるが、その理由を次のようにまとめた。□に当てはまる言葉を、十五字以内で書きなさい。

・親植物の近くに種子が存在すると、親植物が□□□□□□□□□□□□□□□から。

ヒント

(2) 直前の文の内容を考え、それに適したことわざを選ぶ。

(3) オオバコの種子が、この「ゼリー状の物質」をどのように利用しているのかを読み取る。

(4) 「逆境」とは、「不運な境遇《きょうぐう》」という意味。オオバコの種子にとって、どういうことが「不運」だと述べられているのかに注意し、その「マイナス」をどのように「プラス」にしているのかを読み取る。

2 次の文章を読んで、あとの問いに答えなさい。

〔小学三年生のハァちゃんたちは、ある日、小学校の運動場の東側の堀《ほり》で、洞窟《どうくつ》のようになっている場所を見つけた。ハァちゃんたちは、そこを新しい秘密基地にして遊ぶことにした。ところが、全校生の朝礼で、校長先生から「堀端《ほりばた》で四年生くらいの子が遊んでおり驚《おどろ》いた。危険なので、そこで遊ばないように」と厳しく注意されてしまった。〕

その日の授業の終《お》わりの会に、高《こう》先生は怖《こわ》い顔をして教室に入ってくるなり、「今日校長先生が朝礼で言われた危険なことをしている者が、この学級にいると先生は思う」と強い調子で言われた。その時、先生とたぁちゃん注1の目がチカッと合ったのをハァちゃんは見逃《みのが》さなかった。「たぁちゃんが言いやがったな」と思うや否《いな》や、ハァちゃんは立ち上がっていた。

「それは僕《ぼく》です」とハァちゃんが言うと周《しゅう》ちゃんがすぐに立ち、仲間がつぎつぎと立った。

「よし、皆俺《みなおれ》について来い。俺も一緒《いっしょ》に校長先生にあやまりに行く」

高先生が「俺」などと言われるのは、はじめてだ。「他の者は帰っていいぞ」と先生は言われ、ハァちゃんたちは校長室に行くことになった。職員室に行くのも大変とa思ってbいるのに、子どもたちは校長室など行くのははじめてだし、カンカンに緊張《きんちょう》した。それは高先生も同様で、校長室に入ったときは顔は青くなり、

「こ、こ、校長先生」

と言ったものの言葉が続かない。こんなときはハァち

ゃんはやたらに腹がすわってくる。

「三年忠組の城山《しろやま》です。あの場所を秘密基地にして遊ぼうと言ったのは僕です」

　としっかりした声で言った。

「あっ、あの[注2]鉄屑《てつくず》集めの城山君か」

　と校長先生は覚えておられた。しばらく沈黙《ちんもく》の後で、

「秘密基地……か」

　と校長先生が言われ、その目は細くなって、遠くの山でも見ているような感じになった。

「校長先生も君たちの年の頃《ころ》、秘密基地がものすごう好きになってな……」

「とうとう裏山の木の上に、竹の棒を縄《なわ》でくくったりして小屋をつくり、そこを自分の秘密基地にしたんだよ。眺《なが》めはいいし、誰《だれ》にも秘密だし……」

　ハァちゃんたちは校長先生の話につられて身を乗り出して聴《き》いた。

「ところが、うっかり床《ゆか》を踏《ふ》みはずし、そこから落ちて背中をしたたか打って、うーんとうなって動けなくなった」

「ほんで、校長先生大丈夫《だいじょうぶ》やったんですか」と周ちゃんが思わず合《あい》の手をいれる。

「いや、もうあかんかと思うくらいやったけど、折《お》りよく近所の人が通りかかり助けられたんだよ」

　ここまで言って校長先生は子どもたちの顔を一人ひとり①優しい目で見て、

「なっ。秘密基地は面白いけどな、やっぱり危険ということを考えなあかん。実は校長先生は昨日の夕方、あそこへ行ってみたよ。確かにあれは最高の秘密基地や。それでも危なすぎる。堀に落ちて泳げへんだら溺《おぼ》れて死んでしまう。あれはやっぱりやめなさい」

　子どもたちは何と言っていいのかわからない興奮を感じていた。一同ペコリと頭を下げ、

「わかりました。あの秘密基地はやめます」と心から校長先生に約束した。皆で部屋を出ようとすると、校長先生が言われた。

「高先生、先生は素晴らしい子どもたちの担任でいいですね」

「ははっ」

　と高先生も嬉《うれ》しそうに答えられたが、②さっきまで青かった顔が今度はまっかになっている。

「お前らよかったな。先生はお前らと一緒に校長室の横の廊下《ろうか》に立たされるんちゃうかと思っとったよ」

　高先生を先頭に教室に帰ると、まったく思いがけないことに、クラスの全員が心配して待っていてくれて、

「城山君ら無事帰ってきた。バンザイ！」

　と皆がバンザイをしてくれた。たぁちゃんだけは仏頂面をしていたが、クラスの同級生がこんな気持《きもち》で待っていてくれたのには、ハァちゃんはぐう～と胸があつくなって③涙《なみだ》がこみあげてきた。

　ハァちゃんは校長室に行く途中《とちゅう》、深く反省していた。秘密基地はよいとしても、自分たち少数の仲間だけが勝手なことをし、そのために高先生にまで迷惑《めいわく》をかけるこ

とになった。それで、おそらく、クラスの連中は、ハァちゃんたちが校長先生に怒《おこ》られるのを、「いい気味だ」くらいに思っているだろうと想像していた。ところがそれはまったく違《ちが》ったのだ。「こんな僕《ぼく》を皆《みな》が大事に思って待っていてくれた」。ハァちゃんの涙《なみだ》はなかなかとまらなかった。

（『泣き虫ハァちゃん』河合隼雄〈新潮社〉より）

注1　たぁちゃん…秘密基地ごっこで敵がいないと面白くないということで、ハァちゃんたちから偵察《ていさつ》する相手にされた吉川《よしかわ》君のこと。

注2　鉄屑《てつくず》集めの城山《しろやま》君…以前、ハァちゃんは学校や家の周りで鉄屑をたくさん集めて、先生たちに褒《ほ》められたことがあった。

(1)　＝＝線部a「思って」とb「いる」の文節と文節の関係として適切なものを次から一つ選び、記号で答えなさい。

ア　主・述の関係　　イ　修飾《しゅうしょく》・被《ひ》修飾の関係

ウ　補助の関係　　エ　並立の関係　　〔　　〕

(2)　――線部①「優しい目で見て」について、このときの校長先生の様子を次のようにまとめた。［Ⅰ］・Ⅱに当てはまる言葉を、どちらも七字で文章中から書き抜《ぬ》きなさい。

> 自分自身の経験と子どもたちの思いを重ねながら、堀端《ほりばた》のあの場所が［Ⅰ］であると認めながらも、［Ⅱ］を考えるように諭《さと》そうとしている。

Ⅰ［　　　　　　　］　Ⅱ［　　　　　　　］

(3)　――線部②「さっきまで青かった顔が今度はまっかになっている」とあるが、この表情の変化から読み取れる高《こう》先生の気持ちを説明したものとして適切なものを次から一つ選び、記号で答えなさい。

ア　子どもたちの代わりにあやまろうと意気込《いきご》んでいたのに、校長先生が思いのほか優しく対応したために、立場がなくなり困っている。

イ　子どもたちとともに校長先生にあやまるため緊張《きんちょう》していたが、かえって子どもたちが褒《ほ》められて、照れながらもうれしく感じている。

ウ　子どもたちに厳しく接しようとしていたが、子どもたちがすんなりあやまったために、どう接していいかわからず、とまどっている。

エ　校長先生にあやまらなければならないため緊張していたが、子どもたちを正しく指導していることを評価されて、喜んでいる。　〔　　〕

思考　(4)　――線部③「涙がこみあげてきた」について、このときのハァちゃんの気持ちを次のようにまとめた。［　］に当てはまる言葉を、三十字以内で書きなさい。

> 校長室に呼ばれたのは、自分たちが勝手なことをしたからなのに、そんな自分たちを［　　］ことがわかって、うれしかった。

ヒント

(1)　＝＝線部b「いる」が「存在する」という意味ではないことに注意。

(4)　――線部③の前後の出来事や様子から、ハァちゃんの気持ちを表す言葉をとらえる。

3 次の文章を読んで、あとの問いに答えなさい。

相模守時頼《さがみのかみときより》の母は、松下禅尼《まつしたのぜんに》とぞ申しける。守《かみ》を入れ《招待》申さるる《なさる》事ありけるに、すすけたる《すすけている》明《あか》り障子のやぶればかりを、禅尼手づから《自分の手で》、小刀《こがたな》して切りまはしつつ張られければ、兄《せうと》の城介義景《じやうのすけよしかげ》、その日のけいめいして《世話役を勧めて》候《さうら》ひける《控えていた》が、「給はりて《こちらにいただいて》、なにがし男《をのこ》に張らせ候はん《張らせましょう》。①さやうの事に②心得たる者に候ふ」と申されければ、「その男、尼が細工に③よもまさり侍《はべ》らじ」とて、なほ《やはり》一間《ひとま》づつ張られけるを、義景、「皆《みな》を張りかへ候はんは、はるかにたやすく候ふべし《ずっと簡単でございましょう》。④まだらに候ふも見苦しくや」とかさねて申されければ、「尼も、後はさはさはと《さっぱりと全部》張りかへんと思へども、今日《けふ》ばかりは、⑤わざとかくてあるべきなり。物は破れたる所ばかりを修理《しゆり》して用ゐる事ぞと、若き人に見ならはせて、心づけんためなり」と申されける、いとありがたかりけり《めったにないすばらしいことであった》。

（『徒然草』より）

(1) ――線部①「さやうの事」を現代仮名遣《かなづか》いに直し、すべて平仮名で書きなさい。〔　〕

(2) ――線部②「心得たる」は、「精通している」という意味だが、何に精通しているのか。次の文の□に当てはまる言葉を、十字以内で書きなさい。

・□ようなこと。

(3) ――線部③「よもまさり侍らじ」は「まさかまさっていることはございますまい」という意味だが、禅尼がこの言葉で伝えていることとして適切なものを次から一つ選び、記号で答えなさい。

ア その男の手仕事のほうが自分よりすぐれているに違《ちが》いないということ。

イ その男の手仕事より自分のほうがすぐれているに違いないということ。

ウ その男が自分の手仕事を代わってくれるとはとても思えないということ。

エ その男に自分の手仕事を代わるように依頼《いらい》した覚えはないということ。〔　〕

(4) ――線部④「まだらに候ふも見苦しくや」とあるが、これは禅尼のどういう行動について述べたものか。それにあたる禅尼の行動を表す部分を、文章中から十字以内で書き抜《ぬ》きなさい。

思考

(5) ――線部⑤「わざとかくてあるべきなり」について、その理由を次のようにまとめた。□Ⅰ・Ⅱに当てはまる言葉を、Ⅰは五字で文章中から書き抜き、Ⅱは十字以内で考えて書きなさい。

> 禅尼は、わざと□Ⅰだけを修理して、若い人に□Ⅱことを心がけさせたかったから。

Ⅰ

Ⅱ

ヒント

(2) ――線部②の直前に指示語を含《ふく》む部分があることに注意。

(4) ――線部④を含む城介義景の会話文のあとに、「かさねて申されければ」とあることに注意する。

や

ら

わ

を

は

ま

た

な

さ

さくいん

さくいん

カバーイラスト・マンガ	いつか
ブックデザイン	next door design（相京厚史，大岡喜直） 株式会社エデュデザイン
本文イラスト	加納徳博，イトウソノコ，中村頼子
写真	出典は写真そばに記載。　無印：株式会社学研プラス
編集協力	坪井俊弘，（有）育文社，鈴木瑞穂，岡崎祐二，中川久史，遠藤理恵
マンガシナリオ協力	株式会社シナリオテクノロジー ミカガミ
データ作成	株式会社 明昌堂 データ管理コード：24-2031-1435（CC2020）
製作	ニューコース製作委員会 （伊藤なつみ，宮崎純，阿部武志，石河真由子，小出貴也，野中綾乃，大野康平，澤田未来，中村円佳，渡辺純秀，相原沙弥，佐藤史弥，田中丸由季，中西亮太，髙橋桃子，松田こずえ，山下順子，山本希海，遠藤愛，松田勝利，小野優美，近藤想，中山敏治）

学研ニューコース　中学国語

学研の書籍・雑誌についての新刊情報・詳細情報は，下記をご覧ください。
［学研出版サイト］https://hon.gakken.jp/

この本は下記のように環境に配慮して製作しました。
●製版フィルムを使用しない CTP 方式で印刷しました。
●環境に配慮して作られた紙を使っています。

【学研ニューコース】

中学国語

［別冊］

解答と解説

Gakken

【学研ニューコース】

中学国語

［別冊］

解答と解説

Gakken

文法編

1章 文法の基礎

【1節】文法の基礎 37ページ

1 (1) 明日|は/きっと/雨|に/なる|と/思っ|た。
(2) この/時計|は/もう/動く/こと|は/ない。
(3) 弟|と/妹|が/近く|の/公園|で/遊ん|で/いる。
(4) とても/すてきな/作品|に/仕上がる|と/思う。
(5) 君|は/次|の/日|に|も/同じ/こと|を/繰り返す|よ。
(6) なかなか/手帳|が/見つから|ない|ので/困る。

2 (1) エ (2) カ (3) オ (4) ア (5) イ (6) ウ

3 (1) コーヒーか・ジュースを〈順不同〉
(2) 強くて・美しい〈順不同〉

4 (1) イ (2) ア (3) イ

5 (1) ①主語 ②修飾語 ③述語
(2) ①接続部 ②主部 ③述語

解説

1 まずは文節に区切る。次に文節を、それだけで意味がわかる単語と、それだけでは意味がわからない単語に分ける。(1)「なると」という文節は、それだけで意味がわかる「なる」と、意味がわからない「と」という単語に分けられる。(5)「日にも」の「にも」は、「に」と「も」の二単語に分ける。

2 (2)「みる」は、直前の文節「話して」に補助的な意味を添《そ》えている。(6)「だから」は、前後の文をつないでいる。

3 (1)「コーヒーかジュースを」、(2)「強くて美しい」で修飾部《しゅうしょく》になっている。

4 補助的な意味を添える文節は、「〜て(で)」の形に続くことが多い。(1)イの「ある」は、「置いて」という文節に、その動作がすでに準備されているという、補助的な意味を添えている。

5 (2)「体調が/悪いので」、「私の/妹は」は、二つの文節からなる連文節なので、文の成分は「〜部」となる。

【2節】単語の分類 43ページ

1 (1) B (2) A (3) B (4) A (5) B (6) A

2 (1) 明るい/部屋|で/本|を/読み|ます。
(2) 将来|の/こと|を/もっと/深く/考え|たい。

3 (1) B (2) A (3) A (4) A (5) B

4 (1) コ (2) ウ (3) カ (4) ク (5) エ (6) オ (7) ア (8) キ (9) ケ (10) イ

5 (1) A (2) A (3) B (4) B (5) A

解説

1 (1)「こそ」は、文節の頭にはないので付属語。(3)「られる」は、文節の頭にはないので付属語。(6)「やり(やる)」は、文節の頭にあるので自立語。

2 (1)「読みます(読む)」は、活用する自立語の動詞「読み」と活用する付属語の助動詞「ます」に分けられる。

3 活用する単語か活用しない単語かを見分けるには、その単語に「ない」「た」「ば」を付けてみるとよい。(3)「ぴったりだ」は、「ぴったりでない」のように、形を変えて「ない」を続けることができるので、活用する自立語の形容動詞。(4)「ない」は、活用する付属語の助動詞。「ない」が活用する単語かどうかについては、「知らなかった」「知らなければ」のように、「た」「ば」などが続くときに形を変えることから判断できる。

4 品詞は、それぞれの性質と働きを正しく理解しておくようにしよう。

5 (1)「かわいい」は形容詞、(2)「飛ん(飛ぶ)」は動詞、(5)「きれいに」は形容動詞。

定期テスト予想問題 44〜45ページ

1 (1) (文節) 4 (単語) 8
(2) (文節) 6 (単語) 12
(3) (文節) 5 (単語) 8

2 (1) イ (2) ウ (3) エ (4) オ (5) ア

3 (1) 英語と理科が
(2) 練習しています
(3) 多くの人々を乗せた客船が
(4) 父に勧められたので

4 (1) エ (2) オ (3) ウ (4) ア (5) ア (6) イ

5 (1) イ (2) ア (3) ウ

6 (1) 例 優勝することです

(2) 例 インターネットの情報には

(3) 例 十五時からです

7 (1) 6 (2) 10

8 (1) ウ (2) ア (3) コ (4) カ (5) キ

(6) オ (7) ケ (8) エ (9) イ (10) ク

9 (1) B (2) B (3) A (4) A

解説

1 (2)「聞こえて」「きます」で文節に分ける。

2 (5)「私も」は、「私が」に言い換《か》えられるので、主語になっているとわかる。

3 (1)「英語と」と「理科が」は、並立の関係になっている。(2)「練習して」と「います」は、補助の関係になっている。

4 (3)「外出は」は、「外出が」に言い換えられないので、主語ではないことに注意。(5)「私だけ」は、「私が」に言い換えられるので、主語。

5 (1)「雲が―切れ」「光が―差す」という主語・述語の組み合わせが対等に存在する文。(3)「私が―提案した」という主語・述語の組み合わせが「意見に」を修飾《しゅうしょく》し、その連文節が「全員が―賛成した」という主語・述語の組み合わせの、述語に係る修飾部になっている文。

6 (1)「目標は」(3)「時間は」という主語に対応する言い方になるように書き直す。

7 自立語は一文節に必ず一つだけ含《ふく》まれるので、文節の数がその文に含まれる自立語の数になる。

9 (2)「輝《かがや》き」は、「輝く」という用言(動詞)から転成した体言(名詞)。用言が活用した形ではないので注意。

2章 自立語

【1節】活用する自立語 61ページ

1 (1) B (2) C (3) A (4) B (5) A

(6) C (7) C (8) A (9) B

2 (1) ア (2) ア (3) イ

3 (1) イ (2) オ (3) ア (4) ウ (5) イ

(6) エ (7) オ

4 (1) イ (2) カ (3) オ

(4) ア (5) エ (6) ウ

解説

1 (3)言い切りの形が「行く」とウ段の音で終わるので、動詞。(4)言い切りの形が「甘《あま》い」と「い」で終わるので、形容詞。(6)言い切りの形が「冷静だ」と「だ」で終わるので、形容動詞。

2 (1)アの「おく」は、「考えて」という文節に、「あらかじめ〜する」という、補助的な意味を添《そ》えている。(2)アの「みる」は、「聞いて」という文節に、「試しに〜する」という、補助的な意味を添えている。(3)イの「ほしい」は、「教えて」という文節に、「〜してもらいたい」という、補助的な意味を添えている。

3 「ない」を付けたとき、(1)「できる」(5)「過ぎる」は、「できない」「過ぎない」と、直前の音がイ段の音になるので、上一段活用。(3)「振《ふ》り返る」は、「振り返らない」と、ア段の音になるので、五段活用。(4)「得る」は、「えない」と、エ段の音になるので、下一段活用。

4 (3)「暑けれ(ば)」は、「ば」に続いているので、仮定形。(4)「集まら(ない)」は、「ない」に続いているので、未然形。(5)「帰る」は、「ので」に続いているので、連体形。

【2節】活用しない自立語 76ページ

1 (1) イ (2) ア (3) エ (4) ウ (5) オ

2 (1) イ (2) エ (3) ア (4) ウ

3 (1) ア (2) イ

4 (1) イ (2) ア (3) エ (4) オ (5) ウ

5 (1) ア (2) イ

解説

1 (5)「(行った)こと」は、本来の「物事」という意味が薄《うす》れて、補助的・形式的に用いられている形式名詞。「行った」という連体修飾《しゅうしょく》語が前にあることに注目する。

2 副詞の種類のうち、呼応の副詞については、下に続く決まった言い方と、表される意味を覚えておこう。

3 (1)連体詞「ある」と動詞「ある」の識別は、「存在する」に言い換《か》えられるかどうかが基本だが、補助動詞の場合には、「存在する」には言い換えられないので、注意する。

(2)ア「いろいろな」は、言い切りの形が

「いろいろだ」になる形容動詞。イ「いろんな」は、「～だ」という言い切りの形にはできないので、活用しない単語である連体詞。

4 (1)「釣《つ》りに行った」という前の事柄《ことがら》から予想されることとは逆の結果である、「一匹《びき》も釣れなかった」という内容が続くことを表している。(2)「弟は、とても練習熱心だ」という前の事柄が原因・理由となり、その順当な結果である、「上達が早いのだ」という内容が続くことを表している。

5 (1)**イ**「そう」は、「こそあど言葉」の一つで、物事を指し示す働きをしている副詞。(2)**ア**「あれ」も「こそあど言葉」の一つで、指示代名詞（名詞）。

定期テスト予想問題 78～79ページ

1 (1)**（活用の種類）オ（活用形）カ**
(2)**（活用の種類）ア（活用形）コ**
(3)**（活用の種類）エ（活用形）キ**
(4)**（活用の種類）イ（活用形）ク**
(5)**（活用の種類）オ（活用形）ケ**
(6)**（活用の種類）ウ（活用形）サ**

2 (1)**増やす** (2)**出す** (3)**流す**
(4)**消す**

3 (1)**帰れる** (2)**乗れる** (3)**もらえる**
(4)**泳げる**

4 (1)**強けれ・仮定（形）**
(2)**厚い・連体（形）**
(3)**うれしかっ・連用（形）**

5 (1)**にぎやかだっ・連用（形）**
(2)**親切な・連体（形）**
(3)**便利だろ・未然（形）**

6 (1)**ウ** (2)**ア** (3)**イ** (4)**イ**

7 (1)**ア** (2)**ウ** (3)**イ**

8 (1)**（接続詞）ウ（種類）カ**
(2)**（接続詞）ア（種類）エ**
(3)**（接続詞）イ（種類）オ**

9 (1)**ウ** (2)**カ** (3)**ク** (4)**エ**
(5)**オ** (6)**ア** (7)**キ** (8)**イ**

解説

1 (5)「達成する」は、「～する」の形のサ行変格活用の複合動詞。

2 自動詞を他動詞にするには、「何を」を表す修飾語《しゅうしょく》に続けられるように言い換《か》えてみるとよい。

3 可能動詞は、下一段活用の動詞なので、「エ段＋る」の活用語尾《ごび》になるように言い換える。

4 (2)「本」という体言を含《ふく》む文節が続くので連体形。形容詞の終止形と連体形は活用語尾が同じなので注意する。

5 (3)「大きな」は連体詞。形容動詞の連体形と間違《まちが》えないように注意。

6 こそあど言葉の品詞の識別は、文の中での働きに着目する。(1)「この」は連体修飾語なので連体詞、(2)「それ」は主語なので名詞、(3)「ああ」、(4)「どう」は連用修飾語なので副詞。

7 (3)「あたかも」は、「ようだ」などと呼応してたとえの意味を表す副詞。

9 (2)「来《きた》る」は、カ行変格活用の動詞「来る」と間違えないように注意。

3章 付属語

【1節】助詞 92ページ

1 **ア・ウ・エ・オ・コ・シ**

2 (1)**ウ** (2)**ウ** (3)**イ** (4)**ウ**

3 (1)**ウ** (2)**イ** (3)**ア**

4 **イ**

5 (1)**エ** (2)**ウ** (3)**ア** (4)**イ**

解説

1 格助詞は主に体言（名詞）に付き、「を・に・が・と・より・で・から・の・へ・や」の十単語に限られる。**ク**の「は」は副助詞。

2 (1)**ア**は原因、**イ**は起点を表す格助詞。(2)**ア**は格助詞、**イ**は接続詞の一部。(3)**ア・ウ**の「ので」は体言代用の格助詞「の」＋格助詞「で」（手段）の組み立て。「新鮮《しんせん》なので」「安いもので」の意味。(4)活用語に付いているのは**ウ**。**イ**は引用を示す格助詞。

3 (2)学んだものの例として、「数学、英語」を挙げている。(3)「好きだから」という理由を、「こそ」を付けて強調している。

4 例文は、「類推」の意味の副助詞。「大人でも常識がないのだから、まして子供は～」と類推させる。同じ副助詞は**イ**「動物でも」。**ア**「自転車でも」は格助詞「で」（手段）＋副助詞「も」で、「も」を省いても意味が通じる。**ウ**「頼《たの》んでも」は逆接の接続助詞「ても」が濁音化《だくおん》したもの。

5 (2)「諦《あきら》めることができようか、いやできない」という意味を表している。

【2節】助動詞　111ページ

1 (1)ウ (2)セ (3)オ (4)シ (5)ア (6)カ (7)イ (8)ソ (9)ク (10)チ (11)キ (12)エ (13)サ (14)コ (15)ケ (16)タ (17)ス
2 (1)イ (2)ア (3)イ (4)ア (5)ア
3 イ
4 (1)仮定形 (2)連用形 (3)未然形 (4)命令形

解説

1 (1)「誕生日だ」と断定している。(3)「た」の四つの意味のうち、「ちょうど〜終了《しゅうりょう》した」という完了《かんりょう》。(4)形容動詞「健康だ」の語幹「健康」に付いた「そうだ」は推定・様態。(5)他の人の希望を表す「たがる」。(6)・(9)・(14)「れる・られる」の四つの意味を見分ける。(10)「〜まいと決めた」のだから、否定の意志。(12)「ませ」は「ます」の未然形。「ん」は否定の助動詞。(13)助動詞「られる」の終止形に付いた「そうだ」だから、伝聞。(17)主語が省略されているが、「AがBに〜させる」という使役。

2 「どうやら」を補えれば推定、「まるで」を補えれば比喩《ひゆ》（たとえ）。

3 アは体言「スポーツ」に付いているので、断定の「だ」。ウは形容動詞「静かだ」の一部。イが「遊ぶ」の連用形「遊び」の撥音便《はつおん》「遊ん」に付いた、濁音化《だくおん》した「た」である。

4 (2)助動詞「た」は用言などの連用形に付くので、「でし」は連用形。(3)助動詞「う」は動詞や一部の助動詞の未然形に付くので、「でしょ」は未然形。

定期テスト予想問題　114〜115ページ

1 (1)の・に・て (2)で・な・よ (3)は・で・て・の・か
2 (1)ウ (2)ア (3)エ (4)イ
3 ウ
4 エ
5 ウ
6 エ
7 (1)たい (2)た・で (3)なら
8 (1)カ (2)エ (3)キ (4)ア (5)イ (6)オ (7)ウ
9 (1)イ (2)ウ (3)エ (4)ア
10 (1)イ (2)ア (3)ウ (4)ア
11 (1)ウ (2)ア
12 (1)連体形 (2)仮定形 (3)連用形

解説

1 (1)「の・に」は格助詞、「て」は接続助詞。(2)「で」は格助詞、「な・よ」は終助詞。(3)「は」は副助詞、「で・の」は格助詞、「て」は接続助詞、「か」は終助詞。

2 (1)「私のものだ」と言い換《か》えられる。(2)「紅茶がおいしい」と言い換えられる。(4)体言を含《ふく》む文節「光を」を修飾《しゅうしょく》している。

3 アは助動詞「だ」に、イは形容詞「悲しい」に付いた、理由を表す接続助詞。エは接続詞「だから」の一部。ウは名詞「二学期」に起点を表す格助詞が付いている。

4 アは格助詞、イは一単語の接続詞「が」、ウは接続詞「ところが」の一部、エが、形容詞「つらい」に付いた逆接の接続助詞。

5 ア・イ・エは「だけ」という限定を表すが、ウだけ「〜ほど」という程度を表す。

6 例文とエの「と」は接続助詞。アは副詞「のんびりと」の一部。イは比較《ひかく》を表す格助詞。ウは引用を表す格助詞。

7 (1)「たい」は自分の希望を表す。(2)「た」は存続の助動詞、「で」は断定の助動詞「だ」の連用形。この「で」は要注意。(3)「なら」は断定の助動詞「だ」の仮定形。

8 文法上、カ「推定」はある程度根拠《こんきょ》がある場合、ア「推量」は根拠が薄《うす》い場合の推《お》し量り方をいう。

9 過去を表す「た」の濁音化した「だ」。(1)と(4)はその例。(2)は「他のものから〜される」（受け身）、「〜することができる」（可能）、「自然に〜する」（自発）、「〜なさる・お〜になる」（尊敬）という言い換えで判断しよう。

10 (1)形容詞「やるせない」の一部。(3)「読めぬ」と言い換えられるので、助動詞。(4)「正しくは／ない」と二文節に分けられるので、形容詞（補助形容詞）。

11 (1)問題文は、ずっと切り立っているという存続を表す「た」。意味が同じものはウ。(2)問題文は、活用語である形容詞「多い」の終止形に付いた「そうだ」なので伝聞。同じく活用語である動詞の終止形に付いているのは、ア「降るそうだ」。

12 (1)「人」という体言に続いているので、「たがる」の「連体形」。(2)接続助詞「ば」は活用語の仮定形に付いていろいろな意味であとにつなぐ。(3)否定の「ぬ」の連用形「ず」を、文を途中《とちゅう》で止める連用中止法で用いている。

漢字・言葉編

1章 漢字

【1節】漢字の知識 135ページ

1 (1)ウ (2)エ (3)ア (4)イ

2 (1)①エ ②7 (2)①イ ②14 (3)①ア ②14 (4)①キ ②5 (5)①ウ ②8 (6)①カ ②8 (7)①オ ②10

3 (1)粗い (2)乾く (3)希薄 (4)輩出

4 (1)エ (2)ウ (3)ア (4)イ

5 (1)ア (2)エ (3)ウ (4)イ

6 (1)珍しい (2)朗らかだ

解説

2 (1)はへん、(2)はあし、(3)はつくり、(4)はかまえ、(5)はたれ、(6)はかんむり、(7)はにょう。

3 (1)「性質や動きが激しい」という意味の「荒《あら》い」と、(2)「水分や愛情などをほしがる」という意味の「渇《かわ》く」と使い分ける。

4 (1)「齢《れい》を加える」、(2)「濃《こ》い霧《きり》」のように、可能な場合は言葉を補って文の形で読んで確かめるとよい。

5 (1)は「チョウレイ（音＋音）」、(2)は「あさバン（訓＋音）」、(3)は「あさひ（訓＋訓）」、(4)は「バンめし（音＋訓）」。

6 (1)語幹が「し」で終わる形容詞は「し」から送る。(2)活用語尾《ごび》の前に「か・やか・らか」を含《ふく》む形容動詞はその部分から送る。

定期テスト予想問題 136～137ページ

1 (1)①ウ ②D (2)①オ ②A (3)①イ ②B

2 (1)オ (2)エ (3)イ (4)ア (5)キ

3 (1)①3 ②9 (2)①3 ②4 (3)①5 ②6

4 (1)①メン ②わた (2)①ゆめ ②ム (3)①サ ②すな

5 (1)ウ (2)ア (3)イ (4)イ

6 (1)ウ (2)ア (3)カ (4)イ (5)オ (6)エ

7 (1)不 (2)未 (3)非 (4)無 (5)化 (6)性 (7)的

8 (1)ア (2)イ (3)イ (4)ア (5)ア (6)イ

9 (1)①コンニチ ②きょう (2)①コウヨウ ②もみじ (3)①ニジュウ ②はたち

10 ア・煩わしい　エ・厳かな〈順不同〉

解説

2 位置によって部首の形が変わることに注目。(1)「快」は「忄」、「慕」は「⺗」、「忠」は「心」。(2)「衰」「裁」は「衣」、「裸」は「衤」。(3)「漁」は「氵」、「泰」は「氺」、「永」は「水」。(4)「犯」は「犭」、「状」「献」は「犬」。(5)「肖」「肯」は「月」、「胸」は「⺼」。

5 (1)ア「絶える」は「途切《とぎ》れる・途絶える」、イ「耐《た》える」は「我慢《がまん》する・持ちこたえる」。(2)イ「履《は》く」は「履物《はきもの》を足に付ける」、ウ「掃《は》く」は「ごみなどを取り除く」。(3)ア「解雇《かいこ》」は「雇《やと》っていた人を辞めさせること」、ウ「懐古《かいこ》」は「昔のことをなつかしく思い起こすこと」。(4)ア「奇《き》跡《せき》」は「不思議な出来事」、ウ「鬼《き》籍《せき》」は「鬼籍に入る」で「死ぬこと」。

6 (1)は上の漢字が下の漢字を修飾《しゅうしょく》する構成。(2)は意味が反対や対になる漢字を重ねた構成。(3)は下の漢字が上の漢字の動作の目的や対象になる構成。(4)は上の漢字が主語で下の漢字が述語になる構成。(5)は意味が似た漢字を重ねた構成。(6)は同じ漢字を重ねた構成。

10 ア「煩《わずら》わしい」、エ「厳《おごそ》かな」は、原則外の送り仮名《がな》の付け方であることに注意。

2章 言葉

【1節】語句の知識 151ページ

1 (1)3 (2)5 (3)4 (4)5

2 (1)イ・ウ (2)ア・エ〈各順不同〉

3 (1)例 とても・非常に (2)例 着いてしまった (3)待っていた

4 (1)ア (2)ウ (3)イ (4)オ (5)エ (6)カ

5 (1)ウ (2)ク (3)エ (4)ア (5)サ (6)オ

6 (1)イ (2)カ (3)オ

解説

1 (2)「信（しん）」、(3)・(4)の「院（いん）」のような撥音《はつおん》や、(2)「号（ごう）」のような長音は一文字で一音節。(3)「病（びょう）」のような拗音《ようおん》は、二文字で一音節。

4 (1)「真昼（まひる）」は訓読みなので和語。(3)「夜食（ヤショク）」、(4)「海鮮（カイセン）」は音読みなので漢語。(5)「胃袋（イぶくろ）」は音＋訓なので、漢語と和語が組み合わさった混種語。

5 一つの言葉に、類義語・対義語の両方があることもある。(1)「長所」の対義語は**ケ**「短所」、(2)「重宝」の対義語は**イ**「不便」、(4)「許可」の類義語は**キ**「許容」、(5)「賛成」の類義語は**カ**「同意」、(6)「節約」の類義語は**シ**「倹約《けんやく》」。また、(3)「日常」の対義語は否定の接頭語を付けた「非日常」。

6 (1)「虎《とら》の子」は慣用句で「大切にして手放さないお金や品物」、「虎の尾《お》を踏《ふ》む」は故事成語で「きわめて危険なことをすること」の意味。(2)「虫が好かない」は慣用句で「何となく気に入らなくて、嫌《きら》いな様子」、「飛んで火にいる夏の虫」はことわざで「自分からわざわざ危険なことにかかわって、災難を受けること」の意味。(3)「魚心あれば水心」はことわざで「相手が好意を示せば、こちらもそれに応えようとするということ」、「木に縁《よ》りて魚《うお》を求む」は故事成語で「見当違《ちが》いの手段・方法で目標を達成しようとしても不可能であるということ」という意味。

【2節】敬語

163ページ

1 (1) **イ** (2) **ア** (3) **ウ**

2 (1) **ウ** (2) **イ** (3) **ア**

(4) **ウ** (5) **ア** (6) **イ**

3 (1) **①召しあがる ②いただく**
(2) **①ご覧になる ②拝見する**
(3) **①おっしゃる ②申しあげる（申す）**

4 (1) **ウ** (2) **ア** (3) **イ**

5 **ア・エ・オ〈順不同〉**

解説

1 (1)尊敬語は、原則として身内の動作には使わないことに注意。

2 (5)「お〜になる（尊敬語）」と(6)「お〜する（謙譲語《けんじょうご》）」は形が似ているので注意。

3 (3)②「申す」は、「両親がよろしくと申しておりました。」といった限定的な表現で使われる。

4 (1)「御社《おんしゃ》」は「貴社」、(3)「小社」は「弊《へい》社《しゃ》」ともいう。

5 **ア**「私ども」の動作に「ご紹介《しょうかい》になる」という尊敬語を使っているので誤り。**エ**「おっしゃられる」と、尊敬語の「おっしゃる」と尊敬の助動詞「れる」を二重に重ねて使っているので誤り。**オ**「先生」の動作に「差しあげる」という謙譲語を使っているので誤り。

定期テスト予想問題

164〜165ページ

1 **イ・ウ〈順不同〉**

2 ① **イ** ② **ウ** ③ **オ**

3 (1) **ア・ウ** (2) **イ・エ〈各順不同〉**

4 (1) **ハンガー** (2) **スーツ** (3) **レインコート**

5 (1) **速さ** (2) 例 **規則** (3) **チャレンジ**

6 (1) **①諸（知） ②否** (2) **①因 ②結**
(3) **①箇 ②複**

7 (1) **イ** (2) **ウ**

8 (1) **エ** (2) **オ** (3) **ア** (4) **イ** (5) **ウ**

9 (1) **お待ちになって** (2) **ご覧になる**
(3) 例 **ご利用になれません**
(4) 例 **喜んでいらっしゃる**
(5) **申して（申しあげて）**

解説

5 (1)「スピード・速さ」は漢語なら「速度」。(2)「ルール・規則」は和語なら「きまり」。「規則」のほかに、「規律」「規約」「規定」などと答えていても正解とする。(3)「挑戦《ちょうせん》する・チャレンジする」は和語なら「挑《いど》む」。

7 (1)と**イ**は「人としての情が深い」、**ア**は「表と裏との隔《へだ》たりが大きい」、**ウ**は「病気が重い」の意味で、「篤い」とも書く。(2)と**ウ**は「時間の隔たりが小さい」、**ア**は「距離《きょり》の隔たりが小さい」、**イ**は「関係が深い・近しい」の意味。

8 (1)・(4)・(5)はことわざ、(2)は故事成語、(3)は慣用句。

9 (1)相手の動作なので尊敬語「お〜になる」に直す。(2)「ご覧になる」に「れる」を重ねて使わない。(3)「ご〜になる（なれる）」という尊敬語に直す。(4)「お喜びになる」「〜れる」「いらっしゃる」と重ねて使うのは不適切。(5)身内である母の動作に尊敬語は使わない。

読解編

1章 文章の読解

【1節】説明的文章

1 文章の構成 171ページ

1 (1) イ (2) ウ

解説

1 (1)段落の冒頭《ぼうとう》にある接続語なので、前の[1]段落と[2]段落の内容のつながりを考える。[1]段落では「動物が感じられる美しさ」は「ある程度、決まっている」とし、その例として「クジャクの羽」を挙げている。[2]段落では「人間はちがう」とし、人間以外の動物との違《ちが》いを述べているので、逆接の「けれども」が最も適当である。

(2)美的感覚の「境界」を越《こ》えるために必要なのは、[2]段落の終わりにあるように「想像力」である。したがって、この内容に合う説明は、ウであると判断できる。

2 文章の要旨 173ページ

1 (1)・例(誰かの)役に立っていること。
・例(誰かにとって)必要なもの・ことであること。

(2) イ

解説

1 (1)——線部のある文の終わりに「……ということがわかります」とあることに注目し、二つの「 」の部分の内容を、「誰《だれ》かの」「誰かにとって」に続くようにまとめる。まとめた文末を「〜こと。」とすること。

(2)[1]段落の内容を踏《ふ》まえて、[2]段落の働く理由をまとめてある、イが正解。アは[1]段落だけに関係する内容。ウ、エについては、本文には述べられていない。

3 論理の展開の工夫 175ページ

1 (1) 食物を探しに出かけた

(2) ①ア ②例食べるということの愉しさをかなり奪っている(ような気がする)

解説

1 (1)「事例」だから、例として挙げられている事実に注目する。——線部のあとに、人間が地球上に出現したときのことが書かれている。「まっ先」にどうしたのかがわかる部分を抜《ぬ》き出す。

(2)①初めの二文は、現代の食物事情なので「事例」、次の文は、文末が「〜ような気がする。」なので「著者の考え」だとわかる。②終わりの文は、文末が「〜からだ。」なので、理由・根拠《こんきょ》を表している。②①でみたように、三文目が筆者が主張していること(筆者の考え)である。「安易さが」に注目して、それに続く内容を探す。

【2節】文学的文章

1 登場人物の設定 177ページ

1 (1) A 重い病気 B この世の暇乞い

(2) エ

解説

1 (1)空欄《くうらん》の前後の言葉を手がかりに、文章と照らし合わせてみるとよい。初めの空欄には、ルロイ修道士の体の具合を表す言葉が入る。次の空欄には、かつての園児たちに会う目的を表す言葉が入ることをとらえる。

(2)ルロイ修道士が「わたし」に助言していること、「天使園で育った子ども」に会うのが「たのしい」「うれしい」と言っていることから、かつての園児たちへの愛情が伝わってくる。

2 場面の展開と構成 179ページ

1 (1) ①水を両手ですくって、ひとくち飲んだ。 ②まっている〈5字〉 希望〈2字〉

(2) 斜陽は赤い〜だ間がある(。)

解説

1 (1)①問題文の「変化のきっかけ」という言葉に注意する。「やんぬるかな(おしまいだ)」と思っていたのが、「清水」を飲んだことで大きく心情が変化している。②メロスが誰《だれ》のために「いこう」としているのか、メロスの心に何が「生まれた」かを押《お》さえる。二つ目の空欄は、直前の「名誉《めいよ》をまもる」という表現を手がかりにする。
(2)メロスの「義務遂行《すいこう》の希望」を表す情景描写《びょうしゃ》である。「斜陽《しゃよう》」「日没《にちぼつ》までには、まだ間がある」から、夕方近くだとわかる。

3 人物の心情

181ページ

1 (1) A やしき　B おそろしいさわぎ
(2) ありがとう・うれしいよ
(3) ウ

解説

1 (1)「たすけにきたぞうたち」が、どこを「とりまいて」、どのような状況《じょうきょう》になっているのかを考える。二つ目の空欄《くうらん》は、「〜になっている」という言い方が続く言葉であることに注意する。
(2)「ぞう小屋からも声がする。」に注目する。「……安心しろよ。」という仲間のぞうの呼びかけに対して小屋の中から応答し、素直な気持ちを伝えている。
(3)オツベルの「やしき」の外の様子を押《お》さえて、オツベルや百姓《ひゃくしょう》どもがどのような様子なのかを考える。ぞうたちの襲来《しゅうらい》に、どうすることもできずに、混乱しているのである。あとの「そのうち」以降に描《えが》かれた様子も参考にして考えるとよい。

定期テスト予想問題①

182〜183ページ

1 (1) A ウ　B イ
(2) 例 寺院で仏像を観るという行為。
(3) ①経験　②知識・身体・総合的
(4) 例 近代思想が身体とともにある記憶を無視してしまったこと。
(5) 遠い昔・歴史の記憶
(6) 知識だけの記憶
(7) 7

解説

1 (1) A記憶《きおく》が知識として入っているから、「古代のことや江戸《えど》時代のことも知っている」ということ。前後が理由と結果の関係。B前後が、「知識として……知っている」と「それ（知識）がすべてではないだろう」で、逆接の関係。
(2)どうすることによって「眼《め》の記憶」が残されるのかを考える。
(3)①「さわる」、「持ち上げたり背負ったり」するなど、実際に「経験」することで身体に残る記憶である。②筆者は、「記憶」は「知識」として存在するだけではなく、身体の記憶をもとおして残される、「総合的な記憶」であると述べている。
(4)直前の「そのこと」の指示内容をつかむ。
(5)知識だけだと、「受け継《つ》がれてきた」何かが失われるということ。
(6)あとの部分で、「身体の記憶」がなくなった状態を「知識だけの記憶」と述べている。
(7)全体のまとめの段落に注目する。

定期テスト予想問題②

184〜185ページ

1 (1) ウ
(2) ・竹やぶのそ　・みかん畑へ 〈順不同〉
(3) ア
(4) イ
(5) 不安・命さえ助かれば

解説

1 (1)「西日の光」から日暮れの情景とわかる。前後に描《えが》かれた良平《りょうへい》の様子や気持ちを表す言葉に注目する。「帰ることばかり気にしていた」「もう日が暮れる」などから、あせりが感じられる。
(2)後半の良平が家へ帰ろうとして走り続ける場面から探す。「竹やぶの……消えかかっていた。」や「みかん畑へ……暗くなる一方だった。」は、追い込《こ》まれ、せっぱ詰《つ》まった気持ちを表す。
(3)土工たちに、もう帰れと言われて驚《おどろ》く様子である。驚いた理由を、直後の部分に注目して考える。「たったひとり、……」から、良平が土工も一緒《いっしょ》に帰るものと考えていたことがわかる。
(4)「泣きそうになった（不安）」が、「泣いてもしかたがない……泣いている場合ではない」と判断し、行動に移すことを決心して「走りだした」のである。
(5)日没《にちぼつ》が迫《せま》ってあせって走っていた良平は、「けしきのちがうのも不安」になり、羽織《はおり》もぬぎすてて、「命さえ助かれば」いいとまで追い詰められている。

2章 詩歌

【1節】詩

1 詩の形式と表現技法

189ページ

1
(1) 波のうしろをはしる波……
波のまえをはしる波……
(2) イ
(3) エ

解説

1 (1)一・二行目が対句《ついく》になっている。「波の～をはしる波……」という表現が同じであるし、また、「うしろ」と「まえ」が対応している。
(2)「波」が打ち寄せる様子を、「少年たち」が「はしりつづける」と表現していることに注目する。このように、人の動きにたとえる表現方法を、イ「擬人法《ぎじん》」という。
(3)「馬」や「少年」の比喩《ひゆ》、第三連の「若い光の一列」などから、明るさ、生命の力強さが感じられる。

【2節】短歌

1 短歌の形式と表現技法

191ページ

1
(1) ①D ②C
(2) ①B・E ②E ③A
(3) Aエ Bオ Cイ Dア Eウ

解説

1 (1)①Dは「海恋《こひ》《コイ》し」と、初めに感動を表現している。②Cの三句目は「うちょうてんに」で、六音である。
(2)①Bの「ごと」、Eの「ごとく(に)」は「～ように」という比喩《ひゆ》(直喩《ちょくゆ》)を表す。③「一目見ん」「一目みん」の部分が繰《く》り返されていることに注目する。
(3)Aは母の死が迫《せま》っている様子、Bは冬の到来《とうらい》に立ち向かう心情、Cは遠足の行列の楽しそうな様子、Dは父母の家での暮らしをなつかしむ気持ちをうたっている。Eは故郷の北上《きたかみ》川の岸辺を想像して、望郷の思いをうたっている。

【3節】俳句

1 俳句の形式と表現技法

193ページ

1
(1) ①B ②A ③E
(2) ①C ②G ③D
(3) 大根の葉

解説

1 (1)①Bは切れ字「かな」で結んでおり、句切れなし。②Aは切れ字「なり」で、二句切れ。③Eは「中や吾子《あこ》の歯」のように、二句の途中《とちゅう》に切れ字がある。
(2)①Cは「雀《すずめ》」と「吹流《ふきなが》し」のさわやかで動きのある情景。②Gは、山道でふと目に留めた「すみれ草」に心がひかれた句。③Dは蝶《ちょう》の動きと空の青さをうたった句。
(3)「大根の葉」が、川(小川)の中を思いのほか早く流れていく様子に驚《おどろ》いている。

定期テスト予想問題

194～195ページ

1
(1) ウ (2) エ
(3) 岩・(強靭な尾をもった)魚
(4) 精いっぱいな・逆らう

2
(1) D (2) C
(3) ①B ②A

3
(1) すすき・露 (2) けり・かな・や
(3) D
(4) ①B ②A

解説

1 (1)「しぶきをあげ/流れに逆らって」などから、川が勢いよく流れているとわかる。
(2)「逆らって」「憐《あわ》れんだり」「卑《いや》しめたり」は、「岩」や「魚」を人に見立てた擬人《ぎじん》法。
(3)前半の五行から、流れに「逆らって」いるものをとらえる。
(4)感動の対象は「岩」と「魚」。作者がどのようにとらえ、描写《びょうしゃ》しているかをつかむ。

2 (1)D「最上《もがみ》川《がは》《ガワ》の(六音)・いまだうつくしき(八音)」の部分が字余り。
(2)C「銀杏《いちやう》《イチョウ》」を「金色《こんじき》のちひ《イ》さき鳥」にたとえている。結句から倒置《とうち》とわかる。
(3)①B「薔薇《ばら》」と「春雨《はるさめ》」の関係。②A「草」の緑と「色鉛筆《えんぴつ》」の赤の対比である。

3 (1)A「雪」、C「大根」は冬の季語。D「椿《つばき》」、E「たんぽぽ」は春の季語である。
(2)AとDは「けり」、BとCは「かな」、EとFは「や」という切れ字が使われている。
(3)D「赤い椿(六音)」が字余り。
(4)①B「はらりとおもき」と「すすき」の重さが描《えが》かれている。②A病床《びょうしょう》で、外の様子を家の人に尋《たず》ねた様子をうたった句である。

古典編

第1章 古文

【1節】古文の基礎知識 212ページ

1 (1)い (2)わ (3)ようよう (4)い
2 (1)ウ (2)ウ (3)ア
3 (1)なむ (2)ぞ (3)こそ
4 (1)二 (2)三
5 (1)かな (2)や (3)けり
6 (1)季語＝天の河　季節＝秋
(2)季語＝雪とけて　季節＝春

解説

1 (3)「yau→yō」となる。(4)「ゐ・ゑ」は「い・え」になる。「を」は、助詞以外はすべて「お」になる。

2 (2)「ゆかし」の意味は、「見たい」「聞きたい」「知りたい」。

3 各文の文末は、(1)「なむ→ける（助動詞「けり」の連体形）」に、(2)「ぞ→たる（助動詞「たり」の連体形）」に、(3)「こそ→けれ（助動詞「けり」の已然形《いぜんけい》）」の形。

4 (1)二句の終わりが、助動詞「ず」の終止形、(2)三句の終わりが助動詞「けり」の終止形になっている。

5 切れ字は、言い切る働きをする言葉。詠《えい》嘆《たん》（感動）や強調を示す。

6 (1)「天の河（川）」は夏の季語ではない。(2)「雪」は冬の季語だが、「雪とけて」は春の季語。

【2節】古文の読解

1 竹取物語 221ページ

1 (1)ア (2)イ (3)ウ
2 (1)イ (2)イ (3)ア

解説

2 (3)「わろし」は、現代語の「よくない」に相当する。現代語の「悪い」に当たる古語は「悪《あ》し」。

2 枕草子 226ページ

1 (1)ア (2)ウ
2 (1)ウ
3 (1)イ
4 (1)ア (2)イ

解説

2 (1)「うつくし」は、古語と現代語で意味が異なる。

4 (2)「いみじ」は、程度のはなはだしいことを表す。良い場合は「すばらしい」、悪い場合は「ひどい」の意味になる。

3 平家物語 231ページ

1 (1)ア (2)イ (3)ウ (4)ア
2 (1)イ (2)ア (3)ウ (4)ア (5)イ (6)ウ

解説

1 (2)「ただ〜ごとし」は、「まるで〜のようだ」という意味。

2 (4)「浮《う》きぬしづみぬ」は、「浮いたりしずんだり」という意味。

4 徒然草 235ページ

1 (1)ア (2)ウ (3)イ
2 (1)ア (2)イ

解説

1 (2)「いかに」は「どうして」という疑問。

5 万葉集・古今和歌集・新古今和歌集 243ページ

1 (1)イ (2)ウ (3)ア
2 (1)ウ (2)ア (3)イ

解説

2 (1)も(3)も秋の歌。(1)は「風の音」が「聴覚《ちょうかく》に訴《うった》える」と結び付く。(3)は「真木《まき》たつ山」に秋の風情《ふぜい》を感じている。

6 おくのほそ道 247ページ

1 (1)ウ (2)ア
2 (1)ウ (2)ア

解説

1 (2)この句の「雛《ひな》」は「雛人形」のこと。

定期テスト予想問題① 248～249ページ

1
(1) aならん　bとう　cいわく
(2) これやわが求むる山ならむ
(3) ②エ　③ウ
(4) 天人のよそほひしたる女　(5) イ

2
(1) aイ　bア　cウ　dイ
(2) エ　(3) をかし　(4) ウ

解説

1 (1) a「ならむ」は、「む」を「ん」と読む。
(2)「……と思ひて」は、「……と思って」という意味。
(3) ②「おぼえ（て）」は、動詞「おぼゆ」の連用形。現代語の「覚える」と混同しやすいが、「おぼゆ」は「自然に思われる。」の意味。③「何とか申す」の「か」は、疑問を表す係りの助詞。山の名を尋《たず》ねている。
(4) 文章中から「女」についての記述を探す。山の周りを巡《めぐ》って見歩いていると、天人の服装をした女性が出てきたと述べている。

2 (1) b「夏は夜（がすばらしい）。」を受けて、「月が出ている頃《ころ》は言うまでもない」と続けている。
(2)「春はあけぼの。」で始まる春についての部分は、「山ぎは」がだんだん明るくなっていく様子を描《えが》いている。
(3)「をかし」は「風情《ふぜい》がある。趣《おもむき》がある。」という意味。夏のすばらしさについて書かれている部分では、そのすばらしさを、この「をかし」という言葉で表現している。

定期テスト予想問題② 250～251ページ

1
(1) aつがい　bよっぴいて
cいうじょう
(2) ①ウ　②イ
(3) ③かぶら　④扇
(4) 沖には平～めきけり
(5) ひやう　ひいふつ

2
(1) a已然形　b連体形　c連体形
(2) ①ウ　⑤ア
(3) （仁和寺にある）法師
(4) 例石清水を参拝すること。
(5) イ
(6) 神へまゐるこそ本意なれと思ひて（15字）
(7) エ

解説

1 (1) c「いふぢやう」は、「ふ」は「う」と読み、「ぢやう」の「ぢ」は「じ」、「やう」は「yau→yô」で「いうじょう」と読む。
(2) ①「あやまたず」は「誤る」を打ち消した言い方。②「ばかり」は「ほど。ぐらい」の意味。「おいて」は「間隔《かんかく》をあけて」の意味。
(3) ③扇《おうぎ》を射切ったのは、与一《よいち》が放った「かぶら」である。④海へ散ったのは「扇」。
(4)「対句」は、用語・組み立てがともにつり合った二つの句を並べることにより、意味を強め、イメージを豊かにする技法。平《へい》家《け》と源氏《げんじ》を比べて、与一の腕前《うでまえ》のすばらしさを強調している。
(5)「ひやう」は、矢が放たれる音。「ひいふつ」は、矢が風を切り、的に当たった音。擬音《ぎおん》を用いて、与一が扇を射る様子をいきいきと表現している。

2 (1) a「尊くこそおはしけれ」の「こそ」が係りの助詞。結びは已然形《いぜんけい》。b「何事かありけん」の「か」が係りの助詞。結びは連体形。c「……とぞ言ひける」の「ぞ」が係りの助詞。結びは連体形。
(3) この文章は、「仁和寺《にんなじ》にある法師」が石《いわ》清水《しみず》八幡宮《はちまんぐう》に参拝しに行ったが、麓《ふもと》にある付属の寺社だけを参拝して帰ってしまったという話である。
(5) 法師は、石清水八幡宮が山の上にあるとは知らなかったので、ほかの参拝者が山に登っていくことを不思議に思っていたのである。

定期テスト予想問題③ 252～253ページ

1
(1) 多摩川にさらす手作り
(2) イ
(3) 例秋の訪れ〈4字〉
(4) イ
(5) ウ

2
(1) ア
(2) そぞろ神の物につきて心をくるはせ、道祖神のまねきにあひて、取るもの手につかず
(3) イ　(4) 予
(5) （江上の）破屋・住めるかた・庵
（順不動）
(6) 季語……雛　季節……春　(7) ア

1 (1)序詞《じょことば》とは、ある語を導くためにその語の上に修飾的《しゅうしょくてき》な言葉を置く和歌の表現技法のこと。「多摩川《たまがは》にさらす手作り」は、「さらさらに」を導いている。
(2)Bの和歌は、昔どおりの香《かお》りを放っている花と、人の心の変わりやすさの対比。
(3)「風の音」に「秋の訪れ」を感じた。
(4)「少しの間と思って立ち止まったのだが」と「少しの間」という言葉を強調しつつ、長居してしまったことをにおわせている。
(5)「なかりけり」の「けり」は詠嘆《えいたん》の助動詞。「…だったのだなあ。」「…ことであるよ。」という感動。

2 (1)組み立てが似ていて、意味が相対する句を二つ以上並べる言い表し方を対句《ついく》という。
(2)旅に出たくていてもたってもいられない様子を、心を惑《まど》わす「そぞろ神」や道行く人の安全を守る「道祖神」を用いて効果的に表現している。
(3)一つの言葉に二つの意味を持たせる表現技法を掛詞《かけことば》という。「立てる」は、「春が立つ(立春)」と「霞《かすみ》が立《た》ち込《こ》める」の二つの意味を表す。

2章 漢文

【1節】漢文・漢詩の基礎知識　260ページ

1 (1)ウ　(2)ア
2 (1)[4]レ[3]レ[2]レ[1]。
(2)[5]二[2]レ[1][4]㆑[3]。
(3)[6]下[1][4]二[2][3]一[5]上、
3 思フ二故郷ヲ一。
4 山は青くして花は然えんと欲す。
5 (1)エ　(2)イ　(3)ウ　(4)ア
6 ウ
7 (1)五言絶句　(2)承・転・結　(3)鳥・少〈順不同〉

解説
1 漢文を訓読するための過程を理解する。
(1)中国《ちゅうごく》の古典であるもとの漢文は、漢字だけで書かれている。それを「白文」とよんでいる。
(2)漢文を日本語の文として読むために、白文に句読点、送り仮名《がな》、返り点という「訓点」を補う。そして、その訓点にしたがって、日本語の文として書き改めたものが「書き下し文」である。
2 (1)レ点が連続している場合には、下から順に返って読む。
(2)一点とレ点が合わさった㆑点は、まず、㆑点が付いている文字の下から上に一字返って読み、そのあとで二点が付いている文字に返って読む。
(3)上・下点の付いている文は、まず、上・下点で挟《はさ》まれている部分を返り点にしたがって読み、そのあとで上、下の順に読む。
5 漢詩の形式における句の数は、絶句が四句で律詩が八句。「律詩は絶句の倍」と覚えておけばよい。
7 (2)絶句における構成は、第一句が「起」、第二句が「承」、第三句が「転」、第四句が「結」にあたる。
(3)絶句における押韻《おういん》は、原則としては、二・四句の句末に施される。

【2節】漢文・漢詩の読解　263ページ

1 故事成語

1 (1)ア　(2)ウ　(3)イ
2 (1)いまだけっせず　(2)例「敲」の字がよい。　(3)例詩や文章の語句を、何度も練り直すこと。

解説
1 (1)「子」は、いろいろな意味をもつ語句だが、この文の場合には、成人男子に対する敬称《けいしょう》である「あなた」として用いられている。
(2)「何如」は、事実・様子・状態などを問う疑問を表す語句。「いかん」と読み、「どうなるか」「どうであるか」などと現代語訳する。
2 (2)「推」と「敲」とどちらがよいかと尋《たず》ねたことに対する返答である。

2 漢詩

267ページ

1 (1) 例 夜が明けたことに気がつかない
(2) 聞二ク啼鳥一ヲ

2 (1) ア (2) イ

3 (1) 七言絶句
(2) ① イ ② ウ

解説

1 (1)「春眠不覚暁」の句は、春の眠《ねむ》りの深さを表し、この詩全体の情景をうたい起こしている。

2 (1)「江」と「山」、「鳥」と「花」、「逾白」と「欲然」が対応している。
(2)「何日是帰年」の句は、「いつになれば故郷に帰れる日が来るのだろうか」と、故郷に帰ることができない作者の悲しみを表している。

3 (2) ②「辞ス」は、「挨拶《あいさつ》を述べて去る」という意味。ここでは、「故人（＝古くからの友人）」が黄鶴楼《こうかくろう》に別れを告げて立ち去ることを表している。

3 論語

271ページ

1 (1) ウ (2) ウ

2 (1) 例 過去の学説など
(2) 以て師たるべし。

3 (1) ア (2) 而

4 (1) 例 そのことが好きな人にはおよばない
(2) 不レ如二カ楽レシム之ヲ者一ニ

解説

1 (1)『論語《ろんご》』の「子曰《い》はく」という書き出しは、「先生がおっしゃるには」という意味である。弟子たちによる、孔子《こうし》の言葉や行動を記録したものである『論語』においては、「先生」とは「孔子」のことを指す。

2 (2)「以て師為るべし」のように「たる」を「為る」と漢字で表記することもある。

3 (2)「而」は、「そして」「そこで」のような順接の意味を表す置き字。「〜て」「〜して」と直前のあとに続けて読み、「而」自体は訓読しない。

4 (1)「如《し》かず」は、他《た》のものと比較《ひかく》して優《ゆう》劣《れつ》を表す語句。「…に及《およ》ばない」「…にかなわない」などのように現代語訳する。

定期テスト予想問題

272〜273ページ

1 (1) A イ B ア
(2) 孟浩然
(3) 三
(4) 楼・州・流〈順不同〉
(5) 春眠暁を覚えず
(6) エ

2 (1) 孔子
(2) 置き字
(3) 不二亦 説一バシカラ乎
(4) ウ
(5) イ
(6) 例 師となる資格があるのだ
(7) ⑧→⑦→⑥

解説

1 (1) A 一句の字数が七字なので「七言」、全体の句数が四句なので「絶句」。B 一句の字数が五字なので「五言」、全体の句数が四句なので「絶句」。
(2)「故人」は、作者である李白《りはく》の古くからの友人である孟浩然《もうこうねん》のことを指している。
(3) 第三句では、「碧空《へきくう》」を背景とした「孤《こ》帆《はん》」を描《えが》くことによって、舟《ふね》の帆《ほ》の白さと空の青さを鮮《あざ》やかに表現している。
(5)「不レ覚エレ暁《あかつき》ヲ」は、レ点が連続している部分なので、下から順に返って書き下し文にすればよい。
(6) この句は、反語表現。「どれほど散ってしまっただろう」で「たくさん散っただろう」という意味を表している。

2 (3)「不」を「ず」という否定の助動詞として読むことに注意する。
(4)「慍」は、「心に不満をもつこと」という意味。孔子は、世間から認められず、重要な地位につけなくても心に不満をもたない人物こそ「君子（＝学識・人格ともに優れた人物）」であると説いている。
(7) Cで孔子が述べているのは、「之《これ》を知る者」は「之を好む者」にかなわない、「之を好む者」は「之を楽しむ者」にかなわない、ということである。

入試レベル問題 276〜281ページ

1
(1) aぼうちょう　bこくふく　c暮　d姿
(2) イ
(3) Ⅰ種子を保護する　Ⅱ分布を広げていく
(4) エ
(5) 例 種子の生育に悪い影響を与える〈14字〉

2
(1) ウ
(2) Ⅰ最高の秘密基地　Ⅱ危険ということ
(3) イ
(4) 例 クラスの全員が心配して待っていてくれ、大事に思ってくれている〈30字〉

3
(1) さようのこと
(2) 例 障子を張り替える〈8字〉
(3) イ
(4) 一間づつ張られける〈9字〉
(5) Ⅰ破れたる所　Ⅱ 例 物を倹約して使う〈8字〉

解説

1 (1)a「膨張《ぼうちょう》」は、「物体の体積が増大すること」という意味。「膨」には、音読みの「ボウ」の他に、「ふく（らむ）」「ふく（れる）」という訓読みがある。c「暮」は、同じ部分があり形の似ている「墓」と書き間違《まちが》えないように注意する。

(2)空欄《くうらん》の直前の一文に、「大切な子どもたちを親植物から離《はな》れた見知らぬ土地へ旅立たせる」とあることに注目する。イ「かわいい子には旅をさせよ」は、「かわいいと思う子は、親元に置いて甘《あま》やかすことをせず、あえて旅立たせる（＝世の中のつらさや苦しみを経験させる）ほうがよい」という意味なので、この文脈に適している。ア「まかぬ種は生えぬ」は、「何もしなければ、よい結果は生まれない」という意味、ウ「待てば海路の日和《ひより》あり」は、「焦《あせ》らずに待っていればよいことがある」という意味、エ「井の中の蛙《かわず》大海を知らず」は、「狭《せま》い見識にとらわれ、広い世界があることを知らずにいる」という意味で、いずれもこの文脈には適さない。

(3)オオバコの種子がもつ「ゼリー状の物質」は、「紙おむつに似た化学構造」で、「水に濡《ぬ》れると膨張して粘着《ねんちゃく》する」と、本文で説明されている。この物質は、もともと「乾燥《かんそう》などから種子を保護する」ためのものであるが、オオバコの種子は、その「粘着する」性質を利用して、「分布を広げていく」と述べられている。

(4)エ「人や車に踏《ふ》まれるという不運」が「逆境（＝不運な境遇《きょうぐう》）」の意味に合う。さらに、それを「利用して、種子を運んでもらっている」ということが、本文で述べられている「プラスに変えている」ことにあたる。アの「困難を乗り越《こ》えて、道ばたで生きていく」は、本文の「プラスに変えている」ことに適さない。イ「動物から食べられることを避《さ》ける」という内容は、本文には書かれていない。ウ「踏《ふ》まれることで強化される性質」は、オオバコの種子にはない。

(5)最後の段落の「親植物と子どもの種子とが必要以上に一緒《いっしょ》にいることは、むしろ弊《へい》害《がい》の方が大きい」という部分に着目し、解《かい》答欄《とうらん》に合わせてまとめる。解答例では「弊害」を「悪い影響《えいきょう》」に言い換《か》えているが、「弊害」をそのまま用いて、「種子に及《およ》ぼす弊害が大きくなる〈14字〉」のようにしてもよい。

2 (1)━線部a「思って」の「て」は、補助の関係を作る接続助詞。━線部b「いる」は、補助動詞（形式動詞）。本来の「存在する」という意味では用いられていない。

(2)校長先生は、ハァちゃんから「あの場所を秘密基地にして」遊んでいたと聞いて、小学生の頃《ころ》、秘密基地で遊んだときのことを思い起こしている。そして、そのときの経験から、「秘密基地は面白い」と言い、堀端《ほりばた》のあの場所を「最高の秘密基地」だと認めながら、自分が経験した危険な出来事を話すことで、子どもたちに「危険ということ」を考えるように諭《さと》している。

(3)「校長先生が朝礼で言われた危険なことをしている者が、この学級にいる」と確信した高《こう》先生は、名乗り出たハァちゃんたちと「一緒《いっしょ》に校長先生にあやまりに行く」と言ったものの、ハァちゃんたちと同じように「カンカンに緊張《きんちょう》」していて、「校長室に入ったときは顔は青く」なっていた。しかし、校長室を出るときには、校長先生から「先生は素晴らしい子どもたちの担任でいいですね」と言われて、照れ臭《くさ》さとうれしさで、「顔が今度はまっかに」なったのである。**イ**は、この気持ちの移り変わりを適切に表している。**ア**は「子どもたちの代わりにあやまろうと意気込《いきご》んでいた」ということは本文には書かれておらず、また校長先生が優しく諭したことによって「立場がなくなり困っている」こともない。**ウ**の「どう接していいかわからず、とまどっている」は、校長室を出たあとの高先生とハァちゃんとのやりとりを考えると適さない。**エ**は、「子どもたちを正しく指導していることを評価されて」が校長先生の会話文の内容と合っていない。校長先生は、高先生の指導の正しさについては言っていない。

(4)ハァちゃんがどういうことに対して「涙《なみだ》がこみあげて」きたのかを、その過程をとらえてまとめる。ハァちゃんたちが校長室から帰ってくると、「クラスの全員が心配して待っていてくれ」ただけでなく、「無事帰ってきた」ことを喜んで「皆《みな》がバンザイをして」もくれた。ハァちゃんは、「自分たち少数の仲間だけが勝手なこと」をしたから校長室に呼ばれたのに、そんな自分たちを「大事に思って待っていてくれた」同級生たちの気持ちがうれしかったのだ。ハァちゃんの「涙」は、そのうれしい気持ちからの感動の涙である。

3

(1)「さやう」の「やう」の部分は、連母音（yau）になっているので、現代仮名遣《かなづか》いでは「よう（yô）」となる。

(2)「心得たる」の内容は、その直前にある「さやうの事（そのような事）」が指している内容と同じである。城介義景《じょうのすけよしかげ》は、松下禅《まつしたぜん》尼《に》が障子の破れ目を、自分で小刀を使ってあちこちを切ってお張りになっているのを見て、「そのような事」＝「障子を張り替《か》えるようなこと」は、ご自分でやらずに、それを「心得たる者」にやらせましょう、と言っている。

(3)「まさかまさっていることはございますまい」の主体は、「その男」。障子を張り替えるような事は「心得たる者」にやらせましょうという義景の提案を受けて、禅尼は、「その男」＝「心得たる者」が自分より「まさかまさっていることはございますまい」と応じたのである。禅尼は、障子の張り替えを自分で続けようとしているのである。

(4)「心得たる者」にやらせましょうという提案を退けられた義景は、今度は、禅尼が障子を「一間《ひとま》づつ張られける」様子を見て、「皆《みな》を張りかへ候《そうら》はん」＝「全部を（いっぺんに）張り替えます」ほうがよいのでは、と提案している。この会話文のあとに「かさねて申されければ」とあるが、これは、前の会話文の提案に加えて、さらに提案しているということ。義景の二つの会話文の間にある禅尼の行動が、二つ目の提案の対象になる。

(5)禅尼の最後の会話文の内容から考えてまとめる。禅尼が障子を「一間づつ張られける」のは、「物は破れたる所ばかりを修理《しゅり》して用ゐる」＝「物は破れている箇所《かしょ》だけを修繕《しゅうぜん》して使う」ということを、若い人に見習わせるためである。

〈現代語訳〉

相模守時頼《さがみのかみときより》の母は、松下禅尼と申しました。相模守を招待なさることがあったときに、すすけている障子の破れ目だけを、禅尼が自分の手で、小刀を使ってあちこちを切ってお張りになったので、兄の城介義景が、その日の世話役を勤めて控《ひか》えていたが、「（その障子は）こちらにいただいて、何とかいう名前の男に張らせましょう。そういう（障子を張り替えるような）事について精通している者でございます」と申し上げなさったところ、「その男は、私が手仕事をすることにまさかまさっていることはございますまい」と言って、やはり（障子の桟《さん》の）一枠《ひとわく》ずつを張り替えなさっているので、義景は、「全部を（いっぺんに）張り替えますのが、ずっと簡単でございましょう。（障子が切り張りになって）斑模《まだらも》様《よう》になっておりますのも見苦しくはございませんか」とかさねて申し上げなさったところ、「私も、後にはさっぱりと全部張り替えようと思うのだが、今日だけは、わざとこうしておくのがよいのだ。物は破れている箇所だけを修繕して使うのだと、若い人に見習わせて、心がけさせるためなのだ」と申し上げなさったのが、まことにめったにないすばらしいことであった。